VOYAGES

D'UN

FRANÇAIS.

IMPRIMERIE DE MADAME VEUVE JEUNEHOMME,
RUE HAUTEFEUILLE, N° 20.

Couché Fils Del. et Sculp.

LA VILLE ET LE PORT DE BAIONNE,
vu de la mi-côte des Salinières.

Couché Fils Del. et Sculp.

LE PORT DE VENDRES,
vu du Côteau de l'Anse du Carénage.

Voyages EN FRANCE

et Pays circonvoisins,

depuis 1775 jusqu'en 1807.

Quod verum atque decens curo et rogo et omnis in hoc sum.
Hor.

TOME II.

PARIS,

Guillaume et C.ⁱᵉ Rue Hautefeuille, N.° 14;

Salon littéraire Palais Royal Galerie de pierres, N.° 156;

Arthus Bertrand, Rue Hautefeuille, N.°23.

1817.

De l'Imprimerie de M.ᵐᵉ V.ᵉ Jeunehomme.

VOYAGES

D'UN

FRANÇAIS,

DEPUIS 1775 JUSQU'A 1807.

Quod verum atque decens curo et rogo et omnis in hoc sum.
HOR.

TOME SECOND.

~~~~~~~~~~

A PARIS,

CHEZ GUILLAUME ET COMPAGNIE, LIBRAIRES,
RUE HAUTEFEUILLE, N° 14.

—

1817.

1789.

PREMIER GRAND VOYAGE

AVEC

CAROLINE-TULLIE.

PARTIE QUATRIÈME.

DE MARSEILLE A PERPIGNAN ET AU PORT VENDRES.

100 LIEUES.

Jam violam puerique legunt hilaresque puellæ.
OVID.

Nº 12.

ITINÉRAIRE.

				LIEUES.	
1789.	Fév.	DE MARSEILLE....	à Aix par Roquevaire......		13
		D'AIX...........	à Sallon......	8	
			Arles......	7	15
	Mars.	D'ARLES.........	à Nîmes......	6	
			Lunel......	6	
			Montpellier...	5	17
		DE MONTPELLIER...	à Mèze......	8	
			Pézénas......	4	
			Béziers......	5	
			Narbonne par le Malpas......	7	24
		DE NARBONNE......	à Perpignan......		15
		DE PERPIGNAN...	au Port Vendres......		8
		DU PORT VENDRES	à Perpignan par Collioure......		8
			TOTAL...........		100

VOYAGE
DE
MARSEILLE AU PORT VENDRES.

Ces relations, mon cher *Priscus*, n'ont été entreprises que pour vous; c'est à l'intimité de votre confiance que je les adressais; je ne desirais de lecteur que vous seul, ni de suffrages que les vôtres : vous voulez aujourd'hui que je me livre au public? Ah *Priscus!* il vous sera peut-être trop aisé de m'entraîner sur ce glacis; mais suffit-il d'être vrai pour plaire? Ma plume a de la liberté et de la franchise sans être caustique ni âcre. — Soit. — Je n'ai dit que ce que j'ai vu et comme je l'ai vu. — Passe encore. — Mon style coule sans recherche, et ne paraît prétendre qu'à la clarté. — C'est fort bien : mais ces qualités seules ont-elles fait souvent le succès d'un ouvrage? Remarquez donc, *Priscus*, qu'au lieu d'affecter des ornemens, je les évite; je retranche, autant que je peux, les *épithètes*; les termes trop redondans ne sont point à mon usage ; je fuis les *superlatifs* comme entachés de mensonge ou suspects d'exagération; point de pathétique, point de sublime ; de la naïveté, de l'abandon, une ignorance, ou ce qui est pis, une négligence presqu'absolue de l'art : tous les *journalistes*, à mon apparition, crieraient *haro* sur le livre et sur l'auteur. Cependant, *Priscus*, si vous insistiez, j'ai tant de plaisir à vous en faire, que je pourrais à la fin céder à vos desirs ; je ne sais même s'il y faudrait beaucoup d'efforts ; car avec toute la modestie de mes raisonnemens, le démon de l'amour propre m'exagère tout bas le mérite de mes relations : je les regarde avec son microscope, et je crois y découvrir ce que je n'y avais pas aperçu. Mes voyages, me dis-je, pourraient servir de monument pour les mesures, pour les costumes, pour l'agriculture, pour l'état des chemins, pour celui des villes....... L'homme attentif et curieux qui, dans cent ans, parcourra la *France*, mon itinéraire à la main, sera conduit à remarquer les révolutions opérées par le temps. *Papon*, le naturaliste, aidé du jeune et savant *Bernard*, vous dit ce que renferment les entrailles de la terre; vous apprendrez chez lui quelle montagne, dans son sein, nous dérobe du *granit;* quelle autre recèle de la *bréche*, et dans quelle autre vous trouverez du *porphyre*. Jamais dans ces doctes écoles un maître ne se trompa. Il vous montre d'un doigt sûr où le *petro-silex* commence à se changer en *jaspe*; où les *sapins*, précipités des monts dans les vallées, se transforment en fossiles inflammables, et préparent à nos neveux d'immenses carrières de charbon. J'ai l'œil moins perçant; j'ai peu creusé le globe, je ne vous ai promené que sur la surface. Ce n'est pas dans son sein que la terre tient ses trésors les plus précieux; elle nous les montre sans mystère, et les reproduit sans cesse pour notre conservation ou pour notre plaisir. O magnifiques végétaux, à l'ombre desquels l'homme fatigué se repose avec délices, qui ne vous prisera davantage que l'or caché dans les puits caverneux du *Pérou*, où la cruauté et l'avarice vont l'exploiter avec les bras de la servitude ? O moissons flottantes, riches présens de *Cérès* ! je vous verrai toujours avec plus de ravissement qu'une *agathe arborisée*, une *fontaine intermittente*, ou le tronc d'un *chêne* pétrifié ! Pendant que des savans cherchent à retrouver les fibres de ce bois qui n'est plus, suivez-moi, gens simples; nous allons, avec moins de peine et non moins de volupté, aider ce bon vieillard à lier ses gerbes, ou soutenir l'échelle mal appuyée que *Perrette* a posée contre un arbre qu'elle va dépouiller de ses fruits.

Cher *Kérisbien*, ne me parlez pas encore

d'imprimer mes voyages, mais laissons couler une décade d'années. Adieu : je vais mettre dans un moment *Marseille* derrière moi.

~~~~~~~~~~~~~~~~

Je ne m'arrête à *Aix* que pour y prendre un *voiturin*. Il n'y a point de poste sur la route d'*Arles*.

Après *Saint-Canat*, on entre dans une jolie traverse, et l'on passe une forêt de pins, que la cognée et les chèvres détruisent journellement. Nos campagnes pierreuses s'améliorent vers *Pélissanne*, où commence une vaste plaine. Ici la culture est riche, les produits abondans, et l'huile que l'on recueille est de bonne qualité.

De *Pélissanne* à *Sallon*, la terre est bonne encore, mais moins profonde. Les *cordeliers de Sallon possèdent le tombeau de Nostradamus.* Le portrait du prophète est incrusté dans la muraille. Si *Nostradamus* était d'une figure aussi agréable, on ne doit pas s'étonner que les femmes aient cru à ses prédictions.

Vous verrez un autre portrait de *Nostradamus* à l'hôtel de ville, et vous pourrez les comparer.

M. *de Suffren*, ce général heureux et habile, né dans un château auprès de *Sallon*, a son buste en marbre dans la salle du conseil, avec une inscription honorable sans être adulatrice.

Remarquez dans la même salle, et sur un trumeau de fenêtre, le portrait d'*Adam de Crapône*, auteur d'un canal qui, par mille ramifications, porte la fécondité en d'immenses campagnes, long-temps condamnées à la stérilité. Venez, couronnons deux fois l'homme dont l'existence a marqué utilement pour son pays. Gravons sur l'airain le nom d'*Adam de Crapône*. Il fut bienfaiteur de la société; il répandit les vrais biens dans sa patrie !

Sallon est murée et fermée. Cette ville a deux fontaines très abondantes, quelques jolies maisons, de vieux et grands arbres dans sa principale rue, et du fumier dans toutes les autres, sans préjudice à celle-ci. Je ne sais pourquoi, dans cette *Provence*, les potagers ne sont pas dans les rues; certainement les plantes les plus dévorantes, celles qui sont le plus affamées d'engrais, y croîtraient à merveille.

On entre dans *la Crau* en quittant *Sallon*. Ce n'est pas d'abord cette plaine de pierres qui attriste la vue; le voisinage de la petite ville est encore cultivé et même férace. J'ajoute que cet amas de *cailloux roulés* n'est en aucune part tout à fait sans rapport; il y croît au moins de l'herbe : elle est courte et rare, mais très substancielle pour le mouton.

Il y a bien des systèmes sur cet amas de cailloux. Voyez les doctes et les érudits, je souhaite qu'ils vous instruisent. Je ne prends point de parti, et je n'empêche point que l'on croie à la salubrité d'*Arles*; mais je vous préviens que des eaux dormantes couvrent une partie de son territoire.

A demain, *Priscus.*

~~~~~~~~~~~~

Je viens de visiter les superbes *vieilleries* possédées par la ville d'*Arles*. Son *amphithéâtre* serait préférable peut-être à celui de *Nîmes*, s'il avait été achevé. Il est à double étage ; ses portiques sont d'une grande élévation ; les caves qui servaient de loge aux animaux sont bien conservées. On a ajouté à cet édifice, dans des temps modernes, des tours d'où l'on jugerait parfaitement l'ensemble si l'*arène* n'était couverte de maisons.

L'*obélisque* placé devant l'hôtel de ville est ou n'est pas de *granit égyptien*; mais on a déshonoré ce monument par les deux bouts. Sa base n'a point une élévation proportionnée ; et, ce qui est pis, on y a employé une pierre tendre qui se dégrade déjà. Les lions paraissent écrasés sous la pyramide, dont la pointe est pesamment surmontée par un globe d'or surchargé d'un soleil.

La *cathédrale* est un vieux gothique aussi bizarre au dedans qu'au dehors; cependant on y doit remarquer l'ouverture large et hardie de deux chapelles contiguës à celle de la Vierge : c'est une double voûte qui n'a qu'un même point d'appui.

L'*hôtel de ville* est un édifice assez régulier, où vous pourrez voir une mauvaise copie de la belle *Vénus*, qui fut trouvée ici et envoyée à *Louis XIV*. *Vénus* était la déesse d'*Arles*; et il paraît que de tout temps les femmes y ont mérité une patronne galante et jolie telle que l'épouse de *Vulcain*.

Voilà à peu près tous nos antiques dans la cité. Si vous voulez sortir d'*Arles*, je vous mènerai parmi des tombeaux, non pour vous effrayer poétiquement comme ce triste *Young* qu'on a lu un moment, qu'on a cru admirer et que même on a cru entendre : venez, je veux vous attendrir sans vous resserrer l'âme; je n'envie point ce talent lugubre au prêtre anglican : venez.

Entre la *porte de Laure* et celle de *Maraneau*, à une petite distance d'*Arles*, est *un couvent de Minimes;* la *fosse de Crapône* coule ses eaux dans le voisinage. On découvre de là vingt moulins à vent, placés sur différentes buttes entre des carrières ouvertes : on nomme ce vaste espace le *Champ d'Elyscamp*. Il est couvert de tombes de payens et de chrétiens ; mais il est facile de distinguer celles-ci par les inscriptions ou par les emblêmes. Ces tombes, la plupart ouvertes, ressemblent à de grandes auges creusées dans une seule pierre ; quelques-unes, à l'intérieur, forment deux lits séparés. Une pierre énorme recouvrait ces cercueils, que l'avarice a fouillés pour y chercher des médailles.

Parmi toutes ces tombes, on en distingue une moderne, et bâtie en pyramide. C'est un monument élevé aux quatre consuls ou échevins d'*Arles*, qui moururent pendant la peste de 1720.

Cet antique respect pour les morts, l'attention salutaire et religieuse de les enterrer hors des villes et de les placer à la vue des passans, ont un caractère de simplicité et de grandeur dont l'âme est saisie. Les temps ont bien changé ! Nous enfouissons obscurément les restes de ce qui nous a appartenu par les liens du sang ou par les affections du cœur ; l'instant qui nous voit mourir est suivi de l'instant qui nous voit oubliés. On ne perdait pas tout en perdant une épouse, un fils, un frère, un mari. On disait : voilà leurs tombes ; ils sont là, ceux qui faisaient mon bonheur ; ils sont là, sous cette pierre froide, mais ils m'entendent, je peux leur parler encore. On faisait des libations sur ces tombeaux ; on y adressait au Ciel des prières ; on revenait attendri, mais satisfait. On croyait avoir revu, avoir retrouvé celui dont la mort a fait couler vos larmes. Eh! quelle douce idée que de prévoir pour soi ce culte de tendresse que nous rendions sur la poussière des sépulcres à l'amour ou à la reconnaissance!

O *champs d'Élyscamp!* vous seriez pour moi le livre le plus instructif; j'irais, si j'avais des chagrins, errer parmi vos tombeaux, et je dirais : *les peines passent.* Si j'avais un ennemi, ces tombes me consoleraient : une voix se ferait entendre, me criant : *Ton ennemi mourra, ou bientôt son aversion impuissante ne poursuivra que ton ombre.* Que si j'avais du plaisir, si j'étais heureux, je ne m'éloignerais pas cependant de ce dépôt funéraire qui rassemble les corps de tant de mortels; je me dirais : leur vie, comme la mienne, a été mêlée de biens et de maux, de joie et d'affliction; et je me sentirais plus fort contre la douleur, ou moins enivré par les caresses de la fortune. Je ne viendrais pas sangloter sur des tombeaux, comme le sauvage *Young;* je ne m'y enterrerais pas avec une lampe sépulcrale; je ressusciterais pour moi ces corps qui ont cessé d'être animés; je voudrais les voir, leur parler, m'entretenir avec eux; je me familiariserais ainsi avec la pensée de la mort. Ah, *Priscus!* qui voudrait toujours vivre, et quel esprit inexact peut

Tome II.

calculer assez mal pour ne pas sentir que si la mort nous prive de quelques biens, elle nous soustrait à des peines qui les surpassent!

Je salue *Kérisbien*, je salue mon ami de toutes les heures et de tous les momens.

~~~~~~~~~~~~~~~

Je ne sais, *Priscus*, si je dois continuer à vous parler d'*Arles*. Voilà *Vosgien* et M. *Hesseln* qui me disent que je me trompe, et que je dois m'en rapporter à leurs livres plutôt qu'à mes yeux et à mon jugement. Je pourrais rejeter les affirmations d'*Hesseln* et de *Vosgien*, car enfin ils ne sont pas venus à *Arles*; mais un voyageur qui a séjourné dans cette ville, et qui paraît en avoir bien parcouru les environs, me vante leur beauté. Je me suis arrêté comme lui à la *porte de Laure*; et plusieurs fois, des hauteurs des *Moulaires*, promenant au loin ma vue sur les campagnes, je n'y ai rien aperçu de ce qui a fourni un tableau charmant à *Bérenger*; je n'ai pu reconnaître la vallée sèche et trop vantée de *Montmorenci* dans un pays tout noyé. Sans doute qu'un point de vue qui rassemble plusieurs villes et villages, des châteaux, des maisons de campagne et un grand fleuve, n'est pas sans intérêt, mais rien qui arrête ou qui fixe; car soit que vous regardiez le *Plan du Bourg*, soit que vous vous tourniez vers *Trébon*, vous ne découvrez que des terres presque submergées. Pénétrez dans les campagnes, approchez de ces *mas*, qui, en langage du pays, signifient, je crois, une ferme, une maison des champs, vous les trouverez d'abord assez jolies, et leurs petits dehors passablement tenus; mais croyez-moi, ne courez pas les risques d'habiter un de ces *mas*, les eaux sans mouvement qui l'entourent recèlent toutes les fièvres; et la barrière de votre manoir, vos haies, votre avenue, ne vous en défendront pas.

Arles vous plairait plus que son territoire. Cette ville a deux promenades plantées; son port est plus animé que celui d'*Avignon*, et le fleuve y est plus beau.

Je suis entré aux *Minimes*, où il n'y a que deux prêtres, dont un, le *père Dumont*, passe pour un savant antiquaire. Ces religieux, qui accueillent fort honnêtement les étrangers, m'ont appris qu'il n'y avait point de plus sûr revenu ni de meilleur bien auprès d'*Arles*, que quelques arpens des *cailloux de la Crau*. Ces propriétés ne demandent ni soins ni dépenses. L'herbe y est rare, mais d'une grande qualité pour le mouton, et le pacage manque plutôt à ces animaux qu'ils ne manquent au pacage.

Salut à *Priscus*.

J'ai quitté *Arles*, et dans un moment je vais quitter la *Provence*. Nous avons déjà parcouru la belle avenue de mûriers qui coupe la *Camargue*, riche territoire entre les deux *Rhônes*. Le nocher nous attend : nous le trouvons sur ce rivage ; et, en un demi-quart d'heure, nous voici en *Languedoc*. Ce premier aspect n'est pas riant ; c'est un pays plat, blanchâtre et sablonneux, cultivé ou noyé par intervalles comme les campagnes d'*Arles* à *Sallon*. Voilà *Bellegarde* au bas d'un coteau qui trempe insalubrement dans un marais ; mais on s'occupe à reconquérir sur cette lagune le sol que les eaux ont envahi. On voit au dessus de ce village un vieux temple ruiné. Je vous avertis encore que le costume a changé, et même les physionomies ; toujours des femmes vives et brunes, mais ce ne sont plus des *arlésiennes*.

Le chemin en deçà et au delà de *Bellegarde* est nu. Nous avions d'abord trouvé des terres médiocres ; mais arrivés sur le sommet aplati des coteaux, c'est le terrain le plus maigre, et quelquefois si couvert de pierres, qu'on croit être encore dans *la Crau*.

Tout ce qu'il y a de cultivé sur ces hauteurs, est planté en vignes agréablement symétrisées.

Nîmes se présente au bas de quelques coteaux roides et pierreux. La campagne s'anime aux approches de la ville. Les *bastides* sont fréquentes, et, sans être belles, sont mieux ordonnées que les *bijudes* provençales. Le sol est plat; les eaux manquent d'écoulement et forment des marres fétides.

Les *Nîmois* boivent de mauvaises eaux. Leur fontaine, vraiment magnifique par les ornemens, est toujours couverte d'un *goësmon* fangeux. Je ne connais rien d'attrayant à *Nîmes* que le caractère sociable de ses habitans. Les rues de *Nîmes* sont étroites et tournantes. Ses faubourgs sont mieux ouverts, mais très mal bâtis comme très pauvrement habités. Le jardin public est un agréable promenoir, mais trop distant de la ville.

On travaille à des boulevards d'enceinte.

Nous sommes montés à la *tour Magne*; mais pendant que j'examinais, dans une vaste étendue, les campagnes que mon œil pouvait embrasser, que faisait mon jeune compagnon? il plantait un jardin, sans penser que demain nous ne serons plus à *Nîmes*. *Hélas! dans tous les âges, nous plantons des jardins; nos projets dépassent souvent nos forces, et quelquefois ils vont plus loin que la vie.*

C'est vraiment une ville lettrée que *Nîmes*, et même une ville savante. M. *Séguier*, qui vient de mourir, s'était fait une réputation dans la connaissance des monumens et des médailles. M. *Im-*

bert et M. *Pyeyre* sont connus et estimés; madame *de Bourdic*........ mais on me dit qu'elle n'est pas *Nîmoise*.

Je termine ici, de peur de mêler le sacré avec le profane.

Bonjour, *Priscus*.

Jusqu'au village de *Milhau*, c'est un sol maigre, pierreux, jaunâtre, mais entièrement cultivé; plus de vignes que de grains; beaucoup d'oliviers, quelques mûriers, quelques amandiers.

Après *Milhau*, on trouve sur la gauche, et fort près du chemin, *Berlis*, petit village; ensuite le bourg d'*Uchau*, en deçà duquel les collines de votre gauche s'effacent, et l'œil n'est plus arrêté vers le midi.

A droite, sur une éminence, est *Grand-Galade*, où les terres sont plus nues. On n'y voit que quelques amandiers avec beaucoup de vignes. *Calvisson* est près de *Grand-Galade*, *Lunel* devant vous, *Massillargues* est sur la gauche; remarquez, dans le nord, une montagne qui paraît coupée, c'est *Saint-Loup;* elle fournit de l'eau à *Montpellier*, dont elle est distante de trois lieues.

Entre *Nîmes* et *Lunel*, le chemin est uni, doux, sablé comme un jardin; s'il avait une bordure, il serait magnifique.

En deçà de *Lunel*, on trouve moins de vignes, mais des luzernes, des grains, et toujours peu d'arbres. Les plus petits villages, en ce pays, sont bâtis de pierres, et les maisons couvertes en tuiles creuses.

Le hameau de *Meycargues* est fort bien placé pour la vue. Au revers du monticule, du côté de *Montpellier*, vous traversez une lande ; elles sont rares ici, du moins sur les routes ; mais dans ce *bas Languedoc* les étangs sont trop spacieux, ils sont trop fréquens ; ils répandent presque chaque année des épidémies malignes : c'est le fléau de cette province.

Montpellier n'est pas vu de loin, quoique bâti sur une colline. Quelques jolies maisons ornent ses dehors. Le terrain est bien cultivé, mais sec. C'est la troisième fois que je passe dans cette seconde capitale du Languedoc, et je revois toujours le *Peyrou* avec un nouveau plaisir. M. *Robert* dit que l'*Hercule de la porte du Peyrou* doit être admiré. M. *Robert* ne l'avait pas vu. Je vous assure que cet *Hercule* est gros et court, et posé dans une attitude burlesque ; mais j'ai vu cent *Hercules* au moins, ou peints ou sculptés ; pas un ne rendait le héros de la fable.

Dispensez-vous d'entrer dans la cathédrale, quoi qu'on vous dise de sa *superbe structure* et de son buffet d'orgues ; mais arrêtez-vous devant

Notre-Dame-des-Tables; son architecture extérieure est au moins singulière, et je ne crois pas qu'elle soit à mépriser.

On vient de planter auprès de la citadelle un spacieux terrain; et cette nouvelle promenade, plus fréquentée que le *Peyrou*, presqu'aussi bien située, se nomme l'*esplanade*.

Vous pourrez voir, aux *écoles de médecine*, les portraits de beaucoup d'illustres *qui ont avancé l'art de guérir*. Je me suis incliné par respect devant ces grands hommes qu'on laisse un peu poudreux; mais après tout, c'est la faute du concierge. Cette négligence va pourtant si loin, que la *robe de Rabelais*, comme une guenille, est placée irrévéremment, sous le vestibule, dans une mauvaise armoire entre des balais. On ne l'a pas seulement suspendue à un clou; elle traîne, comme un torchon, au fond de cette armoire de sapin. C'est pourtant là le manteau inaugural des nouveaux docteurs; et l'on n'est passé maître en médecine que revêtu de cette robe.

Les *écoles de chirurgie* sont belles et très mal placées. Vous verrez derrière ces écoles une petite rue, nommée *Cope-cambes* ou *Coupe-jambes;* l'épigramme est un peu crue ou la rencontre singulière.

Le *commerce de Montpellier* a des branches plus multipliées qu'étendues, quoiqu'il en ait d'exclusives, comme le *verdet*. On blanchit des laines, on travaille en coton, en soie; on fait beaucoup de parfumerie, beaucoup de liqueurs; on prépare l'eau forte, on épure le salpêtre, et l'*on raffine le sucre*, mais avec moins de succès encore qu'à *Marseille*.

La *place de Montpellier* a la réputation d'être une des plus sûres du royaume.

Si vous allez au *jardin des Plantes*, remarquez, presqu'en face, une tour carrée, et de dix à douze toises de haut; elle est couronnée de sapins vigoureux que jamais la main d'un homme n'y a plantés : le vent ou les oiseaux y portèrent de la graine, qui germa dans les crevasses de la voûte, et forma avec le temps une petite forêt aérienne. Un fabricant, propriétaire actuel de cette tour, l'a distribuée en logemens habitables; et sur le haut il a élevé un parapet qui soutient deux pieds de terre végétale qu'on y a transporté. Un peu d'art et beaucoup d'argent ont fait de cette plateforme un jardin assez frais; et M. *Tisson* ouvre le plus honnêtement du monde sa terrasse aux curieux.

Le *poète Roucher*, dans ses *Mois*, a trop loué son pays natal, mais l'*humoreux Jean-Jacques* a trop déprisé la ville et ses habitans.

Je pars pour *Béziers*.

Jusqu'à la rencontre du chemin de *Cette*, la campagne est bien plantée d'oliviers et de mûriers, et ornée de jolies maisons. Un peu à l'écart de la route, et bien situé pour la vue, est *Saint-Jean du Gane*; du même côté, on voit *Pignale* ou *Pignade*, au bas des collines. *Fabrègue* se fait remarquer par deux tours assez hautes. En deçà de ce bourg, on trouve un terrain nu, en partie inculte. Au loin vous avez des collines d'un aspect blanchâtre. Le bourg de *Gigean* reste à votre droite, et du même côté est *Montvoisin*, au pied des coteaux. Autour de *Gigean*, nous voyons des oliviers et des mûriers vigoureux. On découvre d'ici un coin de l'*étang de Thau*; on le perd ensuite en parcourant une demi lieue de campagne agréable; puis, ayant fait environ quatre milles depuis *Gigean*, on descend au bord de ce lac, qui communique à la mer. Saisissez ce point de vue, et votre œil rassemble les villes de *Mèze*, d'*Agde* et de *Cette*, et le village de *Boussigue*. Ce petit lieu, qui forme un port sur l'étang, n'est habité que par des pêcheurs.

Une route magnifique nous conduit à *Mèze*, dont le territoire est principalement en vignes et en oliviers. Une lieue en deçà de *Mèze*, on traverse des collines incultes et quelques marais. Les *Basses Pyrénées*, toutes couronnées de neige, se montrent dans le *S. O.* Avancez et vous trouverez bientôt des carrières rougeâtres qui semblent receler du marbre. Ensuite, et sur le plus mauvais terrain, vous remarquerez des oliviers de bonne venue. Ils vous laisseront dans la surprise qu'on n'ait pas fait le même emploi de tout ce qui reste là d'un territoire aride, et qui est comme abandonné. On monte une colline, et au revers on trouve *Montagnac*. Les environs de ce lieu, quoique très secs, sont pleinement cultivés. Des oliviers épais et serrés couvrent la tête des coteaux. Au bas, entre les collines, dans un espace étroit, quelques prairies ; un peu après, sur votre droite, des marais, un ruisseau, un petit bois ; et toujours un très beau chemin. Remarquez à votre gauche un château assis sur une colline. Vous marchez bientôt dans une vallée plate de terre blanchâtre. Vous passerez l'*Hérault* sur un assez beau pont, et par un long circuit vous gagnerez *Pézénas*. La ville est petite, et n'est pas sans commerce. Elle a des murailles au pied desquelles on a planté une promenade du côté de la rivière. Les proches environs ne sont pas dépourvus d'agrémens.

Tout à la sortie voyez *Conac* sur votre gauche. En deçà de *Berlo*, petit village, les oliviers sont plantés aussi épais que vers *le Luc* ou *le Piguan*. Le village de *Montblanche* s'aperçoit sur la gauche. Nous avons ici plus de vignes que de grains.

La *Begude de Jordy* n'est qu'un relais. En deçà de ce lieu, on fait bien trois milles dans le pays le plus pauvre et le moins cultivable. Il se révivifie peu à peu en approchant de *Béziers*. Près de cette ville les grains, la vigne, les luzernes, les oliviers, les mûriers, les amandiers, les aveliniers couvrent la campagne : mais vous n'aurez rien à voir à *Béziers*, hors le beau site de la cathédrale.

La sortie de cette ville mal pavée est roide et difficile. Nous passons le canal à un quart de lieue ; la terre ensuite est moins couverte : les oliviers, les mûriers deviennent plus rares. Nous traversons quelques friches, après quoi ce sont des vignes à l'infini. Remarquez sur votre droite et un peu au loin le village de *Montardif*. Il est placé comme son nom le désigne. Au dessous, et à quelque distance, est *Colomières* ou *Colombières*, autre village assez près de *Nissan* et à plus de trois milles de *Béziers*. Ici vous prenez sur la droite un chemin étroit qui vous conduit en une demi heure à la *Roche-Percée*. J'y avais passé à vingt-deux ans, mais le souvenir en était presque effacé. La longueur de la voûte est de cinq cents pieds ; sa hauteur, depuis la clé, est d'environ quatre toises ; et de la superficie du sol jusqu'à la surface de l'eau, vers l'entrée, soixante pieds, mais trente-six au plus à la sortie. Ce n'est pas un roc vif qu'on ait piqué à la pointe du marteau, mais une espèce de tuf qu'on a resserré par une chaîne de pierres liées et entremêlées inégalement pour soutenir ce long arceau ; il ne laisse pas sans crainte le voyageur qui l'étudie avec quelque attention. Nos maîtres nous recommandent d'occuper notre esprit et de réfléchir. Nos maîtres se trompent à *généraliser leurs maximes. Il est bon et salutaire, en beaucoup de cas, de ne point penser du tout.* Le patron de bateau qui passe depuis trente ans sous la *Roche Percée* ignore encore qu'il y a couru des dangers. Mettez un géomètre à sa place, celui-ci ne viendra pas une fois à la *Malpas* sans frissonner sur le péril qu'il y court. Il meurt, pour ainsi parler, de la peur de mourir. Il tremble sur la foi de ses calculs, tandis que mon grossier patron, qui ne sait ce que c'est que géométrie, passe en chantant ou en sifflant. En vérité, *Kérisbien*, je crains que nous soyons ingrats envers l'ignorance ; elle n'est pas pour nous sans quelques avantages.

On doit pourtant s'étonner que depuis un siècle cette voûte, dans la partie qui n'est pas maçonnée, n'ait point *obéi* au poids qui la charge, et qu'il n'en ait *corrué* aucune portion capable d'obstruer le canal et de causer d'autres dégâts. Mais si on considère que ce canal fut achevé en quatorze ans avec quatorze millions, c'est en vain que *Linguet* voudra le dépriser en l'appelant *une rigole ensablée*. Il est sûr qu'on ne ferait guère mieux aujourd'hui, et qu'on y emploierait peut-être trente ans et trente millions. *Riquet* et *Andréossy* ont donc bien mérité de la *France*, et sur-tout du *Languedoc*.

Nous reprenons notre route auprès de *Nissan*. C'est un petit village en pays fort nu. Après *Nissan*, on fait route sur des collines dont quelques parties sont incultes. On descend de ces collines sur un plateau immense dont la terre marécageuse est extrêmement productive. C'est ici que l'on récolte les meilleurs blés de la province; mais, pour toute espèce d'arbres, nous ne voyons que des saules.

Le bourg de *Nissan*, au milieu de ce riche bassin, a quelques muriers dans son voisinage. Ces terres plates sont coupées de canaux très multipliés. Vous passerez un de ces canaux de dessèchement sur un beau pont qui se prolonge en une chaussée fermée de deux parapets, ouvrage aussi utile que bien conduit.

Narbonne a un canal sans commerce, et des remparts sans promenade.

Bonjour *Priscus*.

Nous sommes sur la route de *Perpignan*, et

marchons entre des monticules très secs que la vigne et le froment se sont partagés. On traverse ensuite des rochers nus ou couverts seulement de quelques plantes aromatiques répandues çà et là. Bientôt, sur votre gauche et un peu au loin, vous apercevrez un étang qui communique à la mer. Ici la vallée s'élargit. Le pays est planté en oliviers. Il y a du blé dans ces terres blanchâtres mêlées de pierres; quelques monticules même sont labourées jusqu'au sommet.

A cinq milles de *Narbonne*, à votre droite, au bord de la route, est un autre étang. Un peu plus loin, à gauche, remarquez une terre passablement boisée. Une avenue de peupliers s'avance jusques sur le chemin. Cette espèce d'arbre qui aime l'humidité, ne paraissait pas devoir réussir en terrain aussi aride.

Encore un demi mille, et votre horison s'est étendu sans que les campagnes y aient gagné. Le sol est blanc et pierreux, mais labouré et semé. On n'y voit aucun arbre. Vous êtes ici sur une plaine élevée. C'est en la descendant que vous pouvez remarquer, à votre gauche, un village dont l'église est située sur un ruisseau escarpé et profond. Un pont de pierre couvre ce ruisseau. Après ce pont, le chemin tourne à droite, et vous suivez, pendant plus d'un mille, une belle chaussée qui, dans quelques endroits, est revêtue de parapets. Le fond, des deux côtés, est marécageux. On y voit cependant des oliviers.

En deçà d'une petite butte, vous apercevez *Sigean* dans une vallée plate et fertile. On vante le vin des environs de *Sigean*.

Quittant ce village, nous faisons près d'une lieue en pays désert, où le peu de sol qui serait propre au labour est creusé en ravins par les eaux qui se précipitent des montagnes. En deçà vous découvrez un vaste étang sur votre gauche, et plus loin, du même côté, les eaux bleuâtres de la mer. Alors, vous êtes moins pressé par les collines; le pays plus découvert, est aussi moins affreux. On a des vignes et quelques oliviers, mais pas un arbre sur les montagnes ou sur les coteaux. Ceux qui voudraient pousser et croître, sont dévorés par le peu de chèvres que ces campagnes nourrissent. Les moutons sont tout aussi rares, et nous n'avons pas aperçu une seule vache, mais beaucoup d'ânes chétifs ou de maigres mulets. Un mille avant le relais de *Fitou*, on n'a guère que des roches. Il y a peu de cultures.

A gauche, en sortant de *Fitou*, si vous remarquez un joli bouquet de sapins, et si vous apprenez que toutes les montagnes de la contrée, aujourd'hui nues, étaient, il y a moins d'un siècle, couvertes de bois épais, quelles pensées formerez-vous sur les effets du luxe, monstre dévorateur à qui rien ne suffit, et qui mange l'avenir avec le présent?

Environ à un mille et demi de *Fitou*, on quitte la province de *Languedoc*, et avec elle un magnifique chemin. Nous gardons à notre gauche un vaste étang et des marais, ayant devant nous les premières montagnes du *Roussillon* toutes couvertes de neige. Remarquez un pont de pierre d'une seule arche, auprès d'un rocher escarpé, au pied duquel est une source abondante qui sort rapide, et va presqu'aussitôt endormir son onde entre les joncs des marais. Ces *palus* ne sont pas entièrement inhabités. Quelques pêcheurs ont osé y élever des cabanes; ils ont même, avec le plus louable succès, découvert un peu de terrain qu'ils ont rendu fertile. Ces pêcheurs, armés comme *Neptune*, d'un trident acéré, vont sur de frêles canots chercher le poisson qu'ils vendent ou dont ils se nourrissent. Les femmes partagent ce travail dur et souvent ingrat.

Deux milles en deçà de *Fitou*, on s'éloigne de l'étang, et les marais qui nous en séparent, s'élargissent. Tout le plateau qui entoure le village de *Salces* a dû être autrefois submergé. On en a fait un bon territoire, planté çà et là de saules, de peupliers, d'ormes. On voit, avant d'entrer à *Salces*, un château fort, gardé par des invalides.

En quittant ce lieu, on est surpris de ne plus apercevoir que quelques montagnes, et de se trouver dans une plaine presque sans bornes. Cette plaine caillouteuse est couverte de vignes dont le vin, chargé de couleur, acquiert de la réputation et du prix par le transport ou par le temps.

A quatre mille de *Salces*, cet immense plateau est interrompu vers la rivière d'*Agli*. Le pont sur lequel on passait cette rivière est rompu depuis trois ans, et on ne voit encore aucune disposition pour le réparer.

Après le *Pont d'Agli* est une veine de bonne terre, bien semée de grains et couverte d'oliviers. En avançant un peu, vous voyez *Rivesaltes* à droite au pied des montagnes. Ses coteaux fournissent des vins qui ont de la célébrité. On marche entre les vignes; on ne voit que vignoble : ce n'est qu'aux approches de *Perpignan* qu'on retrouve du blé.

A demain.

~~~~~~~~~~~~

Je vous ai vu rebelle à ce que nous mandaient les gazettes sur le *port de Vendres*. J'ose vous demander plus de foi pour mes récits.

La ville s'annonce par deux magnifiques portes de fer avec des pilastres en pierre, chargées de trophées. Un corps de logis, dont le milieu s'élève en dôme, se réunit aux deux portes ; ce dôme se termine par un balcon carré sur lequel on plaça *avant hier* une verge de fer de vingt pieds que terminait une fleur de lis richement dorée. Un ample pavillon flottait au dessous. L'effet était beau ; mais, *avant hier*, même le vent eut l'incivilité de renverser cette superbe girouette qui sera plus promptement relevée que le *Pont de l'Agli*.

Un peu au dessous du seuil des portes de ville que je vous ai indiquées, sont deux ouvertures dont chacune est faite dans une balustrade ; elles sont ornées l'une et l'autre d'un perron à double rampe qui conduit au corps de logis cité tout-à-l'heure, et qui fait face également à la campagne et à la ville. Une terrasse sablée domine trois bâtimens inférieurs et isolés. Cette seconde enceinte est fermée d'une balustrade en pierre. L'entrée de cette cour forme un demi cercle orné de plusieurs petites pyramides terminées chacune par une boule de marbre. Des piliers de quatre pieds de haut et de grosses chaînes de fer défendent aux voitures l'approche de ces murailles. Une troisième enceinte, et la plus magnifique, vous présente une pyramide de gros marbre, dont la base est ornée de bas reliefs et d'inscriptions en l'honneur de *Louis XVI*. Une balustrade en fer entoure cette pyramide; une autre balustrade en pierre avec des trophées de marbre enrichit cette place d'où l'on peut descendre sur le port par un escalier double, aux deux côtés duquel vous verrez des *fontaines* sèches pour le présent, mais qui donneront de l'eau par la suite; c'est ce que promettent nos ingénieurs.

L'ensemble de ces travaux ne séduit pas long-temps; car, parmi ces maisons somptueuses, celle qui domine toutes les autres n'est qu'un *corps de garde ;* une des ailes d'en bas sert de cabaret; le reste est à louer.

Suivez-moi sur le port.

C'est une anse qui forme un coude, et qui s'enfonce médiocrement dans les terres. Elle est encaissée entre des rochers élevés, ce qui n'empêche pas que les navires n'y soient à la merci de plusieurs vents. Ce port sera dispendieux d'entretien. La mer y apporte continuellement un sable vasart qui peut finir par le combler, et qui déjà élève une barre à son entrée. Au surplus, il n'y a point de rade; et quand la tenue serait bonne sous la côte, ce ne serait toujours qu'un mouillage peu sûr contre les dangers de la mer et ceux de l'ennemi. On a bâti un *phare* sur la jetée du nord. C'est en même temps une petite forteresse que l'on fait garder par des invalides. On parle de transférer ici l'état major de *Collioure,* et même ses fortifications ; c'est-à-dire qu'on démolirait à *Collioure* pour rebâtir à *Vendres*.

La *Gazette de France* a publié une liste nombreuse de bâtimens de commerce qui ont fréquenté le *port de Vendres* depuis sa restauration ; mais je sais d'un pilote du lieu qu'il n'est pas ordinaire de voir ici plus de cinq ou six barques à la fois, si ce n'est des pêcheurs. Apprenez, *Kérisbien*, que sur vingt maisons que l'on pourrait compter à *Vendres*, il y en a douze qui ne sont ni habitées ni achevées.

Renvoyons nos maçons et nos architectes, déchirons tous nos plans. Nous avons construit de grandes cazernes pour trente hommes de garnison et planté une promenade pour douze ou quinze pêcheurs qui ne se promènent jamais. C'est assez ; arrêtons-nous, et laissons couler le temps ; il pourra nous conseiller mieux que nos ingénieurs.

Bon soir, *Priscus*.

~~~~~~~~~~~~~~~~

A peine il y aurait un quart de lieue de *Vendres* à *Collioure*, si, pour arriver de l'un à l'autre, il ne fallait contourner deux montagnes, dont la plus élevée montre de loin le *fort Saint-Elme*. Les murailles de ce fort ont été blanchies du côté de la mer pour servir de point d'observation aux pilotes.

Collioure est sur une petite baie qui est jolie, et qui serait commode si elle était plus profonde, mais elle ne peut recevoir que des bateaux pêcheurs. Ce lieu est si petit, qu'à le séparer de ses fortifications on le prendrait pour un village. Il y a pourtant ville et faubourg; et le château est entre deux.

J'ai trouvé ici avec quelque surprise des *réverbères* dans le goût de *Paris*. Ce luxe d'éclairage contraste suffisamment avec des rues fort sales et presque inhabitées.

On sort de *Collioure* comme de *Vendres*, en tournant la demi circonférence de quelques montagnes. Cette fatigue a ses dédommagemens. Toutes les hauteurs nous procurent des points de vue étendus. La mer est à notre droite, une plaine devant nous, des montagnes à notre gauche. Nous arrivons ainsi à *Cornéliac*, dont les coteaux sont en vignes; le reste du territoire est semé de grains ou planté d'oliviers. Ce bourg de *Cornéliac* est fermé de murailles. Les environs ne sont dénués ni de fraîcheur ni d'agrémens.

Voilà *Elne* : c'est encore un lieu fermé. Le chemin, tiré au cordeau, est, en très petites parties, bordé de mûriers. Nous passons un pont, et la route nous manque; mais, près de ce pont, remarquez la bonne qualité des terres qu'on vient d'arracher aux marais. On continue ces utiles desséchemens.

La sortie d'*Elne* est plus découverte que l'entrée. Le chemin nous manque encore. Le sol est sablonneux, mais le grain y abonde : blés, fèves, luzernes ; très peu de vignes.

Argelès, petit village, est sur un tertre au milieu des plaines, à trois quarts de lieue d'*Elne* et à plus de trois lieues de *Collioure*. Depuis *Argelès*, le pays est plus découvert. On traverse une lagune de sable, un petit bois, un ruisseau. Ce ruisseau, dans ses débordemens, couvre la route et retarde le voyageur. Avançons encore ; nous trouverons des vignes et quelques oliviers. Un peu plus loin et sur un sol moins pierreux, nous avons encore des vignes et beaucoup d'oliviers, et de monstrueux *aloès*, et des roseaux, deux tristes productions de nos provinces méridionales.

On trouve fréquemment sur cette route des piliers de brique, dans chacun desquels il y a une *madone*. Tous ces gens-ci sont un peu *Espagnols*, mais leurs terres sont bien labourées.

Perpignan est peut-être la plus petite des capitales françaises, et ce n'est pas la moins laide. Ses remparts sont vilains ; ses rues, étroites, mal pavées, sombres ; la couleur des murailles y contribue ; elles sont de briques. Je n'ai aperçu que deux ou trois maisons passablement bâties. On m'a proposé de voir la *citadelle*, mais je n'étais pas dans mes jours militaires. J'ai été à la *cathédrale*; elle n'a qu'une nef, et sa voûte est large et hardie. Cette métropole, riche en ornemens, est si négligée que je ne peux rien imaginer de pis.

La province de *Roussillon* tranche si fortement avec le *Languedoc*, que la *Provence* n'en diffère pas davantage. C'est trois hommes bien distincts qu'un *Roussillonnais*, un *Languedocien* et un *Provençal*; et si j'étais tenu de choisir entre eux, il me semble que je quitterais volontiers le premier et le dernier pour vivre avec le troisième.

INDICATIONS

SUR LE VOYAGE N° 12.

*P*AGE 13. *Adam de Crapône.*

Page 15. *Young.* L'*Elyscamp* ou *les tombeaux.*

Page 28. Le *Malpas* ou *la roche percée.*

1789.

PREMIER GRAND VOYAGE

AVEC

CAROLINE-TULLIE.

PARTIE CINQUIÈME.

DE PERPIGNAN A BAYONNE ET A SAINT-SÉBASTIEN.

156 LIEUES.

*Diffugere nives, redeunt jam gramina campis,
Arboribusque comæ........*
HOR.

N° 13.

ITINÉRAIRE.

				LIEUES.
1789. Mars.	DE PERPIGNAN... à Narbonne.......			15
	DE NARBONNE.... à Carcassonne....	15		
	Castelnaudary...	9		
	Toulouse......	14		
				38
	DE TOULOUSE.... à Auch........	17		
	Tarbes........	15		
	Pau..........	10		
	Bayonne......	25		
				67
Avril.	DE BAYONNE à Saint-Sébastien et retour.....			36
	TOTAL........			156

VOYAGE
DE PERPIGNAN A BAYONNE
ET
A SAINT-SÉBASTIEN.

J'ai franchi *Narbonne* sans m'y arrêter. Notre chemin est tracé entre des monticules, la plupart stériles, mais la vallée est semée de grains et plantée d'oliviers. *Montrédon* est à deux milles de *Narbonne*, un peu à l'écart, et au pied de collines sèches.

Quand on découvre *Vildagne*, la vallée s'élargit et forme une plaine. Ce village touche à des coteaux, derrière lesquels s'élèvent les froides montagnes du *Rouergue* aux sommets encore coiffés de neige. Devant vous sont les *Pyrénées*, dont la coupe irrégulière vous cache inégalement l'horizon.

Vous passerez sur deux ponts de pierre deux rivières peu considérables, et en louvoyant vous arriverez à *Cruscade*, très petit lieu dans la plaine. Ce pays est bon. C'est toujours des grains jusqu'à *Lévignan*, ville ou bourg où il m'a paru qu'il y avait beaucoup de pauvres, quoiqu'il y ait dans ce lieu des manufactures, ou peut-être parce qu'il y en a.

Après *Lévignan*, on trouve *Polignac*, petit village sur notre droite. *Ougin* a des collines nues d'arbres, mais labourées et semées. Le territoire d'*Ougin* nourrit aussi quelques oliviers. Remarquez le village de *Carpendu* avec son vieux château. Ce petit canton n'est pas sans intérêt. Le pied des montagnes à gauche est cultivé et planté; à droite, c'est une suite de vallées rafraîchies par ces grands végétaux dont l'absence fait languir la campagne, et semble la priver de tous ses attraits.

Barbeyrac est un bon village; ses environs pourraient fixer un ami des champs. A votre gauche, en sortant, est une espèce de hameau, en deçà duquel vous trouverez beaucoup d'oliviers et de mûriers. Quelques intervalles nus et d'assez bonnes terres en grains vous conduisent à la vue de *Trèbes* sur le canal.

On descend pour entrer dans le faubourg de *Carcassonne*. Remarquez-y une maison blanche, une église à petit clocher; c'est là que *s'ennuie* assez mélodieusement le *père Venance*. Sa muse, en *Sorbonne*, n'est pas trop orthodoxe; mais au

Parnasse elle a mérité quelque accueil. Ce siècle est heureux en nouveautés; et tandis que des *capucins hébraïsans* expliquent dans *Paris* le texte obscur des *saints livres*, un autre *capucin*, au fond des provinces, monté sur *Pégase*, va publiant les *ennuis* d'une solitude contrainte, les charmes d'une vie libre et le mépris de quelques vieilles maximes! Aimable *père Venance*, achevez ce joli bréviaire, il sera le mien, et je vous élis pour mon confesseur.

Carcassonne est toujours très sale; sa rivière est vilaine; les femmes n'y sont pas belles; les manufactures languissent; les campagnes sont peu variées, mais le territoire est bon. C'est ici que finissent les *oliviers*. Le *canal* passe à un quart de lieue de cette ville; nous le traversons sur un *pont aigu*, d'où nous découvrons beaucoup de villages riches en blé. En deçà du canal, à droite, dans un fond humide, vous avez *Montenac*, pauvre et petit lieu en pays nu. Nous trouvons *Voisin*, bourg muré; il a une petite rivière, des marais, des prairies, des blés et des saules, des saules jusques sur les blés; mais je ne découvre aucune autre espèce de bois.

On monte une butte et l'on aperçoit *Montolieu*. Nous rentrons dans un pays plat, médiocrement pierreux, et presque tout en grains. En passant sur un pont, on garde, à gauche, des peupliers très frais. Près de là, sur un tertre, une chapelle abandonnée ; à côté de cette chapelle, un arbre touffu qui prêta jadis à la dévotion et quelquefois à l'amour son ombre protectrice. On trouve des vignes auprès de l'Oratoire : le fondateur attentif n'avait rien oublié.

Beaucoup de vignes encore, quoiqu'en pays plat, jusqu'à *Alzone*, qui a quelques maisons jolies. Une rivière coule auprès d'*Alzone*, dont le territoire porte des blés, des vignes et des luzernes.

A deux milles d'*Alzone*, le chemin descend. Vous voyez, à gauche, celui de *Mirepoix*. Notre horizon s'est rétréci : nous n'avons sous les yeux que quelques vallées étroites, mais riches. *Villepinte*, aperçu de loin, se montre comme un beau village. Remarquez la forme de nos *châteaux*, et vous ne croirez pas que *Delorme* ni *Gabriel* en aient fourni les dessins.

Je demande pardon à *Villepinte*, c'est une ville avec portes et murailles et un ruisseau tout auprès ; mais ses meilleurs titres, c'est un excellent territoire et une situation assez marquante.

Le village de *Laborde*, qui en est à deux milles, conserve un reste d'enceinte. *Saint-Martin* est un mille en deçà. Le chemin, haut et bas, se promène délicieusement sur une bonne vallée à sites pittoresques, quoique peu fournie d'arbres.

Un mille avant *Castelnaudary*, au moment où

vous découvrez le canal à gauche et la ville devant vous, sur une éminence où le chemin est coupé à pic de cinq à six pieds de profondeur, observez, mon cher agronome, que l'excellent sol de ce quartier repose sur le roc vif sans *interposement* de sable ni d'argile. *Castelnaudary* se présente fort bien de cette hauteur, et vous descendrez avec peine ce monticule d'où le point de vue est charmant. Mais cette vallée est-elle salubre? J'y vois des eaux épanchées; par où se retirent ces eaux? Je crains que les fièvres n'aient ici un de leurs domiciles. Souvent sur ce globe habitent en même lieu la fertilité et les maladies! Souvent vous trouvez ensemble la stérilité et la santé. Notre sort pourtant est en nos mains. La nature t'a jeté parmi des roches, et ton voisin règne sur des plaines féraces; courage encore, homme laborieux! arrache à tes rochers de pénibles récoltes, et ne sois point jaloux de la part de ton voisin : si la quantité est pour lui, la qualité est pour toi. Les *pêches* de *Berghues* et d'*Armentières* sont plus grosses que celles de mon pays, mais elles n'ont point leur saveur enivrante; mais le soleil n'a pas pris plaisir à colorer leur peau couverte de duvet. Consolez-vous, hommes dont le lot, dans l'héritage commun de cette terre, paraît moins favorable; si vous avez la santé et le nécessaire, vous avez tout; vous possédez ce qui peut rendre heureux sans irriter l'envie.

Les physionomies me rassurent en entrant à *Castelnaudary* : j'y entends rire *à pleines voiles*, comme disait notre pilote *Abcral*, et la gaîté est toujours d'un bon pronostic. Un marécageux habitant de *Brouage* ou d'*Aigues-Mortes* croira prouver que sa contrée est aussi saine qu'une autre, en disant qu'*on meurt partout*. On meurt partout, il est vrai, mais il n'est pas indifférent de marcher à son terme par un chemin uni ou par une traverse raboteuse ; de traîner son existence ou d'en jouir.

Castelnaudary, je l'ai marqué ailleurs, n'a rien de beau. Son pavé est mauvais, ses rues assez mal propres, ses maisons vilaines, moins quelques-unes ; mais il faut entrer dans l'*église collégiale*, curieuse au moins par ses peintures à fresque. Il y a derrière cette église une petite terrasse en très bel aspect.

Salut à *Priscus*.

~~~~~~~~~~~~~~~~

Les villages sont si nombreux en deçà de *Castelnaudary*, que je n'en ai pu recueillir les noms. C'est toujours un pays de grains. Il y a peu de vignes, mais assez d'arbres pour varier la perspective. Les campagnes sont belles et fertiles, et cependant fort peuplées de familles indigentes. C'est une remarque vérifiée, qu'où il y a plus de blé, il y a plus de gens qui manquent de pain. Ce mal prend sa source dans les trop vastes possessions. Un grand *terrier* est comme un manufacturier : il rançonne plutôt qu'il ne paie les hommes qu'il emploie. Partout le riche est sans pitié; et celui qui convoite l'or est encore plus dur que celui qui le possède.

Le beau et riant pays nous quitte peu après *la bastide d'Anjou*. Non loin de là, quand vous aurez atteint une hauteur, vous remarquerez à la gauche du chemin, sur un tertre bien cultivé, d'énormes pierres rangées circulairement; mais par qui, en quel temps, et pour quel but? C'est ce que vous chercherez si vous en êtes curieux.

Tout vis à vis, sur un pic plus élevé, est un joli village. Avancez un peu, et vous traversez *Mignonnette*, qui ne mérite pas son nom. Un mille avant *Villefranche*, à votre gauche, est une belle et longue prairie. Un peu en deçà et à la droite du chemin, remarquez un château blanc à contrevents verts. Ce château, ses deux tourelles et les belles terres environnantes, appartiennent, m'a-t on dit, à un *homme d'affaires de M. de Gardouche*. Est-ce que M. *de Gardouche* n'aurait rien à répéter sur ce joli château et sur son pourpris?

La campagne est fort découverte jusqu'à *Ville-franche*, chef lieu du petit pays de *Lauraguais*. Cette ville n'a qu'une rue principale, et dans cette rue est un vieux portail à deux tours de briques fort élevées. Passez vîte devant cette caducité.

Montgaillard, fort bien nommé, est sur votre droite, à un mille et demi de *Villefranche*. A votre gauche, et à pareille distance, vous remarquerez une terre bien boisée. Tout à l'heure, vous atteignez *Ville-Nouvelle*, qui, malgré son nom, n'est qu'un bourg. Son vieux château est exposé à tous les vents et au soleil de toutes les saisons, car ce manoir n'a pas un seul arbre en vue. J'observe une parité inverse entre ces noms languedociens, *Villefranche*, *Villepinte*, *Ville-Nouvelle*, et les noms que ces lieux porteraient en Normandie, *Francheville*, *Pinteville*, *Neuville*.

Nous gardons à droite une vallée où les eaux séjournent après la pluie. C'est une calamité particulière à toute cette province que la fréquence des débordemens.

Bassiége, ville ou bourg, a plusieurs jolies maisons dans une rue fort longue et très mal pavée. Dix jours de pluie ont inondé le pays depuis *Bassiége* jusqu'à *Mongiscard*; et je me rappelle qu'en 1781, traversant ces campagnes en été, je les trouvai submergées comme aujourd'hui.

Passons le canal pour nous approcher de *Mongiscard* qui le domine. Nous gardons la vue du canal. Il est bordé de *peupliers;* et ces arbres, quoiqu'en robe d'hiver, produisent néanmoins un agréable effet.

Les montagnes ont disparu, et nos collines s'affaissent : cette disposition nous annonce l'immense et ennuyeuse plaine qui, de *Toulouse*, s'étend jusque dans le *Quercy*. Le pays où nous sommes est tristement bon. Nous voyons *Castanet*, notre dernier relais, d'où nous aurons encore six milles pour *Toulouse. Castanet* est un village assez propre et bien ouvert. Faites un mille, et ayant passé un autre joli village, vous découvrirez la *ville Palladienne*. Nous voici dans la plaine; la perspective est étendue et muette, et pour trop voir, on ne distingue rien. Remarquez pourtant un assez vaste château et ses belles avenues, sur la gauche du chemin. Ne voulez-vous que de petites maisons? En voici à choisir, blanches et vertes, rouges et vertes, pas une jolie; elles annoncent seulement de la propreté.

Nous touchons à la ville. Bonjour, *Priscus*.

~~~~~~~~~~~~~~~~

Cesse-t-il de pleuvoir à *Toulouse ?* Je n'y

suis jamais venu, je n'y ai jamais séjourné sans pluie. Cette ville fait travailler actuellement à une façade régulière, et continue sur le quai qui s'étend du *pont Saint-Cyprien* jusqu'aux *moulins de Basacle*.

Le *pont*, que j'ai examiné de nouveau, mérite tous les éloges qu'on en fait dans le livre de M. *Robert*.

On a généralement, à *Toulouse*, le teint blanc ou plutôt pâle et terne; c'est presque la nuance parisienne.

Le pain, dans cette ville, n'est pas ordinairement cher; mais avec de beau blé on y fait de mauvais pain. Je n'en ai trouvé de bon en *Languedoc* qu'à *Narbonne* et à *Carcassonne;* et je n'en ai trouvé de mauvais dans la *Provence* qu'à *Cuges*, où rien n'est bon excepté l'eau.

On est moins *languedocien* que *gascon* à *Toulouse*. On parle l'idiôme gascon; on a l'accent et le caractère gascons.

J'ai revu le *Capitolium* et ses poudreux *illustres*, dont il n'est bientôt plus possible de lire les noms et de distinguer les figures; mais les images des *capitouls* sont bien balayées. *Capitouls* se traduit en latin par *consuls;* je trouve néanmoins qu'entre les *consuls de Rome* et les *échevins de Toulouse*, il y a bien quelque distance.

A demain.

La sortie de *Toulouse* par *Saint-Cyprien* est belle. Vous remarquerez, en traversant ce faubourg, une place qu'on y a commencée; elle est d'une architecture simple et préférable à celle des nouveaux quais du côté de la ville. Notre route n'est plantée que jusqu'à une lieue vers l'endroit où le chemin commence à s'élever. Ici, à votre gauche, au bas d'un tertre et sous des peupliers, on a placé *une fontaine* à trois faces, creusées en niches, et qui verse par trois tuyaux une onde limpide, dont la vue réjouit et semble désaltérer le voyageur. Elle est plus abondante que toutes les fontaines de *Toulouse* réunies. C'est un bienfait public que ce monument.

Bientôt, vous traversez *Saint-Martin*, très petit village arrosé d'un ruisseau. La route est nue, mais large et bien conduite. Vous aurez parcouru quatre milles depuis *Toulouse*, quand vous verrez, au bord du chemin à droite, une chapelle basse et crénelée avec tourelles : c'est une singularité que cette construction.

Vous montez une côte, et vous trouvez le village de *Colomiers* : son petit château et le clocher de l'église se font remarquer en passant.

Autour de *Colomiers* sont quelques vignes au pied gros, tout couvert de mousse, et en terrain compact. La qualité du vin peut se deviner.

Quittant ce lieu, les sommets des hautes montagnes nous forment un épais rempart sur notre gauche ; à la droite et au loin, nous voyons des collines médiocres. Plus près de nous, des terres riches en blé, plusieurs villages, et des arbres presqu'assez pour que ce coin de la province gasconne soit pourvu de quelqu'agrément. Avancez jusqu'à six milles de *Toulouse*; là, sur votre droite, est un petit taillis, nature de chêne, ensuite beaucoup de vignes en terrain sablonneux, pierreux et uni ; peu après un autre taillis, puis un bois de chênes fort dégradé par le bétail.

Descendus dans une vallée étroite, partie ensemencée, partie en prés, nous voyons d'un peu loin, sur la droite, *Riverac*, qui paraît être un bon village.

Leguevin est un lieu qui s'allonge sur la route, et qui est sale comme un village : car où il y a des humains il y a pour l'ordinaire de la saleté. Nos chats, et d'autres animaux, craignent plus que l'homme de blesser leur odorat et leur vue.

En sortant du relais, le pays s'incline doucement jusqu'au pied des coteaux couverts de taillis, et qui commencent à environ deux milles de *Leguevin*. Cet intervalle est maigre, mais labouré et semé. Nous employons une heure et demie au passage de quelques montagnes d'un sable terreux, où le chemin, quand il a plu, devient très difficile. Presqu'au milieu de ce passage, et sur un torrent, est un vieux pont étançonné. Ne vous arrêtez point sur cette bascule périlleuse. La route qui vous reste n'est guère plus rassurante. Vous découvrez l'*île Jourdain* lorsque vous en êtes encore à un mille et demi. Le coup d'œil est étendu et n'est pas sans mérite.

L'*île Jourdain* a un portail assez remarquable dans une petite ville du canton d'*Armagnac*.

La sortie de ce lieu offre un bassin de bonnes terres à labour; mais, en ce moment, presque noyées par le débordement d'une rivière, qu'on passe sur plusieurs ponts liés par une chaussée d'un mille de longueur.

Garbes est le seul village qu'on trouve de l'*île Jourdain* jusqu'à *Gimont*. Ce pays est monticuleux, cultivé et planté, mais la route faite négligemment, est encore plus mal entretenue. Je plains les voyageurs qui sortent du *Languedoc;* ils ne trouvent plus de chemins où l'on marche avec aisance et sûreté. *Honneur donc cent fois au prélat éloquent qui a attaché son beau nom à d'immortels ouvrages ! sa gloire impérissable comme les VOIES LANGUEDOCIENNES, diminuera notre admiration pour les Romains, dont les routes, moins larges et moins commodes, n'étaient pas plus solidement construites que celles dont M. de Dillon a enrichi le Languedoc depuis trois lustres.*

Gimont est un peu élevé ; ses petits faubourgs s'annoncent par des moulins à vent, et la ville par les tours de ses églises. Ce lieu, tout bâti de bois et de terre, ne laisse pas d'avoir ses *lanternes ;* et, ce qui est tout autrement remarquable, *Gimont* a des femmes au teint clair et rosé.

Après *Gimont*, remarquez, en montant une colline, une jolie chapelle sur votre gauche ; c'est *Notre-Dame de Cahusac*. Elle est en grand crédit dans les environs. Voici une vallée en froment. Le pays est bon jusqu'à *Aubiet*, autour duquel sont des vignes. L'église de ce lieu est sur la hauteur. *Aubiet* a été fermé et conserve encore une porte et une tour de briques. Après ce village, on a des prairies entrecoupées de saules ; en deçà sont des coteaux couverts de grains. Les arbres ne manquent point sur la campagne ; elle est bocagère et gracieuse. On dit que cette partie de l'*Armagnac* a beaucoup de paysans aisés ; je m'en réjouis comme du bon état de ces bêtes à laines qui sont gardées par des bergers en tablier de peau.

A votre droite, sur une éminence et à deux milles d'*Aubiet*, vous verrez le *château de Marsan*. Un peu en deçà, on passe un taillis de chênes qui borne de trop près les deux côtés de la route.

Auch, quoique situé en partie sur une colline, n'est presqu'aperçu qu'en y entrant. Quelques prairies l'environnent; du reste, les campagnes sont nues et plutôt riches que belles. La *cathédrale* domine une partie de la ville. Cette église a de la beauté, mais sa nef et son chœur ne sont pas aussi grands que la nef et le chœur de *Saint-Eustache*, ni la voûte aussi élevée. Où a-t-on trouvé là des objets de comparaison? Les *vitraux* des chapelles autour du chœur sont d'une perfection achevée dans ce genre; mais l'*ogive* de la chapelle du fond est un ouvrage étonnant par la hardiesse et par le fini. La coupe de cette voûte à jour doit consterner tous nos petits architectes modernes; et c'est le travail des *Goths!* c'est le travail d'*un temps barbare!* Les stalles du chœur sont très finement sculptées, mais dans un goût de dessin qui doit nous paraître bizarre. Le portail est moderne, et fait parfaitement valoir l'architecture de ces *Goths* si méprisés de nos écoles actuelles. Les trois ordres s'écrasent par le défaut de proportion, et les deux tours sont trop peu élevées; elles rendent l'ensemble pesant.

Auch est très petit, mais cette capitale gasconne est jolie; elle a beaucoup de maisons bâties régulièrement et en belles pierres; et parmi ses édifices publics, on peut remarquer l'*intendance* et l'*hôtel de ville*. Je me tairai sur la promenade : elle est très courte et très mal tenue.

Nous soupons ici avec des *électeurs*, avec des *élus*. J'en perds la tête. Ces gens-là me feront devenir fou ou politique. Nous avions aussi des *commis voyageurs ;* les tables d'hôte en sont toujours garnies. Mais qu'est-ce que des commis voyageurs, me demandez-vous ? Ce sont ordinairement de jeunes hommes qui, pour le compte d'une maison, vont annuellement de nos villes de fabrique ou de commerce dans toutes les villes du royaume *quêter* des commissions. On n'allait d'abord offrir que des étoffes ; aujourd'hui les épiceries, les vins et beaucoup d'autres marchandises vont chercher du débit et exciter les consommations. Parmi tous ces ambassadeurs du négoce, vous distinguerez facilement un *Lyonnais ;* il a le verbe haut, l'organe clair et sonore ; il parle avec esprit, mais il est tranchant, hardi, et sa bouche est sale et effrontée. Le *Languedocien* est doux, poli, et porte un front ouvert. Le *Normand* écoute plus qu'il ne parle ; il est défiant et excite à la défiance. Cependant nul de ces députés de la république marchande ne vous servira mieux que lui ; vous trouverez même assez souvent l'envoi au dessus de l'échantillon. Je ne vous donne pourtant point cette remarque pour absolue.

Gardez-moi, *Priscus*, votre amitié, car votre affection ne restera pas sans retour.

~~~~~~~~~~~~~~

Un joli chemin planté ne nous conduit qu'à un quart de lieue d'*Auch*. Un peu après, sur notre droite, nous trouvons une première colline bien couverte de bois. Les sentiers sinueux et multipliés qui y mènent nous disent que cet endroit est fréquenté dans la belle saison. Avançons un peu ; nous trouverons *Pavie* au bout de la belle route qui y conduit. C'est encore une promenade pour les habitans d'*Auch*. Du même côté, nous gardons une vallée large, presque toute en grains, quoiqu'elle paraisse propre à des prairies. Après cette vallée, ce sont des monticules sablonneux qui s'entremêlent de taillis et de labours.

Une lieue et demie en deçà d'*Auch*, le chemin est moins beau, les campagnes moins satisfaisantes, mais la charrue n'a rien négligé de cultivable. Les maisons des champs, toutes isolées, sont toutes bâties sur des hauteurs moyennes. Le colon veut respirer et voir ; il se place pour la santé et pour l'utilité. Arrêtez-vous devant une habitation simple, située à votre gauche, au milieu d'un coteau dont la tête est couverte de bois. Tout ce qui environne la petite ferme est labouré transversalement, parce que la pente du coteau est très inclinée. Au bas est un ruisseau fort encaissé, et qu'on n'aperçoit point de la route ; mais, je vous le garantis, il existe.

Bitnau est le relais, et vous y arriverez par de mauvais chemins, mais vous serez moins serré par les montagnes. Après *Bitnau*, une campagne large s'ouvre devant vous, et va vous conduire à *Mirande*. Vous admirerez la bonne culture de cette plaine et sa féracité, quoique le sol y paraisse argileux. Voilà un village que nous touchons à droite; mais que veulent tous ces jolis enfans qui en sortent, et s'empressent vers nous ? Ils demandent l'aumône. Il est dangereux de la faire à des enfans; mais quand les pères, les mères, souffrent à l'écart, et n'ont pas le temps ou la hardiesse de venir la demander eux-mêmes!... C'est une autre considération; et puis comment refuser des enfans, surtout quand *Tullie* se déclare leur protectrice. J'ai voulu joindre à quelques pièces de monnaie, un cornet de bonbons ; c'était des pruneaux que leur couleur noire a fait rejeter *comme une attrape*. L'innocente troupe me regardait en riant comme pour me dire que j'avais voulu la tromper. Vous tromper, petits amis! J'ai été dupe souvent, mais je ne crois pas en avoir fait, même par badinage. Le mensonge est trop sérieux. On ne peut jouer avec lui.

Mirande n'est qu'un triste bourg. Ses maisons

de bois et de terre bordent quelques rues alignées, autour d'une place à arcades. Le lieu est chétif, la situation est belle. C'est une large campagne, variée en culture, coupée d'arbres, et terminée par des coteaux. Vous faites environ trois milles avant de découvrir *Miélan* dans une vallée plate et étendue, où les terres sont de bonne qualité. Ce bourg est bâti d'argile. Remarquez pourtant sa promenade à votre droite en arrivant ; on n'y a pas employé un spacieux terrain, mais elle est propre et bien située.

A la sortie de *Miélan*, vous descendez une côte raide ; à la droite du chemin vous avez des vignes ; de l'autre côté, du bois. Au bas de la côte, des prairies, un ruisseau ; au delà du ruisseau, une vallée peu large, mais agréable. Une seconde côte, à un mille d'ici, va nous montrer encore une vallée plus riante. Rien ne me plaît dans une campagne comme des habitations placées au centre des terres qui en dépendent. Cette distribution est fort préférable à ces grands et sales villages qui éloignent de leurs champs une partie des colons.

Nous allons à *Rabastein*. Voici des terres à blé. Nous trouvons beaucoup de bois et pas une belle tige d'arbre ; notre chemin est assommant ; il nous permet à peine de remarquer des collines bien ombragées et bien habitées. Nos *paysannes du*

Bigorre sont toutes coiffées d'un voile rouge de serge claire qu'elles bordent d'un ruban noir; par-dessus ce voile, elles mettent contre le froid ou la pluie une cape bleue, mais de manière que le voile rouge est toujours aperçu. On dirait que toutes ces femmes sont en uniforme.

Après *Rabastein*, c'est un pays tout plat, maigre, mais cultivé; nous trouvons fréquemment de petits bois, et à mi-relais de *Rabastein*, à *Tarbes*, beaucoup de prairies, une très belle route. C'est vers *Tarbes* que vous trouverez la vigne mariée, non pas à l'ormeau comme dans *Virgile*, mais au cerisier. Cette pratique a ses avantages. On se promène sous le pampre en été; les raisins pendent sur votre tête tandis qu'à vos pieds vous pouvez cueillir une salade, ou des petits pois, comme dans un potager.

Les clochers de *Tarbes* ne l'ont pas annoncé de loin; cette ville est toute en longueur, mais jolie. L'entrée est formée par une grande place, à peu près triangulaire, où se tiennent des foires et des marchés. Les rues sont assez larges; le pavé est petit, mais bien posé. On voit plusieurs grandes et belles maisons. Il y a de l'aisance et du commerce dans *Tarbes*, et l'agrément de l'endroit fait qu'on s'y arrête volontiers. Cependant, les environs étant plats, la promenade y aurait peu d'attraits; mais ces vignes en berceaux, mais les villages prochains et les jolis bois qui les avoisinent, font oublier l'uniformité des sites. Enfin, la ville a ses promenoirs, un très joli cours derrière le séminaire, une place bien couverte auprès des *Cordeliers*, une autre petite place plantée, et une belle avenue de peupliers au bord de l'*Adour* qui, coupé en plusieurs bras, arrose la ville par différens canaux. Ces eaux courantes rafraîchissent et vivifient. Je vous assure que l'on séjourne ici sans éprouver un moment de lassitude.

Vous n'omettrez pas d'aller voir la *sede* ou *cathédrale*; ce n'est qu'une petite église, mais d'une propreté recherchée. La nef n'a point de chapelles, mais de chaque côté elle est ornée d'une tribune en fer doré; c'est là que se placent les *privilèges*; ceux qui n'en ont pas occupent le bas sur des chaises. Nous ne voyons plus de ces bancs incommodes et exclusifs qui embarrassaient une église et mettaient dans la rue la moitié des fidèles.

Le grand autel est recouvert d'un baldaquin un peu applati; mais les six colonnes de marbre qui en font le support sont belles, ainsi que la frise et l'entablement; elles sont soubassées, ayant socles et piédestaux. Les chapitaux des colonnes et les ornemens de la frise, en cuivre doré, ne sont pas d'un travail exquis. Les croisées du chœur sont en verre de *Bohême*, comme celles

5.

de *Saint-Roch* ; c'est trop de jour pour une église : il ne les faut pas noires : elles chassent la timidité, les fantômes s'y promènent; il ne les faut pas claires comme une place publique ; le recueillement se plaît entre ces extrêmes.

Le marbre est si commun dans ce pays, qu'on en fait à *Tarbes* les jambages, les seuils, les linteaux des portes et des fenêtres. La pierre est plus rare. On se sert de briques, et plus ordinairement de cailloux roulés, comme dans la *Crau*. Je vous marquais en *Dauphiné* mon inquiétude sur des bâtisses en pierres rondes et polies, qui refusent le mortier; l'art me rassure ici. Il est parfait dans l'arrangement de ces cailloux. Les plus anciennes murailles (composées de *galets*), ne se sont ni entr'ouvertes ni lézardées. Toute l'attention des maçons se porte à bien garder l'àplomb, et à coucher alternativement leurs pierres ovales sur un sens et sur l'autre en recommençant les assises. A *Lyon*, où l'on fait grand usage de ces cailloux pour des clôtures, on interpose des lits de briques entre les cailloux : on est plus hardi à *Tarbes*, ou plus habile.

La capitale du *Bigorre* a des *réverbères*, sagement placés contre les murailles. On reste toujours étonné qu'à *Paris*, où tout se fait pour les riches, ces lumières éclatantes tiennent encore le milieu de la rue, où elles incommodent les cochers bien plus qu'elles ne leur servent.

Salut à *Priscus*.

∼∼∼∼∼∼∼∼∼∼∼∼

A un mille de *Tarbes*, la terre est plus franche et paraît meilleure. A un mille encore, sur votre gauche et un peu à l'écart, trouvant une église élevée, vous passez de longues prairies arrosées par une rivière. Encore un mille, et après des prairies, du sable, des fougères et des mousses, vous parvenez au bas d'une première côte : sa tête est couronnée d'arbres. Tout le reste de ce canton est en friche.

Une colline où le chemin tourne sur la droite vient heureusement couper cette uniformité. On découvre de cette hauteur une belle vallée qui est dans le finage de *Bordes*. Autour de ce village il y a beaucoup de bois et surtout de châtaigniers. Ces arbres vont orner assez long-temps votre route; mais la campagne est presque morte dans une partie de cette traverse ; puis elle s'avive un peu auprès de la capitale du *Béarn*. La facilité de la vente et des engrais fait que rarement les proches environs des villes sont négligés.

Nous entrons à *Pau* par une belle rue qui, en se courbant, en s'élargissant par intervalles, traverse la haute ville, et conduit jusqu'au château natal de *Henri IV*. La capitale béarnaise n'est point éclairée; *Collioure* a des réverbères brillans, et *Pau* n'a pas une lampe. J'observe qu'ici, comme dans les villages auprès de *Tarbes*, chaque maison est séparée de la maison voisine par un vide de quinze ou vingt pouces. Mauvaise pratique, et qui pourrait bien avoir pour origine le goût ou la crainte des procès.

La basse ville n'est composée que de quelques maisons au bord du *Gave*; la haute a de l'étendue, mais elle est peu ramassée et médiocrement peuplée. Elle n'a pas une rue ni une église dignes de remarque. On vous enverra pourtant à la *place Royale*, mais vous en reviendrez aussi peu satisfait du sculpteur que de l'architecte.

Le *dictionnaire de Vosgien* situe la ville de *Pau* sur une hauteur; c'est manquer d'exactitude : *Pau* est dans une plaine du côté de *Tarbes*, et bâtie sur un escarpement du côté d'*Oleron*. L'ancien *château des rois de Navarre* occupe cette extrémité élevée, d'où la vue est spacieuse et riche. Le *Gave*, coulant dans la vallée, s'y partage en différens bras. Ses bords sont en prairies. On découvre beaucoup de jolies maisons, des vignes en berceaux et des collines prochaines, et, derrière ces collines, le pied des montagnes qui s'élèvent graduellement en amphithéâtre jusqu'à nous cacher dans les nuages leurs sommets glacés : magnifique aspect !

Le château, vu de sa petite cour triangulaire, n'a rien de plus imposant ni de plus régulier que la plupart de nos vieux *châtels* à donjons; mais les appartemens ont une certaine grandeur. On y conserve une superbe écaille de tortue qui fut le berceau de *Henri IV*.

Le chemin de *Bayonne* m'inquiète. On m'assure que, sortis du *Béarn*, nous aurons des routes *ensevelissantes;* c'est le terme dont on s'est servi; ajoutez que depuis *Toulouse* la pluie nous accompagne sans relâche. Il y a de quoi s'effrayer un peu ; cependant je ne retournerai pas sur mes pas. Il faut que la curiosité soit téméraire plutôt que timide; et puis, souvenez-vous donc, *Priscus*, que les affaires aussi me commandent et m'obligent d'aller. Nous partons tout à l'heure. Soyez-nous du moins propice par vos vœux.

━━━━━━

LE faubourg de sortie pour *Bayonne* est bâti de terre, et les couvertures de ces chétives maisons se font en *bardeau;* mais nos campagnes sont gracieuses ; elles sont semées de lin, de blé, de fèves, et plantées de vignes ou de bois. On garde des collines à une moyenne distance, et l'on ne tarde pas à découvrir *Lescars*, dont l'église est sur la hauteur. Cette grande maison neuve, qui s'annonce comme un château : c'est le collége fondé ou restauré par un évêque bienfaisant, M. *de Noé.*

Après Lescars, qu'on laisse à la droite du chemin, la vallée, toujours très unie, s'élargit. Ce pays est tout à fait champêtre ; il est couvert de maisons bâties sans luxe, mais proprement tenues, et pour l'ordinaire abritées par un bouquet d'arbres. Les petits villages sont fréquens ; la terre est caillouteuse, mais bien mise en culture et bocagèrement plantée. On salue ici et on est salué. Les Provençaux nous avaient presque fait oublier cet usage de bienveillance.

Le bourg d'*Artix* n'est pas beau ; nous retrouvons des clôtures. Nous marchions tout à l'heure en terres libres et ouvertes. On se rapproche du *Gave*, et puis on le perd aussitôt. Nous gardons à notre gauche des monticules dont je voudrais recueillir tous les sites ; mais j'ai étudié deux ou trois ans la *musique* sans la pouvoir apprendre, et j'aurais peut-être réussi dans le *dessin* que j'ai trop négligé. Nos parens ne savent pas plus que nous à quoi nous sommes propres. Il en arrive que presqu'aucun homme dans la société n'y fait précisément ce qu'il y devrait faire.

Etant à deux milles d'*Artix*, on descend dans une vallée plate qui est toute en froment. Un peu après, c'est une futaie fort claire, et puis une campagne agréablement variée. Beaucoup de maisons éparses ou de petits châteaux, quelques gros villages. Je vous dirai qu'ici, comme en *Armorique*, on *plancheye* les chambres au lieu de les carreler. Cet usage fait craindre le feu ; mais l'usage contraire a d'autres inconvéniens.

Voici une coutume que vous n'approuverez pas, quoique nous l'ayons déjà trouvée en *Suisse*. Les paysans de ces quartiers n'ont point de cheminées dans leurs maisons. La fumée sort par des trous qu'on fait à la couverture ou dans les murailles. Il semble de loin à un étranger que tous les villages soient en feu.

Il est encore très-ordinaire, depuis *Tarbes*, qu'un âtre ne soit fourni ni de chenets, ni de pelle, ni de pincettes, ni même d'un soufflet ; le feu s'allume avec le tablier de la servante, ou à l'aide d'un éventail de plumes attachées au bout d'un bâton.

A *Organiou*, où nous montons une côte, nous jouirions avec délices des tableaux qui sont sous nos yeux, mais il ne faudrait pas être instruit des chemins qui nous attendent. *C'est une fatale connaissance que celle de l'avenir ; les joies s'usent par la prévoyance, et l'on anticipe sur les douleurs par la crainte.*

Après la côte, on trouve quelques landes, mais

le pays est toujours beau. On garde à vue des collines élevées, bien en culture, bien boisées et très habitées. Ces bois ne sont pas de ces forêts qui ennuient ou qui épouvantent dans la *Lorraine* ou dans les *Vosges*, mais des arbres plantés en haies sur des fossés ou de jolis bouquets auprès des maisons.

Nous passons encore un gros village, et nous ne perdons plus le *Gave* de vue jusqu'à *Orthez*, qui est une petite ville ; elle a une rue longue et assez belle, où l'on voit un château et quelques jolies maisons. Observez sur une éminence la tour d'un château en ruine ; cette situation était avantageuse.

Les chemins entre *Orthez* et *Puyoo* commencent à se gâter beaucoup. Ajoutez que dans toute la *généralité de Pau* il n'y a pas un pont. On passe les ruisseaux, les rivières, les torrens, sur des planches mal assurées, qui, posées en travers du chemin, n'ont guère plus de longueur que la voie d'un cabriolet. Nous trouvons plus de landes et moins d'arbres, mais le pays est encore champêtre.

Puyoo est un petit lieu en deçà duquel on suit le *Gave* dans une vallée étroite fermée de collines et non privée d'agrémens. Le chemin n'est pas beau, mais encore praticable jusqu'à deux lieues aux approches de *Labattu*. Les noms sans doute n'ont aucune vertu qui leur soit propre, et cependant on aurait mille exemples à citer de l'effet d'un nom sur celui qui le portait, et il faut au moins regarder comme singulière la rencontre d'un village appelé *Labattu* dans le plus mauvais pas de route qu'il y ait peut-être en *France;* c'est un écueil. On ne nous en avait pas fait trop de frayeur; mais nous y voici : ce n'est plus le moment de craindre quand on est dans le danger. Nous détèlons nos trois chevaux impuissans à nous tirer des profondes ornières et de la glaise tenace. On met huit bœufs sur une voiture légère que nous laissons aller à la garde de Dieu, et sous la conduite d'une douzaine de pilotes qui font encore plus de bruit que de travail. Nous passions cependant, mon *fils* et moi, dans un champ un peu élevé, d'où nous voyions toutes les *manœuvres*. Tantôt notre barque roulante penchait à *basbord*, tantôt à *stribord*, et tantôt elle nous paraissait au moment de *couler bas* dans un océan de boue. Je criais quelquefois : *tenez la barre droite, forcez un peu de voiles, serrez le vent*. On ne m'entendait pas; mais enfin, enfin nous avons franchi le périlleux passage. Ce détroit a bien cent toises de long; vous direz que cent toises sont bientôt traversées? Oui, dans un livre; mais grâce au ciel, nous voici en *haute mer;* le péril est derrière nous. Il ne m'en a coûté qu'un peu d'argent. Continuons notre voyage.

J'ai peu remarqué les campagnes auprès de *Labattu;* j'étais disposé à les trouver affreuses, et il m'a semblé n'y voir que des landes.

On fait un mille et demi, et l'on trouve *Coleigne*, dont l'église est placée sur la hauteur en vue d'une vallée et du *Gave*. Le pays est peu boisé, mais cultivé. Traversez la côte un peu raide de *Coleigne*, et vous découvrez *Peyrarardes* dans un vallon bas et plat, à demi noyé, dans ce moment, par des eaux pluviales et par celles du *Gave*. Les paysans de ce canton portent des *dalmatiques* brunes ou noires, qui ne diffèrent de celles de nos églises que par un capuchon pointu, un peu plus long que celui des *Récollets*. Une ceinture de cuir arrête sur les reins les deux bandes flottantes de cet habillement antique, qui s'est conservé, avec d'autres parties de vêture ancienne, dans des contrées sans luxe, sans commerce, et presque sans communications. C'est ainsi que dans les montagnes voisines du *Bigorre*, et dans celles du *Roussillon*, on rencontre des cavaliers chaussés et éperonnés comme *Philippe le Bel* dans l'église de *Notre-Dame de Paris*.

Peyrarargues, au bas d'une colline et au bord du *Gave*, est un bourg long et vilain. Les gens du lieu en admirent assez gratuitement le château. Le pays avoisinant est presque nu à la sortie; mais bon et riche en blé. On fait un mille, et l'on trouve *Orteveil*, petit village à la gauche du chemin. Le sol s'élève ici. Il est plus maigre, mais plus boisé. Vous passez une futaie claire, puis vous trouvez des landes; mais par dédommagement le chemin y est beau. Ces landes nous conduisent jusqu'à *Port-Delanne*, composé de cinq à six maisons au bord de l'*Adour*. On ne passe cette rivière ni facilement ni à bas prix quand elle est débordée, mais on passe, et l'*Adour* est actuellement derrière nous.

Une longue chaussée nous indique la fréquence et la hauteur des débordemens de ce petit fleuve. Bientôt le chemin nous élève sur une côte toute en landages; puis nous tombons dans un chemin de sable dont quelques toises ont été pavées, et nous ne voyons plus de culture que dans le voisinage des habitations.

Birote consiste dans une église et un château; mais ce lieu a beaucoup de bois. *Biodos* est un autre village peu important, et qu'on met à trois lieues de *Port-Delanne*. Ce *Biodos* a un château tout neuf, avec un petit parc, une grande cour en gazon, et une longue balustrade en fer sur la route. Vos déserts de *Bretagne* ne sont pas les seules, comme vous voyez, où l'on bâtisse des palais.

Voici, après *Biodos*, quelques landes cultivées; puis on trouve du bois, puis des landes;

cela s'entremêle ainsi jusqu'aux approches de *Bayonne*, où la culture est plus fréquente et le chemin plus mauvais. Faites cette route en été, je vous en préviens ; elle est trop difficile en saison pluvieuse. Il faut en mille endroits, depuis *Port Delanne*, bénir Dieu de n'avoir pas versé.

Nous sommes actuellement en pays monticuleux, gardant un peu au loin, sur notre gauche, les *Pyrénées*. On passe *Saint Martin de Sénain* à trois milles du relais. Ce village a du bois et quelques fromens sur son territoire.

On retrouve l'*Adour*, puis on monte une colline, et l'on ne tarde pas à découvrir *Bayonne*. Les campagnes sont cultivées, riantes et très habitées ; mais on arrive par un extrêmement mauvais chemin. C'est une chaussée raide, et dont le pavé n'a peut être reçu aucune réparation depuis vingt ans.

La ville nous paraît fort petite, mais l'aspect des quais est agréable. Les ponts bâtis sur les deux rivières sont aussi jolis que commodes. Nous remarquons ici beaucoup de propreté. Le pavé des rues est bon et bien tenu. Mais comme nous séjournons, je vous entretiendrai de *Bayonne* avec plus de détails et d'exactitude.

Salut.

Me voici à cent postes de Paris; j'ai donc quatre cents lieues à gagner, si je veux présentement entreprendre *mon tour d'Espagne*. Si je manque cette occasion, il faut que je renonce à la *Castille* inculte, et au *Prado*, qui ne met point ses promeneurs à l'abri du soleil, et à la *fuente de Cybèles*, qu'on aurait dû placer sous le pont de *Philippe II*, afin qu'il y passât de l'eau. L'*Espagne* m'appelle; j'y voudrais voir ces *Biscayens*, qui sont tous nobles jusqu'aux perruquiers, et ces fiers *Andaloux*, qui rougiraient de travailler, mais qui ne rougissent pas de demander l'aumône; et les montagnes défrichées par *Olivadez*, qu'en récompense on a livré à la main des moines qui l'ont bien fouetté en lui apprenant son cathéchisme. Certainement l'*Espagne* mérite bien une visite, surtout quand on est venu jusqu'à *Bayonne*. Il ne m'en coûterait que cent écus pour aller, moi et *Tullie*, d'ici à *Madrid*, dans la *diligencia con real privilegio*, où l'on trouve, à ce que dit la devise, *seguridad y celeridad*. Voici pourtant un noble *irlandais*, arrivant de *Madrid*, qui me révèle que la *celeridad* consiste à ne mettre que huit jours pour faire cent lieues en poste, c'est à dire, en relayant ses mules de quatre en quatre lieues; et, pour la *seguridad*, cet officier du *roi des Indes* me jure qu'il n'a versé que trois fois de *Madrid* à *Bayonne*, au lieu qu'en d'autres voitures que la *diligence royale*, ou verse pour le moins une fois par jour. Que ferai-je donc? Décidez, *Priscus*; mais je commence à craindre de n'aller point à *Vittoria*, à *Burgos*, à *Valladolid*, où l'on arrive le soir à nuit close pour en repartir le matin avant le lever du soleil; car les messageries sont la manière la plus commode pour ne point voir les pays où l'on passe.

Un enfant vient changer ces résolutions. Il prétend qu'on ne peut être venu sur la frontière d'*Espagne* sans y entrer du moins; et qu'ayant déjà fait cette faute à *Perpignan*, nous ne devons pas la répéter à *Bayonne*. Cela dit, on me fait venir un *voiturin*; je conviens de prix pour *Saint-Sébastien*, et nous partons.

En sortant de *Bayonne* par la *porte d'Espagne*, on découvre d'une petite éminence beaucoup de maisons semées dans la campagne. L'ensemble en est joli. La culture est continue pendant trois quarts d'heure; elle présente ensuite des interruptions. On voit moins d'arbres; le fond est un sable argileux, recouvert d'une bonne couche végétale. Faites un quart de lieue, et vous apercevrez devant vous les *Pyrénées*. Un quart de lieue encore, vous voyez la mer, et en même temps l'embouchure de l'*Adour* à votre droite. Le chemin est simplement ouvert, sans qu'il ait jamais été fini. Vous êtes ici à cinq quarts d'heure de *Bayonne*, ayant des landes à la droite du chemin et un peu de culture à la gauche. A demi lieue devant vous, vous découvrez beaucoup de petites maisons qui paraissent toucher au pied des montagnes. C'est vers cet endroit que nous faisons rencontre de la diligence espagnole attelée de sept mules qui trottent d'un pas ferme dans le sable et dans la boue. Il ne s'y trouvait pour tous voyageurs qu'une dame *Biscayenne* brune, l'œil éveillé, coiffée en bonnet rond très court, avec de grandes boucles à ses oreilles, et sur ses épaules la *mandilla*. Le moment d'après, j'ai joui d'un nouveau spectacle. C'était deux jeunes *Basquaises*, propres et jolies (il n'y en a guère d'autres), qui étaient portées sur une seule mule. Cela n'est pas merveilleux, pensez-vous; l'une des deux était en croupe. Bon! vous croyez être en *Normandie*, où l'on ne connaît pas d'allure plus dégagée. Elles marchaient de front, toutes deux librement assises chacune dans un fauteuil aux deux flancs de l'animal, plus glorieux qu'embarrassé d'une si noble charge. Eh! comme le plaisir abrège! Nous voici à *Bidary*, et j'ai été si occupé de la *Biscayenne* et des *Basquaises*, que je ne peux vous dire quel pays, depuis une demi heure, je viens de traverser.

Tome II.

Bidary est à deux heures un quart de *Bayonne.* C'est cet amas de jolies maisons que nous avions vu de loin. Au bas du village est une anse où l'Océan reçoit une petite rivière. Nous sommes dans des sables, la mer à notre droite, et de l'autre côté des terres peu couvertes, mais bien cultivées. Le charmant village que *Bidary* et les charmans environs! Vues de *Marly* et de *Saint-Germain,* que vous me semblez tristes, quand je suis à *Bidary!* Et moi, je vivrais loin d'un horison maritime! Quelles seraient donc mes *contraignantes* destinées!

Cependant le chemin devient dur, nos mules nous traînent en nous cahotant, et ne nous empêchent pas de voir que nos monticules sont jolis et bien cultivés. Voilà de ces hautes vignes, voilà des arbres, des prairies et du grain. En avançant encore, nous retrouvons la culture. Nous voyons *Sibourg* que le port sépare de *Saint-Jean-de-Luz,* et nous approchons de ce lieu par une route droite et âpre, perdant quelquefois la mer, la retrouvant, ne nous en éloignant jamais. *Saint-Jean-de-Luz* gagne à être vu de loin; il est mal bâti, les rues non pavées, et la plupart sans habitans. Un pont de bois fait la communication des deux villes. Le port est de marée; elle grossit une *crique* qui, dans les équinoxes, peut recevoir des navires de *trois cents cinquante tonneaux.*

C'est beaucoup, mais je vous répète ce que l'on m'a dit, et voici ce que j'ai vu.

La rade de *Saint-Jean-de-Luz* forme une anse très ouverte, qui entre peu dans les terres, et dont le fond est embarrassé de roches; ajoutez qu'elle est battue de tous les *rhumbs de l'Ouest*, et vous serez sans doute surpris que le prétexte hasardé de rendre cette rade sûre y ait fait entreprendre des travaux très dispendieux, de longues jetées dans la mer, et d'autres maçonneries qui ne peuvent être profitables qu'aux entrepreneurs. On cherche les causes du *déficit;* mais voilà une des sources de notre pénurie. Les *ingénieurs* sont par état des hommes à projets; et plus ils seront pourvus de talens, plus ils seront funestes au gouvernement qui les emploie. Ils mettront plus d'art à couvrir de couleurs séduisantes les plans qu'ils voudront faire admettre, et eux-mêmes y seront souvent trompés; ils verront l'utile et même le nécessaire dans tous les travaux dont l'exécution leur promettra quelque gloire.

Les voyageurs *exhibent* leurs passeports sur le pont de *Sibourg;* un invalide va le faire enregistrer chez M. le commandant, et vous le rapporte *gratis*. Je suis encore si étonné de ce *gratis réel*, et pour moi sans exemple, que j'ai peur de n'être pas cru en vous l'affirmant.

Sibourg, plus petit que *Saint-Jean*, n'a point

de maisons de remarque ; mais toutes sont recrépies en blanc, ce qui donne à cet endroit un grand air de propreté. La sortie est montueuse, mais agréable; le pays est boisé, les maisons des champs très fréquentes; mais nous ne voyons plus la mer.

Orogne, dernier village français, s'annonce avantageusement par son église élevée et par sa situation. Ce lieu est très propre. Il faut, à la sortie d'*Orogne*, que vous promeniez l'œil sur l'espace inégal qui est entre vous et les montagnes. Ce petit quartier est aussi frais que fertile. Notre route est pavée, mal, mais enfin elle est pavée, et nous n'avons plus les profondes ornières. Nous montons et descendons continuellement, gardant d'assez près, à notre gauche, les hautes montagnes festonnées que des neiges, tombées d'hier, ont blanchies de nouveau.

Nous croyions être sorti d'*Orogne*, nous le retrouvons dix fois. Il est interrompu par des cultures; il se montre, il disparaît; on ne finit point de cette ville ou de ce bourg. Voici pourtant le premier pas des *Pyrénées* franchi. L'œil embrasse les deux rivages et les deux frontières; mais devant nous, et un peu au loin, la vue est arrêtée par un rempart formidable. Il faut en ce moment *virer de bord* et jeter l'ancre pour revoir le chemin que nous avons fait. Nous planons sur *Saint-Jean-de-Luz*, dont vous êtes à sept quarts d'heure, et votre horison va se fermer dans le plus vaste éloignement. C'est ici qu'il faut braquer ses lunettes, et bâtir ses tours astronomiques. Nos observateurs du *faubourg Saint-Marceau*, sur leur petite plate forme, me semblent des mouches tombées dans un pot de chambre. Au moins fallait-il construire ce massif édifice sur la *taupinière de Montmartre*. On aurait pu voir de là *jusqu'à Saint-Denis*; et cet avantage terrestre n'aurait pas empêché, sous un beau ciel comme celui de *Lutèce*, d'étudier en tout temps les étoiles fixes ou les planètes errantes.

Mais, en causant et vous écrivant, j'ai descendu ma haute plate forme entre des bois, peu de cultures et des pâturages secs. Nous voici au passage de la *Bidassoa*, lieu enfoncé, désert et triste. On ne trouve sur les deux bords que quelques douaniers et trois ou quatre invalides. Nous gagnons, en sortant de *France*, un meilleur chemin en *Espagne*. Ce chemin neuf, qui doit aller jusqu'à *Madrid*, est assez bien fait, mais trop étroit. Il n'a que vingt-un pieds de largeur.

Irun, qui prend le titre de ville, est à un quart de lieue du passage. Sa traverse est raide et le pavé dur, *littora littoribus contraria*. Nous avons déjà changé de maximes et de mœurs. Les balcons d'*Irun*, la plupart en bois, sont chargés de jalousies épaisses où le beau sexe, sans risquer d'être vu, jouit du plaisir de voir. On ne rencontre pas une femme, si ce n'est de la classe du peuple. Ce n'est que dans les temples qu'on entrevoit les dames ; mais, comment les distinguer, quand toutes portent uniformément à l'église une mante noire et un voile?

Le territoire d'*Irun* est assez bien en rapport. On y travaillait à dessécher quelques marécages au bord de la rivière. Les maisons, aux champs et à la ville, sont bâties comme celles des *Basques*, mais sans le même extérieur de propreté ; elles diffèrent encore par les ouvertures qui se font ici dans le *pignon*.

En quittant *Irun*, on découvre au bord de la mer et sur le territoire français, *Andaye*, qui vend chaque année, *de son crû*, plus d'eau-de-vie qu'il n'en fait en un demi siècle.

A peu de distance d'*Andaye* est *Fontarabie*, dont le nom sonne agréablement, et qui est le premier port d'*Espagne* sur cette côte ; mais ce port est mauvais et presque ensablé.

Nous marchons entre des montagnes dont le pied s'approche du chemin. La vallée est étroite, mais bien en culture. Voici un *barrage* à une demi lieue d'*Irun*, et qui nous coûte trente *maravédis*. Un *hidalgo*, noble *como el rey*, a fièrement tendu une chaîne sur le chemin. Un forgeron, plus noir que la chaîne, est le brutal préposé de *sa seigneurie*, à qui nous ne souhaitons aucune prospérité.

Plus de cultures depuis le barrage, un peu de bois seulement. Les montagnes nous pressent ; nous les traversons avec fatigue. Le chemin est déjà rompu en plusieurs endroits ; et sans les parapets qui défendent de la vallée, je ne conçois pas comment on éviterait le précipice. Nous courons une heure sur un pays boisé, mais sans cultures, quoique nous apercevions çà et là quelques cabanes. Voici une vallée verte et des habitations fort rapprochées ; on me dit que c'est *Oyarsun*. Ce lieu est plus petit qu'*Irun*, mais plus joli. La carte de *Biscaye* a marqué *Oyarsun* comme une ville. C'est bien de la faveur ; mais ces Espagnols font des villes et des royaumes avec des provinces et des villages. Le *glorioso pueblo!* Il y a une fontaine abondante sur la place d'*Oyarsun*. Nous avons entrevu des dames en mantes fourrées comme au mois de janvier ; ce pays n'est pas chaud. Je le crois privé de vignes ; mais j'y ai vu des enfans propres et des têtes peignées ; cela n'est pas trop espagnol.

A peu de distance d'*Oyarsun*, on quitte les cultures pour entrer dans des montagnes où, parmi des landes immenses, on voit seulement quelques arbres. Un ruisseau coule à notre gauche, et sans lui nous n'aurions rien de vivant autour de nous : j'ai pourtant lu *que la Biscaye était pleinement cultivée.*

Nous continuons de marcher dans les montagnes, trouvant d'espace en espace quelques bois clairs, mais ni hommes ni maisons pendant plus d'une lieue. Le joli ruisseau qui nous accompagnait est loin de nous au fond de la vallée : nous le voyons encore et ne pouvons plus l'entendre. Les hauts sommets des montagnes nous enferment dans un cercle silencieux et triste.

On aperçoit enfin quelques maisons, on découvre *Astigalate*, petit lieu, mais riche, par sa position sur une belle vallée, en grains, en herbages, en légumes. Une rivière coupe la vallée dans sa longueur; et à l'extrémité de ce magnifique bassin est la petite ville de *Harnani*, dont l'église est ornée d'un assez beau clocher.

Nous quittons ici la route de *Madrid* pour celle de *Saint Sébastien*, dont nous sommes encore à une heure et demi. Le chemin est beau. Nous découvrons, en approchant de la ville, plus de bois que de cultures. Enfin nous arrivons, et l'on nous descend à la *Posada* française, la meilleure auberge du lieu, et où les chambres sont toutes sans feu comme sans cheminée ; mais on nous invite gracieusement à venir nous chauffer dans la cuisine. A la bonne heure : on cause là familièrement; on y apprend toute l'histoire du pays. Je me trouve, avant souper, au courant des anecdotes. Il y en a de piquantes; mais j'ai été un peu surpris qu'on y fît entrer les moines.

Bon soir à *Kérisbien*.

~~~~~~~~~~~~~~~~~

La petite ville de *Saint-Sébastien* forme un carré long au pied d'un rocher très élevé, sur lequel on a bâti un fort. Ce rocher couvre la ville du côté de la mer, qui l'enveloppe presque entièrement. Le port pourrait recevoir d'assez gros navires; mais le reflux met à sec son lit pierreux. La montagne forme deux *anses;* celle qui communique au port est coupée par un rocher qui s'élève de plus de cent pieds au dessus de l'eau. On y a bâti un magasin; et, sur la montagne en terre ferme qui est au delà, on a élevé un *phare*. La rampe pavée qui conduit sur cette montagne est plantée d'un très grand nombre de croix. On trouve presqu'au haut un petit espace aplani, où est un *Calvaire*. Je ne pouvais en croire mes yeux quand j'ai vu des *Espagnols* passer devant cette multitude de croix sans *se signer*, et même sans se découvrir.

Presque toutes les fortifications de *Saint-Sébastien* consistent en quelques ouvrages avancés et un fossé sec. Il y a garnison et état major. Je ne peux vous rendre la malpropreté des soldats.

Leurs armes sont couvertes de rouille; ils montent la garde en bas, et font leur service très négligemment; ils ont conservé l'usage des queues. Leurs chapeaux sont bordés de fil ou de laine. L'infanterie porte habit blanc, veste, culotte et doublure tranchante. Je les ai vus à l'exercice; on les allignait avec la canne. Les officiers ne sont guère d'une meilleure tenue que leurs soldats. Ces troupes peuvent être bonnes, mais elles n'inspirent pas une haute confiance.

Entrons dans l'église principale de *Saint-Sébastien*. Elle est proprement tenue. Tous les autels sont resplendissans de dorures. Le travail et la dépense se montrent de tous côtés, le goût très rarement.

Les rues de *Saint-Sébastien* sont étroites. Les maisons, dont quelques unes sont bâties à la moderne, ont presque toutes des balcons, et l'on n'y a point oublié les *jalousies* épaisses.

L'hôtel de ville, qui est en même temps la *chambre de commerce*, fait le fond d'une place formant un carré long, et dont le pourtour, au rez de chaussée, est en arcades assez profondes pour n'y craindre en aucune saison le soleil ni la pluie. Les maisons, toutes à deux étages, sont pesamment ornées d'un double balcon continu; et l'hôtel de ville n'a de distinctif que la dorure mate de ses balcons à barres droites. Il paraît qu'on aime beaucoup la dorure en *Espagne*.

Point de promenade plantée, ou seulement une petite allée sur les glacis. Cette allée communique à un mauvais pont de bois jeté sur une rivière plus large que profonde; mais ces longues *grèves* comme l'*Océan* seul en a sur ses rivages, ne serait-ce point là des promenades, et des plus ravissantes ? N'allez pas cependant errer sur ces grèves pendant la chaleur brûlante du midi : prenez le soir ou le matin; soyez seul et ne portez jamais de livre aux bords de la mer; la mer saura bien vous entretenir. Vos pas, festonnés par la lame, vous feront demander aux flots pourquoi ils s'avancent, pourquoi ils reculent, pourquoi successivement ces profondes eaux, toujours agitées, submergent ou découvrent un spacieux terrain ? Puis vous arrêtant, contemplatif et délectablement rêveur, vous irez, par l'imagination, jusqu'aux rivages libres de *Philadelphie*, jusqu'aux bords amoureux des *îles de la Société*. Vous pénétrerez sans obstacle dans l'inaccessible *Japon*; et regagnant l'*Europe* par la mer des *Indes*, vous jeterez un œil mouillé de larmes ou allumé de fureur sur ces côtes que le despotisme a flétries..... Ah! qui pourrait sentir le poids de l'ennui, ou quelle âme resterait *inerte* et languissante au lieu de converser avec la mer, en respirant ses rivages sur la *grève* unie et ferme d'une plage océanique! Non, mon cher *Priscus*, je ne serais point en *Biscaye*, je ne vous écrirais pas de *Saint-Sébastien*, je n'aurais pas été libre de quitter *Marseille*, si les confractuosités de sa rade m'avaient offert d'autres tableaux que des rochers pointus et des masses de pierre inabordables.

Les *Sébastianaises* portent le corset serré et sans plis au dessus de la taille ; leur jupe est courte; leur coiffure consiste en un mouchoir qu'elles passent quelquefois sous le cou, et qui pend en longue pointe sur leurs épaules. D'autres vont tête nue, leurs cheveux noirs sans poudres et nattés, les tresses tombantes; leur mantelet, ou noir ou rouge, est coupé et arrondi comme le camail d'un évêque, et ne descend jamais plus bas que le coude.

᎗᎗᎗᎗᎗᎗᎗᎗᎗᎗᎗

J'ai dîné aujourd'hui avec deux *Français*, l'un *ingénieur* au service d'Espagne, et l'autre *garde du corps* de Sa Majesté catholique. Ils ont obtenu leur retraite, et se sont retirés à *Saint-Sébastien*, parce que la vie est moins chère en *Biscaye* qu'en aucune autre province de la monarchie. Ces officiers m'ont parlé de leur pays natal avec intérêt, et de leur patrie adoptive avec reconnaissance.

Nous avons d'abord épuisé les sujets généraux de conversation, puis j'ai tâché d'amener l'entretien sur une grave et terrible matière, le *saint office*. J'ai été discret dans mes demandes; on l'a été davantage encore dans les réponses; en un mot, je n'ai rien appris de ce que je desirais, sinon que les *Dominicains* n'ont plus la fonction exclusive d'*inquisiteurs*. On y admet des prêtres séculiers; et chaque évêque dans son diocèse est président du saint office. Enfin, cette effroyable juridiction est moins *recherchante* qu'autrefois. Voilà tout ce que j'ai recueilli.

Je vous dirai aussi, *Kérisbien*, que nos prêtres séculiers d'*Espagne* ont un extérieur de gravité et de décence qui inspire le respect plutôt que la crainte. Une démarche posée et sans affectation, un chapeau à demi retroussé, un manteau long, annoncent des ministres de morale et des docteurs de la foi. Les curés ont dans leurs vêtemens quelque distinction qui les fait reconnaître. Je n'ai pas vu de moines, quoiqu'il y en ait ici beaucoup; et au surplus, je vous laisse la liberté de croire que je n'ai peint que des *prêtres de Biscaye*. L'église espagnole n'est certainement pas toute composée de *saints*, mais je présume beaucoup aussi qu'elle ne mérite pas tous les reproches d'ignorance ou de corruption qui lui ont été prodigués.

La charrue est de peu d'usage ici; la terre s'y travaille à la main. C'est plus de frais et de peines, mais plus de produit.

Je n'ai vu, même du haut de la montagne, *aucun jardin à Saint-Sébastien*, si ce n'est quelques perches de terres non comparties, et qui ne m'ont paru plantées que d'aulx ou d'oignons.

A demain, *Priscus*.

~~~~~~~~~~~~~~~~

Nous voici en route, et jusqu'à *Harnany* nous ne rencontrons que deux ou trois bandes de mulets attachés à la queue l'un de l'autre, et dont le dernier porte en croupe une *companne d'airain* monstrueusement grosse. Ces sons, mesurés sur le pas de l'animal, avertissent au loin du passage des muletiers.

Harnany n'est qu'un pauvre lieu, mais son église est de quelque apparence au dehors.

La *Posada d'Yarsun* est bien espagnole, et mon voiturier m'assure que c'est une des plus belles du royaume. Je veux donc au moins vous décrire la chambre que j'y occupe. Les murailles en sont blanches et nues. On y a attaché, et très haut, deux petites glaces, et encore plus haut quelques images, telles que *la flagellation de Jésus-Christ, saint Jean dans la chaudière, saint Barthélemy écorché, et saint Sébastien tiré aux flèches*. Tout cela sans doute est plus pieux que réjouissant.

Il y a presqu'à chaque maison, au dessus du linteau de la porte, une niche et une vierge; on y brûle le soir une lampe ou une chandelle. Cela tient lieu de réverbères ou de lanternes. Il n'y a point d'autre éclairage de nuit à *Saint-Sébastien*, ni même en de plus grandes villes, à ce que m'ont dit les deux officiers qui servent en *Espagne*.

De retour à *Irun*, vous obtiendrez chez l'*alcade* un passeport de sortie en payant vingt sous (une *piccette*), et lui déclarant combien vous avez d'argent dans votre poche. Je voudrais connaître l'esprit et le but de cette loi d'*Espagne*, qui ne permet pas d'en emporter des *piastres*; si j'en ai quelques-unes, ne les ai-je point achetées? Mais, passons la *Bidassoa*, et rentrons sur le domaine français.

Me voici hors d'*Espagne*; je tâche actuellement de comparer quelques usages. Les *Basques* sont très propres, les *Biscayens* assez peu. De ce côté, les églises sont nues, de l'autre elles sont riches et ornées. On peut être pieux ici, on est dévot nécessairement là-bas. Enfin, la gaîté fait le caractère des *Basques*, et on est un peu sérieux en *Biscaye*.

Voilà toute ma récolte dans ce pays. Vous direz qu'elle n'est pas riche, et j'en conviens; mais je ne vous l'envoie que pour ne pas laisser de lacunes dans ces relations.

Salut.

∿∿∿∿∿∿∿∿∿∿∿∿

Je veux vous parler de *Socrois* ; c'est un port restauré et agrandi dans la *baie de Saint-Jean-de Luz*. Il ne peut recevoir que des barques de cent vingt tonneaux au plus.

Et pourquoi deux ports à *Saint-Jean-de-Luz?* Pourquoi y former une rade? Pourquoi ces profusions dans un lieu d'où le commerce s'est enfui ? Nos *ingénieurs* se seraient-ils flattés de rappeler le négoce à *Saint-Jean*, ou de le faire naître à *Socrois?* Pensent-ils rassembler des navires comme ils plantent des *jalons* et comme ils font marcher des *piqueurs?* Ont-ils calculé les effets du temps, les causes morales ou politiques qui détruisent sans retour les prospérités des lieux comme celles des hommes ?

Je n'ai pour but dans mes observations que la vérité et l'utilité. Mes connaissances ne sont pas très étendues ; mais je ne crois pas avoir dépassé leurs limites en examinant des travaux maritimes.

Au sortir de *Saint-Jean* nous faisons rencontre de la *diligence de Madrid*, et je peux actuellement vous dire par quelles causes elle est versante. Le cocher et le postillon sont assis sur un

Couché Fils Del. et Sculp.

LE PORT DE BORDEAUX.

Couché Fils Del. et Sculp.

LE PORT DE ST. JEAN DE LUZ.

même siége. Il y a sept mules d'atelage, qu'on mène presque continuellement au trot; mais si les mules se ralentissent ou se détournent, le postillon, avec une lestesse étonnante, descend de son siége sans arrêter la voiture, fouette les mules en les suivant au galop, et remonte comme il est descendu. Cet exercice est curieux, mais il n'est pas sans danger. Les mules ont plutôt quitté leur chemin que l'agile conducteur ne peut aller saisir la première et la remettre dans la voie.

On dit qu'il y a peine de galère contre les guides quand les accidens peuv. t leur être imputés. Cette loi serait atroce et resterait probablement sans exécution. Comment convaincre le *prévenu?* Et qui d'ailleurs voudrait l'accuser, quand la faute est toujours douteuse, et que le châtiment est si disproportionné?

Je veux vous parler demain de la *capitale des Basques*.

Adieu.

~~~

BAYONNE vous plaira, et encore plus ses jolies habitantes; elles ont des yeux étincelans de vivacité, une prunelle de feu, un teint clair et des cheveux d'ébène qu'elles ont soin de ne couvrir qu'à demi, et qu'elles ne poudrent jamais. Le bonnet des *Basques* n'est qu'une calote qui pose à peine sur la tête ; rien ne convient mieux à leur agilité. Le mouchoir des *Basquaises* fait le même effet ; il laisse tout le visage à découvert. Elles se gardent bien, si ce n'est quelques vieilles, d'ensevelir sous le linge, comme ferait une *Provençale*, la moitié de leur charmante figure ; mais c'est à la danse surtout qu'il faut voir les *Basquaises*. Je ne sais s'il est au monde des créatures plus souples et plus vives ; elles donneraient de la joie aux esprits les plus moroses ; et si vous ajoutez que leur propreté est parfaite, il vous sera impossible d'imaginer des êtres plus attrayans ou plus aimables. J'ai vu de plus belles femmes à *Marseille ;* mais le joli fait aisément oublier le beau. Nos *Basquaises* sont causantes et même familières, mais sans licence, sans immodestie. On dirait que c'est l'air du pays qui les rend bonnes, sociales, et peut-être aussi franches qu'il soit permis aux femmes de l'être.

Les enfans des deux sexes (et les rues en sont pleines), sont presque tous charmans ; c'est une indication de bonnes mœurs. L'amour, me direz-vous, fait de beaux enfans ; oui, l'amour, mais non pas le vice.

La *capitale basque* est avantageusement située sur deux rivières, la *Nive* et l'*Adour*. Celle-ci, beaucoup plus large, n'a qu'un seul pont ; il est de bois, mais très beau. Il sert de communication entre le *faubourg du Saint-Esprit* et la ville. Les deux rivières coulent dans un même canal au-dessous des murailles, à l'entrée des *allées marines*, assez belle promenade, et qui se prolonge au loin dans la campagne.

Un autre promenoir, beaucoup plus fréquenté, c'est le *pont du Saint-Esprit* dont je viens de vous parler. On y a placé des bancs; quelques-uns sont protégés par une balustrade pour prévenir le *heurt* des passans contre les genoux des dames qui occupent ces siéges fortifiés.

Une grande partie des maisons de la ville est bâtie en bois, mais les nouvelles bâtisses se font en pierre. On y prodigue les fenêtres et les balcons. Les rues, assez bien pavées, sont tenues proprement, moins quelques-unes où l'œil de la police n'a point pénétré. Les *réverbères* sont suspendus très bas; et c'est apparemment pour que leur lumière pénètre sous les *porches*, car il y a des rues à arcades.

On ne m'a indiqué aucun monument public digne d'attention, que la *cathédrale*, petit vaisseau à trois nefs, d'un assez bon genre gothique.

La *salle des spectacles* ne mérite aucune remarque.

Beaucoup de *fontaines*, mais sèches la plupart.

Bayonne serait un de nos ports les plus fréquentés, sans une *barre* qui en rend l'accès difficile et dangereux. Il y monte pourtant des *gabarres de roi* qui viennent charger du goudron ou des mâts pour les chantiers de *Brest* ou de *Rochefort*.

Le *faubourg du Saint-Esprit*, dont une bonne citadelle occupe la hauteur, est principalement habité par des *juifs*. On y en compte *cent cinquante familles*, la plupart assez pauvres.

Bayonne est port franc; son commerce a fait disparaître celui de *Saint-Jean-de-Luz*. Les armateurs envoient à *Terre-Neuve* et aux *Iles françaises;* mais le trafic le plus avantageux se fait avec l'*Espagne*. Il y a de bonnes maisons dans cette ville dont les dehors, principalement sur les deux rivières, annoncent l'opulence et le luxe; mais, sortez du côté de la mer, vous n'avez pas fait une demie lieue qu'au lieu de cultures, ce n'est que landes et marais. Eloignez-vous davantage, et le tableau change. Vous verrez sur des sables amoncelés par le vent ou par les marées, ce que peuvent le courage et l'industrie. Quelques paysans laborieux qui ont incliné en talus ces buttes de sable vers l'exposition du midi, ont eu la hardiesse d'y planter des vignes, et le bonheur de réussir. Le vin qu'ils y récoltent n'est pas privé de qualité; mais ces vignobles sans fondement, s'il vient à passer un ouragan furieux, sont dispersés sur la plaine inégale, ou servent à former d'autres monts aussi *instables* que les premiers. Le colon déshérité, ne trouvant plus son domaine, cherche à en acquérir un nouveau. Il n'en passera point l'acte chez un notaire ; ce n'est pas avec de l'or, mais avec ses bras qu'il recouvre une propriété ; il va la créer lui-même ; il prend dans les *dunes vacantes* celle qui paraît le mieux lui convenir ; il en dispose les sables à son gré, plante des seps, les abrite, les arrose s'il le peut, et laisse tout le reste au temps et à la providence. On m'a montré quelques-uns de ces vignobles qui ont trente ans ; c'est peu pour le maître, c'est beaucoup pour la situation. Mais, ce qui étonne le plus ici, c'est qu'on ne vende point à nos paysans *basques* le droit de fructifier des fables infertiles. Ce silence du fisc pourra vous paraître incroyable.

Adieu, mon cher *Breton*.

P. S. Mon départ était arrêté pour demain ; j'avais commandé les chevaux, et je sortais avec *Tullie* pour ma dernière course, quand une espèce de géant, qui descendait de voiture, est venu me prendre à travers corps, me soulevant comme *Hercule* fit *Antée*. Qui diable l'aurait cru ici ? Où vas-tu ? D'où viens-tu ? Parle donc ? — *Sage et illustre Scherff-Sckmeden !*... — Ah ! laisse-là les épithètes, et dis-moi vîte ce qui a pu t'amener à *Bayonne*. — Quelques affaires et beaucoup de curiosité; mais, vous même, apprenez-moi ce qui vous a conduit dans la capitale des *Basques*. — Je n'en sais rien, je fais mon tour de *France*, et ne tiens point de route fixe.…

Pendant ce préambule, nous étions entrés dans une salle où mon prudent philosophe avait déjà demandé du meilleur; c'est en buvant que nous nous sommes expliqués. — Quel est cet enfant? — Un de mes cinq. — Il est joli, mais c'est bien de l'embarras en voyage. — Le plaisir passe le soin. — Ah! je te reconnais à ces tendresses paternelles; mais ces sortes de voluptés ne me séduisent pas encore. Où vas-tu présentement? — A Bordeaux. —J'en arrive moi, et parbleu! je préférerais cette ville à *Paris;* mais tu ne partiras pas demain? — C'était cependant mon plan. — Il faut le changer. Je veux que nous voyions les *Basquaises* ensemble. On les dit aussi aimable que jolies. Comment es-tu sorti de là? — Fort tranquille. Pensez-vous que j'ai quarante-six ans! — Bonne raison, ma foi! on a un cœur à tout âge. — Mais, quand on est marié? — Quand on est marié, on a encore des yeux. Je n'aime pas les sottises, tu le sais bien, mais *il n'y a pas de crime à trouver des charmes aux graces;* ces sœurs sont chastes et pudiques. Laissons cela. Nous passons demain toute la journée à nous promener, à boire, à causer, et puis tu prends ta route, moi la mienne, et adieu jusqu'à la première rencontre.

Cela s'est ainsi fait, *Priscus.* Je pars vingt-quatre heures plus tard que je ne me l'étais proposé. Oh ! que je voudrais vous faire connaître en personne M. *Scherff-Sckmeden*, le plus grand philosophe de toute l'*Helvétie*, où il y a beaucoup de philosophes !

INDICATIONS

SUR LE VOYAGE N° 13.

Page 48. Un capucin philosophe et poëte.

Page 59. Voies languedociennes, et M. *de Dillon*.

Page 61. L'église d'*Auch*. L'architecture gothique et l'architecture moderne.

Page 82. Les commis voyageurs.

Page 70. Vue prise de la maison natale de *Henri IV*.

Page 75. Le paysage de *Labattu*, village du *Béarn*.

Page 84. La sortie d'*Orogne*. Un sommet des *Pyrénées*.

Page 91. La *grève* ou le rivage maritime de *Saint-Sébastien*.

Page 95. Le clergé séculier d'*Espagne*.

Page 96. Le port de *Socroix*, dans la baie de *Saint-Jean-de-Luz*.

Page 101. Le philosophe *Scherff-Sckmeden* ou le *Platon* de Zurich.

1789.

—

PREMIER

GRAND VOYAGE

AVEC

CAROLINE-TULLIE.

~~~~~~~~~~~~~~~~~~

PARTIE SIXIÈME.

~~~~~~~~~~~~~~~~~~

DE BAYONNE A CLERMONT, PUY DE DOME.

167 LIEUES.

Tu nidum servas.....
Hor.

N° 14.

~~~~

Tome II.

ITINÉRAIRE.

				LIEUES.	
1789.	Avril.	DE BAYONNE....	à Dax.........	21	
			Bordeaux.....	42	
					63
		DE BORDEAUX ..	à Libourne.....	10	
			Périgueux	21	
					31
		DE PÉRIGUEUX..	à Limoges	«	23
		DE LIMOGES....	à Aubusson	20	
			Clermont.....	22	
					42
		DE CLERMONT à Montferrand et retour..		2	
		DE CLERMONT au Puy de Dôme et retour.		6	
		TOTAL............		167	

VOYAGE

DE BAYONNE A CLERMONT.

Priscus, que la belle *Amynthe* a rendu casanier, et qui, projetant toujours des voyages, n'oseriez peut-être plus un seul moment quitter de vue vos domaines, je veux du moins que vous m'accompagniez par l'intention dans le plus vaste désert de la *France*. J'ai soixante lieues de landes ou de bois à vous faire parcourir; ne vous en effrayez pas; cette course pourra être fatigante, mais elle ne sera point tout-à-fait stérile.

On trouve, en quittant le faubourg du *Saint-Esprit*, une mauvaise chaussée pavée, et bientôt on entre dans les *Landes*. Jusqu'ici la campagne est monticuleuse; mais un mille encore, et nous sommes en plat pays.

La chaussée continue. On remarque dans la coupe du chemin, que le fond est une argile profonde et pure, recouverte d'une petite couche végétale. Ce mauvais sol nourrit des pins, des sapins, et peu d'autres arbres.

Nos bois s'épaississent. Voici, sur notre gauche,

un petit château avec de grands jardins; après le château, un village. Ici le sol n'est qu'une argile très chargée de sable. Une demi lieue de culture au bord de la route, et au milieu de ces cultures, dans un fond, on voit un étang. Nous plaçons la mer à peu de distance, mais sans la découvrir, et nous marchons sur une plage de sable d'un triste aspect. Voici le chêne qui donne le *liége ;* cet arbre n'est pas beau, mais il est utile.

Ondres, petit et joli village, est à trois lieues de *Bayonne*. Nous retrouvons la mer. On me montre le *cap Breton*, dont le vignoble n'est pas méprisé des gourmets du pays. Nous traversons, en deçà du relais, un petit bois de chênes verts mêlés de *prusses*, quelques pièces en culture, puis on rentre dans une forêt épaisse où le chêne liége est abondant. Le chemin est ouvert dans le sable, et indiqué par deux rangs de pierres. Un mille après *Ondres*, un étang en deçà duquel on trouve quelques maisons et un peu de culture; bientôt on rentre dans la forêt. Voici un hameau, puis un autre, et près de celui-ci des seigles et des millets : la forêt les enveloppe et les presse. Le pays est plat, et les sables si profonds, qu'on passe à travers les bois, sur des bruyères, pour éviter la route tracée. On allonge le chemin, mais on abrège le temps.

Le relais des *Cantons* est dans un pays inculte et nu. Nous ne gardons que de loin la vue des sapins; mais à mi-relais, nous passons un bois clair de chênes (le chêne commun, *cuæccus*). On voit quelques vignes et un peu de *maïs* auprès de *Saint-Vincent*, où nous sommes à dix lieues de poste de *Bayonne*.

Après *Saint-Vincent*, on prend la traverse à cause d'un pont rompu. Ce relais, qui n'est que d'une poste, est difficile et extrêmement solitaire; on n'y aperçoit pas une maison. On passe un bois de pins mêlé de chênes, puis une grande friche en bruyères, puis un second bois tout de sapins, et l'on arrive aux *monts;* ces *monts* sont en pays tout plat.

Nous voici présentement dans une friche de deux milles. Elle est bornée des deux côtés par de hauts pins, à la distance d'une lieue. Nous atteignons cette forêt, et découvrons quelques propriétés cultivées. Ensuite, et dans l'espace de quatre milles, nous n'apercevons que deux maisonnettes, avec un demi arpent de culture, presque cachées dans des bois qui vont nous conduire jusqu'auprès de *Magesc*.

Ici nous avons quinze lieues, ou le quart des Landes derrière nous. C'est lorsqu'on a traversé une vaste et stérile lande, qu'on rentre avec délices sous l'abri d'une forêt, où de loin à loin on trouve des hameaux qui ont fertilisé un petit territoire. *Ces images de vie au milieu d'une solitude sombre réveillent l'âme et la font épanouir. Les objets qui seraient ailleurs inaperçus ou indifférens nous frappent ici, et surprennent quelquefois notre admiration.*

Mais les *auberges des Landes* ne causent jamais de ravissement : ce sont de misérables *avento*, où, presque sans vous rien fournir que le couvert, on vous fait payer comme vous ayant nourris. Il faut, quand on voyage, s'attendre à bien des mécomptes.

~~~~~~~~~~~~~~~~

Nous faisons, en quittant *Magesc*, deux milles dans la forêt, traçant nous-mêmes notre chemin. Il pleut, et nous trouvons gracieux d'être abrités par des pins verts et touffus, au milieu desquels nous n'avons aperçu que deux hameaux, chacun de trois ou quatre maisons très basses et très plates, bâties de bois et d'argile, et couvertes en tuiles creuses. Les murailles sont d'ordinaire blanches; et telle est la forme presque générale des maisons des *Landes*, au moins jusqu'ici.

Après la forêt, c'est une friche sans fin, autrefois couverte de bois. Les rares habitans de ces contrées dirent au marquis *de Mirabeau*, qu'ils n'étaient que trop de monde DANS QUESTOU

PAYS; c'est que moins de partageans, les portions en sont plus grosses ; car dans le fait, ces gens-ci sont la plupart à leur aise; l'impôt se modère pour eux et les atteint à peine. Leurs revenus sont indépendans des saisons; ils envoient leurs bêtes pâturer dans les landes; ils tirent par incision la résine et la thérébentine des pins; les chênes leur fournissent le liège : dans tout cela, peu de peines, de médiocres avances et des profits sûrs. Je sais que ces pins, ces chênes, et même ces landes affreuses ne sont pas sans propriétaires; mais, au lieu d'exploiter par eux-mêmes, ils afferment; et, comme il n'y a point de concurrens étrangers, les *Landais* sont toujours maîtres des prix. La plupart donc vivent avec aisance, et quelques-uns pourraient passer pour riches.

Quel sujet vient nous distraire ! Oh, le plaisant manteau que celui de mon postillon ! Il est tout à fait comme celui qu'on donne à la *Folie*, excepté qu'au lieu de *grelots*, ce sont des houppes de laine qui pendent au bout de plusieurs pièces en pointes qui entourent le collet. Il ne manque que la *marotte* à notre postillon, et s'il n'est pas fou, il est au moins très gai. Il vient de nous chanter, sur un air qui n'est pas de *Grétry*, le mariage *d'Anne de Boulen;* il y fait jouer un concert avec des *violons d'or.*

Deux lieues de landes, puis vous retrouvez

Tome II. 8

une grande route à une petite lieue de *Dax*, qu'on a déjà aperçu. Quelques cultures bordent notre chemin. Nous découvrons l'*Adour*. On passe dans le petit village de *Saint-Paul*, qui touche au faubourg de *Sabla*, séparé de la ville par un mauvais pont de bois, et l'on est à *Dax*.

Avant de vous parler de cette capitale, apprenez-moi si, dans ces *doléances* où rien ne s'oubliera de ce qui est inutile ou *infaisable*, on ne proposera point une loi contre les compilateurs géographes, qui impriment sous leur nom les mémoires d'autrui sans les vérifier. Cet abus crie vengeance. Aucun empire ne peut subsister avec ce mépris de l'exactitude géographique. Prenez votre *Dictionnaire de la France*, et comparez, je vous prie, mon récit *oculaire* aux récits de M. *Hesseln*, qui n'a vu peut-être aucun des lieux dont il a parlé.

Dax, petite ville assez régulière et assez jolie, est en pays plat; elle a pourtant une colline au bord de l'*Adour*, et l'on a profité de cette situation pour un jardin anglais.

Auprès du jardin de *Dax*, et au bord de la rivière, est le lieu nommé *Bagnols*, où sont des eaux chaudes et des boues minérales. J'y ai cherché *les deux pavillons achevés en* 1724; je n'y ai vu qu'une maison grossière avec deux galeries en bois, où les malades peuvent se promener à couvert. *La belle allée d'ormes qui conduit à Bagnols*, n'existe pas plus que *les deux pavillons*, mais seulement un chemin irrégulier, mal fait, et planté de quelques arbres.

Les *remparts* de *Dax* forment une promenade bien couverte, élevée, aérée, que la vue de l'*Adour* et des campagnes égaie et embellit encore.

La cathédrale est un mélange de gothique et de moderne; le vaisseau est petit et la voûte sans légèreté.

Les *rues* sont assez droites; il n'y en a point de large, et le pavé est difficile.

La merveille de *Dax*, c'est sa *fontaine bouillante*, couverte en tout temps d'une vapeur épaisse. La source est si abondante, qu'outre deux robinets qui versent continuellement du côté de la ville, il y a du côté du rempart une autre décharge qui fournit une très grande quantité d'eau. Les femmes en profitent pour savonner leur linge, et cette eau arrive fumante dans l'*Adour* à plus de cent toises de là, bien loin de se refroidir à dix pas de la source, comme on l'a écrit; mais les mensonges ne coûtent rien à imprimer.

Il n'est pas vrai que les œufs cuisent dans la fontaine; c'est une exagération gasconne: mais j'ai éprouvé qu'on n'y *peut* pas tenir long-temps la main.

Les voisins de la source emploient son eau *gazeuse* à pétrir leur pain ; ils en usent à table, ils s'en servent comme remède. Les *Daxois* la trouvent bonne à tout.

Je ne serais pas venu à *Dax* sans vous parler d'un homme dont le zèle fut tendre et pacifique, et qui a droit également aux hommages du chrétien et à l'admiration du philosophe. C'est *Vincent-de-Paule*. Il naquit auprès de *Dax*, et laissa en mourant deux familles destinées à conserver sa mémoire en perpétuant sa bienfaisance ; mais il fut trompé dans une partie de ce beau dessein. Sa postérité masculine n'a pas marché long-temps sur les voies qu'il lui avait tracées : ce sont ces prêtres, durs *geoliers de Saint-Lazare*, aussi tristes que leur vêture, et valets asservis des *jésuites* qui les méprisaient.

L'autre filiation de *Vincent-de-Paule* est connue sous le nom de *Sœurs de la Charité*. *Ces filles, avec la plus patiente attention, instruisent les enfans des pauvres ; elles servent les malades avec zèle, avec propreté, avec décence. On les trouve quelquefois prévenues, jamais dures, même dans leurs refus.*

Je ne veux rien ajouter à un si noble sujet, et les respectables filles de *Vincent* termineront ma lettre d'aujourd'hui.

A un mille de *Dax*, on quitte les cultures pour entrer dans une lande où l'on court deux heures avant de découvrir une maison, et d'atteindre la forêt qui va nous conduire à *Castet*.

Nous sommes ici à cinq lieues de *Dax*, et nous y reprenons ce qu'on appelle fort improprement la *grande route*. On compte huit mille de *Castet* à *Léperon*, et cette course se fait dans une forêt continue, sans y trouver que trois ou quatre maisons qui forment un hameau à trois lieues de *Castet*. *Léperon* est petit et presque perdu dans les arbres, mais il s'enorgueillit d'un ruisseau. On m'apprend ici que la récolte de résine se fait tous les deux mois pendant l'été, et qu'on estime, l'un dans l'autre, à dix livres pesant le produit de chaque *pin*.

Un peu de bois à la sortie de *Léperon*, puis une lande nue de plus de trois milles, puis une forêt d'un quart de lieue, et une lande encore qui nous mène à *Laharie*, aussi beau que son nom. Dans ces trois lieues, nous n'avons trouvé qu'un très petit hameau.

Quatre milles de bois après *Laharie*; le reste de la course, qui est encore de quatre milles, se fait dans la lande. Je ne sais si nos oiseaux deviennent muets dans ces landes sans fin, dans ces *pignadas* interminables, mais nous marchons avant le lever du soleil, nous sommes au printemps, et nous n'avons pas entendu le chant d'un oiseau. Serait-ce aussi que l'hiver extrême qui vient de se passer aurait détruit ces jolies familles ?

Le relais de *Béloc* est un hameau au coin d'un bois peu épais. A peine sorti de *Béloc* on est dans une lande, et son trajet est de six milles pour arriver à *Labouhère*. Il faut que je vous informe que, depuis *Castet*, chaque relais est dans une vallée au bord d'un ruisseau; mais *Labouhère* a presque une rivière, et cette rivière a un pont de pierre; rareté fort remarquable ici, car les ponts, quand nous en avons vu, n'étaient faits que de planches ou de madriers de sapin. C'est avec de pareils madriers qu'on soutient les pieds des chevaux dans les montées; mais le pays est presque tout plat. Les chevaux ne sont pas ferrés, et sont assez généralement bons dans ces *landes*.

Labouhère est une espèce de bourg qui a église et marché. La halle est petite et toute de bois. Je viens d'apercevoir le *curé* en bas de laine bleue; je m'étonne même qu'il ait des bas, car sur quoi dîmerait un curé des *Landes*, où l'on ne fait ni moisson ni vendange ?

Les bois deviennent plus rares et les friches plus étendues. On compte quatre lieues de *Labouhère* à *l'Hyspotey*, et on les fait dans une lande continue. Nous y remarquons quelques troupeaux de chèvres fort petites, des moutons assez beaux;

mais nous n'y avons pas vu de gros bétail. Le terrain est mou et marécageux autour de l'*Hyspotey*, qui n'a pas plus de culture que nos précédens relais.

Encore des landes jusqu'à *Muret*, pendant six milles. Ce hameau est joli, et ses cultures sont assez considérables. On remarque, autour de tous ces lieux habités, de beaux chênes; toutes les espèces d'arbres de nos climats y réussiraient comme le sapin. Il faut vous faire observer que dans ces *landes* il n'y a pas un *mendiant* : c'est par deux raisons ; le pays n'a point une réputation à les attirer, et les habitans n'ont pas besoin d'aumônes.

Quittant *Muret*, ce n'est plus le même sol ; le sable est jauni par l'argile qui le mélange, les landes prennent une face encore plus stérile, la bruyère est moins épaisse et plus basse, les sapins sont moins forts et moins résineux ; enfin, auprès de *Muret*, le terrain devient inégal, et on trouve des pierres. On en a chargé très utilement une partie de la route qui mène à *Bélin*, le lieu le plus bas des Landes. C'est ici que passe la grande rivière de ces cantons ; elle roule, dans son état habituel, quinze pouces d'eau sur un lit de deux toises ; mais, dans ses crues, il faut un bac pour la traverser. Ce village est presque environné d'un taillis de chênes ; ses maisons éparses s'étendent assez loin, ainsi que ses cultures, les plus grandes que nous ayons vues dans ce pays.

Le village de *Bélier* touche à celui de *Bélin*. On m'apprend ici que les *curés* dîment sur le seigle, sur le millet, et qu'ils prennent leur part des agneaux et du miel. Vous croirez que c'est peu, mais la Providence est grande. On m'assure qu'il y a de ces curés qui sont riches.

Nos postillons, toujours sous le *manteau de Momus*, continuent à chanter. *On est fort gai dans ces Landes. Notre guide, après ses cantiques gaulois, a chanté en latin la* PRÉFACE DE LA MESSE. *Je l'écoutais avec saisissement; ce ton est majestueux; l'église romaine n'a rien de plus expressif, ni pour ainsi dire de plus divin*

Un peu avant l'*Hospitalet*, quelques taillis de chênes, une lande à la sortie, et des bois de pins, mais ces bois sont à quelque distance.

On trouve après deux milles un bon hameau; et parmi les chênes qui l'enveloppent, j'ai remarqué du *houx*; c'est le premier dans ces landes. On voit beaucoup de chênes entre l'*Hospitalet* et *Barps. Tullie* s'amuse fort de ces bergers à échasses, qui font des pas de huit pieds, et qui enjambent les plus hauts buissons comme on passe le seuil d'une porte. C'est depuis *Castet* que nous voyons de ces pasteurs à tréteaux; mais l'usage en est connu ailleurs. Quelques bergers se servent d'échasses en *Franche-Comté*, en *Suisse* et en d'autres endroits.

Barps est un village à deux lieues de l'*Hospitalet*. Son terrain est un sable noir comme le fond des prairies marécageuses de *Bordeaux*.

D'ici au *Putsch de la Gubate* (les noms sont terribles en ce pays), trois lieues du chemin le plus tenace et le plus versant, et dans les plus tristes landes que nous ayons encore trouvées; bruyères courtes, arbres rares et maigres, deux ou trois maisons, et autant de bergeries qui sont des halles plates, extrêmement larges, et presque toutes ouvertes : voilà nos tableaux champêtres jusqu'à *Putsch*.

Après ce relais, où il n'y a qu'une maison, c'est encore le même pays de friches, la même rareté d'arbres et d'habitations. Vous observerez qu'en approchant de *Bordeaux*, le pays des Landes devient toujours plus mauvais; et que depuis *Saint-Vincent*, à dix lieues de *Bayonne*, on ne trouve plus de chêne à écorce de liége, qui se pèle tous les huit ans.

Un peu en deçà de *Bellevue*, qui ne mérite pas son nom, car le terrain est couvert de landes et masqué par des broussailles, le pays s'anime, les habitations se rapprochent, les cultures sont plus continues. On entre dans le vignoble. Il y a du bois sur la campagne. L'ensemble néanmoins n'est pas beau encore.

Gradignan, sur votre droite, trempe un peu dans les marais. Ses maisons, la plupart, sont basses comme en *Saintonge*, et ceux qui les habitent ont presque le corps dans l'eau.

Après *Gradignan*, voici de belles maisons, des jardins, des avenues : la campagne a du luxe et annonce le voisinage d'une ville opulente ; c'est *Bordeaux*.

J'entre dans cette capitale pour la quatrième fois. Je traverse les *allées d'Albret*. Je découvre le nouveau palais archiépiscopal, voisin d'une infectante lagune, au milieu de laquelle est une riche maison des tristes *chartusiens*....... Ces images ne doivent point vous récréer.

A demain, *Priscus*.

~~~~~~~~~~~~

Huit jours à *Bordeaux* ont plus que suffi pour notre curiosité et pour mes affaires. Je ne sais pourquoi je chéris cette ville; je n'y suis jamais venu sans y essuyer quelque échec, et cette fois encore j'y laisse la moitié des créances que j'espérais recueillir. Je ne vous dirai pas que mon *petit compagnon* va regretter *Bordeaux*. Il regrette tous les lieux d'où il part, mais il aime d'abord les lieux où il arrive ; ainsi, il est bien partout. Est-ce mollesse d'ame ou docilité d'esprit ? je vous le laisse à dire. Je ne pourrais pas m'arrêter sur une pensée qui ne serait point favorable à *Tullie.* Quelle douce et naïve enfant ! Ce n'est pas, je l'avoue, la transcendence de mon fils *François* (*a*), mais c'est mieux encore ; c'est un petit bon sens si sûr, qu'il n'y a presque jamais rien à y revoir. Ma *Tullie* est sérieuse, jamais triste. Je ne vous dirai point qu'elle ne haït personne ; elle ne comprend même pas ce mot de *haine*. On aime partout mon *Carolin*, puisque même il avait subjugué des *provençaux*. On devine partout ma *Tullie;* la candeur de ses traits trahit son sexe; mais elle craint extrêmement de ne point passer *pour le frère de François*..... Maintenant, vous savez par cœur mon joli compagnon ; vous n'y découvrirez rien de plus à *Kérisbel*...... où j'habite déjà par la pensée. Adieu.

<hr />

Quel embarras pour sortir de *Bordeaux !* Cette *Garonne* est une barrière presque insurmontable. Ce n'est pas que vous y soyez sans aide ; tout au contraire, c'est le trop de secours qui vous nuit. Vingt portefaix s'emparent de votre voiture, l'embarquent et la brisent; il suffit qu'ils la jettent dans le bateau, ils ne se sont point engagés à l'y mettre d'une seule pièce ; elle y est, payez : voilà vingt hommes qui se sont employés pour vous, et ils ne travaillent pas à crédit. —

Comment, vingt hommes? Deux auraient suffi, et mieux. — Vous avez raison; mais payez. J'ai craint que le prix de ma voiture ne suffît point à contenter ces messieurs. Diable de ville à l'entrée, au séjour et au départ! Je crois que je n'y veux plus revenir.

J'ai peu à vous dire jusqu'à *Saint-Papoul*; j'ai déjà décrit cette route. *Carbonblanc* est le premier relais; *Saint-Loubez* est plus joli, et c'est un bourg.

Ison est un petit et joli village.

Nous passons la *Dordogne*; elle nous met en chemin dur et étroit, bordé de saules sur des fossés croupissans. Vous approchez d'un coteau blanchâtre, couvert de vignes. La route le contourne en partie pour vous conduire sous le *Pavillon de Fronsac*, bâti sur une colline élevée, au pied de laquelle coule, à une petite distance, la rivière d'*Ille*, que nous traversons; c'est le troisième passage de bac depuis *Bordeaux*, en dix lieues de poste. Vous aurez, avant la rivière d'*Ille*, près d'une demi lieue de chaussée bien pavée et bien tenue; elle est tournante, elle est plantée de saules; c'est une allée de jardin anglais.

Libourne est dans un terrain plat au confluent de deux rivières. Il remonte ici d'assez bons navires; mais le commerce qui s'y fait ne doit pas être de grande importance. *Libourne* a l'air délabré et pauvre. Quelques rues sont tirées au cordeau. Je n'en ai point vu de propres; elles ne sont point, ou elles sont très mal pavées. La *place* est grande et environnée d'arcades basses, mais profondes. Une *halle* vilaine et noire dépare singulièrement cette place.

Mais si la ville est presque hideuse, son territoire est bon, ses campagnes sont agréables. Je n'ai vu ni plus riche ni plus riant pays. On recueille dans ce coin de terre du blé, du vin, des fruits; et pour remplacer l'olive, que le climat ne permet point, on a des noix en abondance.

Les *Chapelles* sont à trois lieues de *Libourne*. Ici nos campagnes ont perdu de la fertilité et de l'agrément; il y a plus de vignes et moins d'arbres; les villages et les hameaux sont moins rapprochés; mais cette interruption est courte. Nous gravissons en ce moment un monticule de sable, et le temps de vous en parler nous place sur son sommet. Quelle scène nouvelle! et pourrai-je suffire à ce tableau? La rivière d'*Ille* se promène à nos pieds. Nous la voyons au loin rouler, sur un beau lit, ses eaux teintes en rouge par la lumière d'un soleil levant; la vaste plaine, ces campagnes que la main de l'homme a rendu fertiles, toutes brillantes des couleurs du printemps, étalent de toutes parts les promesses de la fécondité. Oh! que ces images sont grandes! Le ciel serait il plus beau que la nature vivante et cultivée? Mais on n'est point assez heureux quand on l'est seul. *Tullie*, accablée par la naissance du jour, et baissant malgré elle ses larges paupières, ne dort qu'à demi, mais les objets ne se peignent plus sur sa rétine pour les transmettre à son âme, et la richesse de ces tableaux champêtres aura disparu quand elle ouvrira ses beaux yeux. Je lui conterai mes plaisirs; elle n'aura point senti mon ivresse.

Nous trouvons vers *Saint-Méard* des vignes disposées à la manière provençale. Nous marchons dans un verger presque continuel, et pour comble de faveur, notre chemin est beau, doux et uni.

Saint-Méard est un bourg où quelques maisons sont bâties, comme à *Libourne*, d'une pierre de carreau coupée d'échantillon; les autres maisons de *Saint-Méard* sont en bois et en terre.

Jusqu'à *Cousseau*, qui est une poste en deçà, c'est encore le même pays; mais passé *Cousseau*, il diminue sensiblement de beauté et de valeur. Nous approchons du *Périgord*. Toutes les adversités nous menacent, et nous voici déjà dans les mauvais chemins. Faut-il donc être entièrement heureux ou malheureux, en enfer ou en paradis? Ce fut un esprit médiateur et humain qui nous ouvrit le *purgatoire;* et ce *Calvin*, **le** *torquemador* *de Genève,* usa mal de son crédit, lorsqu'il ferma ce lieu d'expiation, où l'espérance adoucissait les peines.

La rivière d'*Ille* baigne le bourg de *Monpont*, et l'embellit. *Mussidan* en est à quatre lieues; et jusqu'à ce dernier endroit, contre mon attente, la culture s'entretient. On garde à vue deux coteaux qui serrent la vallée à droite et à gauche du chemin. Le terrain est maigre, les villages rares; et pour toute espèce d'arbres, on trouve quelques noyers et quelques saules. Le pays est pourtant supportable jusqu'à ce petit *Mussidan*, qui prend le titre de ville.

Voici, à la sortie, les premiers châtaigniers. Le village de *Chauffour,* à demi lieue, est dans un vallon frais, mais nos chemins sont affreux. La pierre crayeuse dont on les charge se broie sous les pieds des chevaux, et les roues des voitures les moins lourdes y creusent des ornières. Le terrain est sec, mais bien en valeur; et le bas des coteaux, quand l'exposition l'a permis, est planté de vignes.

On passe près d'*Obut* ou *Lebut*, sur un petit ruisseau bordé de belles prairies. On trouve ensuite beaucoup de cerisiers dans les campagnes; et une bonne lieue et demie avant le relais, on traverse une côte blanche coupée par le chemin.

Nous quittons la rivière d'*Ille* pour ne la retrouver qu'au relais; c'est *la Massoulie*. A quatre lieues de *Mussidan* vous seriez bien surpris de voir des vaches attelées, et dans un pays où l'on nourrit beaucoup de bœufs. J'en demande la raison. La voici : ces vaches d'attelage se fortifient par le travail, et produisent des bœufs d'une taille et d'une corpulence que ne surpassent ni ceux de la *Suisse* ni ceux du *Cotentin*. Les petites vaches n'étant destinées qu'à donner du lait, on n'en élève que pour le besoin. Remarquez nos châtaigneraies; c'est le domaine des cochons. On les y conduit pour fouiller et retourner la terre. C'est eux qui cherchent aux *gourmands de Paris* ces lourdes *truffes*, dont ils font tant de cas. Mais ces maîtres d'hôtel, à vêtures soyeuses, sont aussi friands de truffes que ceux pour qui on les en prive; et si l'on n'a le soin de les écarter promptement quand ils en ont découvert une, ils l'ont bientôt entamée, ensorte que les *Parisiens* sont réduits à manger les restes des pourceaux du *Périgord*.

Quittant *la Massoulie*, on garde la rivière à vue jusqu'à *Saint-Aquier*, dont le clocher est élevé. Le chemin borde d'assez près les coteaux de notre droite. On retrouve l'*Ille* à *Montensier*, où est un ancien château. Les campagnes sont cultivées, et portent beaucoup d'arbres à fruits : les villages, les châteaux mêmes sont fréquens.

Le village d'*Arraja* est à trois mille de *Montansier*. Entre ce village et la rivière il y a quelques prairies, le reste est en froment. On quitte, on reprend la rivière. Les coteaux de la droite s'effacent. On s'approche des coteaux opposés, qui grossissent et s'élèvent. Quelques bouquets de bois charmans se trouvent sur notre passage. Ce pays est plein de vie, soit que la vallée se resserre en approchant de *Massa*, ou qu'elle s'ouvre encore en approchant de *Périgueux*. Voilà cette petite capitale. Je ne sais si le chemin qui m'y a conduit était beau ; je n'ai pas eu la liberté de le voir. Les champs couverts de verdure, les arbres fleuris, ceux que leurs feuilles commencent à décorer, mille objets aussi gracieux ont occupé mon attention. Ces plaisirs champêtres, je ne me les promettais pas dans la province du *Périgord* ; je l'avais vue moins belle et moins riche, il y a dix-sept ans. Les maisons de nos villageois sont bâties en bonnes pierres, et couvertes en tuiles creuses.

Périgueux a des portes et des murailles ; ses rues sont étroites et silencieuses, ses maisons aussi modestes que les rues ; sa cathédrale mérite à peine d'être nommée.

Mais si *Périgueux* n'est pas une belle ville, elle intéresse au moins par ses environs. L'*Ille*, en se partageant, contourne et arrose la petite capitale. On passe cette rivière sur trois ponts, dont un seul est entièrement de pierres. Tous les monticules d'alentour sont parfaitement cultivés. *Un antiquaire me montrait la place où* César *a campé. Ah! monsieur, votre* César *avait beaucoup d'esprit qu'il employa fort mal. Je ne me soucie pas de voir où il dressait ses* catapultes, *pour lancer de longs javelots sur quelques* Gaulois *qui ne voulaient pas de lui pour maître. Montrez-moi où l'on a travaillé au bonheur des hommes, et je vais à deux genoux baiser cette terre sacrée.......* Je crus que l'antiquaire m'écoutait, mais il était déjà loin de moi.

Voilà une petite maison sur une hauteur : c'est là qu'il faut aller, *Tullie :* et nous prenons aussitôt le chemin de la maisonnette. Cet *observatoire* est au midi de *Périgueux.* La ville, de ce côté, est bâtie en amphithéâtre ; je voyais tous ses environs, et j'ai cru reconnaître que sa plus belle sortie était celle de *Mussidan.* Ma vue s'étendait sur un bassin spacieux, sur des prairies, des jardins, beaucoup de maisons, plusieurs villages, une rivière charmante. Je remarquais des expositions qui donnent au pays un vin non médiocre ; j'admirais une campagne vivante ; je respirais un air pur, je me suis trouvé tout à fait *Périgourdin.*

Mais comme je descendais de ces hauteurs,

mes regards se portant de nouveau sur cette belle rivière d'*Ille*, elle m'a fait naître des réflexions tristes. L'intérêt particulier, me disais-je, sera-t-il toujours aux prises avec l'intérêt public? Tout privilége qui nuit au corps social doit être aboli. Rompez ces digues qui arrêtent ou détournent le cours d'une rivière au profit d'un moulin seigneurial; que les eaux, comme l'air, soient à tous, sans appartenir à personne!........ C'est fort bien; et les *Gracches*, sans doute, ne pensaient pas plus populairement; mais *quand vous aurez privé un citoyen d'un droit, peut-être abusif, où vous arrêterez-vous? Une violence en attire une autre; et à troubler la paix des familles, il est difficile qu'on soit juste.* Si donc j'avais part à ces volumineuses *doléances*, dont tant de monde s'occupe aujourd'hui, je demanderais que nos rivières devinssent libres, mais par le rachat des priviléges; car enfin ils ont été acquis sous la garantie des lois.

Salut à *Kérisbien*.

⁂

Nous prenons la route de *Limoges*. Le premier mille est en monticules d'un jaune sec. Voilà, sur une hauteur, un petit château derrière lequel est un bois de sapin; c'est une *vigie* au bout des cultures: ce qui suit est fort misérable, on ne voit que quelques parties labourées: le reste est

Tome II. 9.

en landes et en bois jusqu'à *Tavernes*, où vous relayerez ayant fait deux lieues.

Un peu après *Tavernes* vous trouverez encore quelques champs semés de grains et quelques vignobles. Avancez, vous allez voir une large ruine; ce fut autrefois le *château de Chabannes*: ses pierres servent aujourd'hui à charger la route.

Ici le pays est peu couvert. *Chorge* est un village à clocher pointu près du *Relais*, qui n'est qu'un hameau dépendant de *Chorge*.

Nous sommes en plaine jusqu'à un château antique, dont les démolitions réparent la route comme à *Chabannes*. La terre est meilleure, plus couverte et plus habitée auprès de *Thiviers*, où se trouve une maison de *récolets*, sainement située.

Détestable chemin en quittant *Thiviers*, mais pays gracieux; beaucoup de châtaigniers; et sous ces gros arbres, ce que je n'avais pas encore vu, la terre est labourée et semée : ce plaisir dure peu. Nous voici dans des landes affreuses: pas un arbre, pas une maison. On me dit que ces déserts appartiennent au *comte de Jumilhac*. Ah ! que cet homme est pauvre, s'il n'a pas d'autres domaines! Je voudrais, à sa place, semer du gland dans ces friches; et peut-être qu'un jour ces semis enrichiraient mes héritiers.

Nous ne voyons que châtaigniers en taillis, en

futaies, en plantes, au cordeau; c'est l'arbre de ces provinces; il abrite de son ombre fraîche le *Limousin* et le *Périgourdin*, il les nourrit de ses fruits ; de ses branches menues, on fait du charbon; de ses grosses, un excellent bois à brûler. Ce bois, étant jeune, se plie en cercles, les meilleurs que l'on fasse. Ses planches, d'un grain fin et presque sans nœuds, se prêtent dans la menuiserie à toutes sortes d'ouvrages. La charpente emploie ces arbres en poutres, en soliveaux, en chevrons, dont nos anciennes églises et nos vieux châteaux attestent la durée.

Nous quittons le *Périgord* à *Firbé*, et ce que nous regrettons de cette province, ce n'est pas ses routes, assurément.

~~~~~~~~~~~~~~

JE vous introduis dans une *généralité* où vous ne pourrez faire un pas sans vous rappeler, avec reconnaissance, *l'intendant* le plus juste que nos provinces aient eu : c'est *Turgot*, dont le nom fait l'éloge, quoique dans le ministère il ait plutôt montré l'amour des hommes que le génie qui sait les conduire.

Nous voici dans une province que ses chemins doivent rendre précieuse aux voyageurs. Ce n'est point la somptuosité imposante de *Dillon*, qui travaillait pour le temps, mais avec d'énormes dépenses; c'est l'économie raisonnée d'un père de famille qui veut tout ce qui est nécessaire, et rien au-delà. Les routes de *Turgot* néanmoins sont d'une beauté que je n'ose peindre; je crains de les gâter en les décrivant : elles sont plus propres et plus unies que les allées d'un jardin; vous n'y trouveriez pas une ornière d'un pouce de profondeur. On a pourvu à ce qu'il ne puisse s'y en former jamais, et c'est pour cela que des *pionniers*, à vingt ou vingt-cinq sous par jour, ont été établis; ils ont chacun une lieue de route à entretenir, et doivent être attentifs à combler continuellement les plus petites cavités qu'ils aperçoivent. Ils les remplissent d'une pierre dure, espèce de marbre, qu'ils ont réduite à la grosseur des noix. Ni les lourds rouliers, ni les dégels plus dégradans n'ont pu entamer ces *voies limousines*, qui honorent à jamais celui qui les conçut et les exécuta.

Le bourg de *Chalus*, à trois lieues de *La Coquille*, s'annonce par une tour ronde et haute, fort antique. Il est bien situé; ses environs sont en prairies, en labours, en bois : l'aspect de l'ensemble est joli.

Jusqu'à la *ferme de l'Etang*, qui n'est qu'un relais, quatre milles d'un pays de collines planté et cultivé, agréable et sain. A environ un mille de ce relais, on trouve l'étang qui lui donne le nom. Le chemin est bordé de peupliers; c'est un cadre qui manque presque généralement aux routes du Limousin. Les *ponts et chaussées* ont décrié et proscrit cette sorte d'embellissement. Cherchons quels peuvent être les prétextes dont ils se sont appuyés : les chemins sèchent avec plus de lenteur; les racines des arbres se projètent sous la route qu'elles peuvent ouvrir; elles rendent les banquettes difformes; et quand on recharge ces banquettes, les arbres gênent pour fouiller les bords extérieurs des fossés. Ces difficultés ont du poids, mais l'agrément public n'en a-t-il point? Et celui qui paie n'a-t-il pas le droit d'être servi comme il le demande? Des racines s'élèvent au dessus des banquettes? Coupez-les. Les arbres gênent pour fouiller sur les fossés? Fouillez plus loin ou plantez vos arbres à une plus grande distance de la route. Les arbres gênent? Mais ils plaisent, mais ils servent d'appui et de parasol au piéton fatigué. Mais ces bordures qui abrègent le chemin sont-elles sans produit, quand on les abat pour les renouveller? Je crains donc beaucoup que *l'école des ponts et chaussées*, en proscrivant les bordures, n'ait mieux prouvé son crédit qu'une bonne logique. Et pourquoi ces ingénieurs, si ennemis des arbres, ont-ils donc continué à planter d'ormes les belles routes de *Flandres*? Nous sommes tous, si la force nous appuie, de durs et inconséquens despotes.

Un mille après l'*Étang*, on trouve le *château de Rochefort* aux quatre tourelles antiques. Le village de *Sérillan*, petit, mais propre et bien ouvert par la route, est contigu à cette vieille forteresse. Les terres, depuis le relais, nous paraissent bonnes, mais sont peu ombragées; l'air n'a point perdu de sa salubrité; tout ce que nous voyons l'indique. Ces *Limousins*, courts et chevelus, sales et pauvres, ont dans ces campagnes le teint et les traits de la santé.

Quittant *Sérillan*, le pays est moins bon, mais toujours cultivé. Il se revivifie à un mille de là, et les approches d'*Aixé* vous offriront de belles et spacieuses vallées, et des coteaux fertiles, et des hameaux, et des villages.

Aixé, petite ville à trois lieues avant *Limoges*, a un mauvais pont, un vieux château et des maisons mal bâties. Il est singulier que dans ce pays de maçons on bâtisse si mal; on est beaucoup mieux logé en *Périgord*. Il serait difficile de rien imaginer de plus désagréable que ces toits tombans, qui saillent de six à dix pieds sur la rue, comme à *Aixé* et à *Limoges* même.

Les coteaux d'*Aixé* annonceraient un vignoble de quelque prix; mais aucun vin de cette province n'égale les bons vins du *Périgord*, qui, de son côté, n'a point de prairies comparables à celles du *Limousin*. Vous ne verrez nulle part des herbages découpés avec plus d'entente, ni arrosés avec plus de soin. Il y a une différence très marquée dans les produits de deux pays voisins; mais quelles que soient ces différences physiques, il s'en trouve une plus grande encore dans les esprits. Les *Périgourdins* sont vifs, alertes, avisés; les *Limousins* ont les facultés plus embarrassées et l'allure infiniment moins libre.

On monte assez raidement à la sortie d'*Aixé*: c'est une attention sage et humaine d'avoir pavé à deux revers les routes fort inclinées. L'eau qui coule des deux bords du chemin vers le milieu tient les banquettes toujours sèches et toujours praticables; mais, au contraire, les chaussées à dos d'âne, outre qu'elles sont versantes, interdisent après la pluie l'usage des banquettes détrempées et dégradées. Voilà les inconvéniens que *Turgot* sut éviter, et le bien qu'il a su faire. Heureux ce magistrat, s'il n'eût jamais accepté un plus haut emploi que l'*intendance de Limoges!* Mais, il en faut convenir, il eut moins de lumières que de vertus.

Toujours des collines, peu de vignes, quelques labours et beaucoup de ces excellentes prairies que je vous ai marquées. Vous approchez de *Limoges*, et rien ne vous annonce une capitale : ni jardins, ni maisons qui embellissent les dehors. Cette ville pourtant est commerçante et riche; elle s'est faite l'entrepôt de plusieurs province senvironnantes auxquelles elle fournit, avec les articles de nos colonies, tous ceux que la *France* manufacture ou produit. *Limoges* pourrait être une capitale brillante; c'est une ville malpropre, mal bâtie, et n'ayant presque rien qui mérite d'arrêter un voyageur.

Sorti du faubourg, vous passez la *Vienne* sur un mauvais pont. Vous trouvez des prairies, du labour, et, à de grandes distances, quatre ou cinq maisons médiocres. Rien ne vous occupera autant que la beauté continue de la route bordée, pendant près d'une lieue, de hauts peupliers: toujours des monticules, et puis nous trouvons des friches: les cultures deviennent rares, le sol est sec, et pourtant on y dispose une grande terre avec frais et magnificence.

Masey est à six milles de *Limoges*. Nous nous occupons des petits objets quand les grands nous manquent. Voici à deux milles de *Masey* un joli ruisseau dans une vallée étroite, sur notre gauche. Un peu après, c'est une partie de chemin bordée de peupliers, et d'ici nous découvrons le clocher haut et pointu de *Saint-Léonard*. On entend un grand murmure comme celui des *moulins à foulon* qui intimidèrent un peu le *seigneur Quixada*, lequel n'en a jamais voulu convenir : il ne s'agissait auprès de *Saint-Léonard* que d'un glacis de moulin ; bientôt, en effet, nous reconnaissons la *Vienne* qui s'échappe entre des rochers dans une vallée. Ces rochers bordaient la rivière : il a fallu y faire passer le chemin. Il s'élève à pic au-dessus du lit de la *Vienne;* mais ne vous effrayez point, la route est soutenue par une bonne muraille, les accidens sont prévenus par un fort parapet; passez tranquille, et bénissez les soins paternels de *Turgot.*

Après cet endroit, le chemin est encore bordé de peupliers; un peu plus loin, il est planté d'ormes. Nous voici à *Saint-Léonard,* petite ville dont la situation sur une hauteur fait tous les agrémens : elle est à six lieues de *Limoges.*

Après *Saint-Léonard,* une petite vallée verte, un ruisseau au bas; et, en continuant, c'est encore des prairies; bien peu après, un village. Nous y trouvons des troupeaux de bœufs destinés pour *Gargantua :* c'est la ville dévorante. Prodiguez-lui toutes les subsistances de l'*Europe,* elle n'aura rien de reste. Un habitant de la *nouvelle Babylone,* ceux principalement qu'on nomme des *Messieurs,* et ceux encore que l'on qualifie de *beaux esprits,* tous ces gens-là ne savent que consommer; et puis ils digèrent comme ils peuvent en faisant des *calembourgs.*

Vous avez d'abord beaucoup de châtaigniers sur vos landes, puis vous trouvez des landes nues; et, ce qu'il y a d'aussi fâcheux, vous n'avez plus de chemin: c'est que vous avez quitté l'*intendance de Turgot*.

Si ce pays est inculte, aussi est-il bien mauvais: ce n'est qu'une argile très pierreuse; mais, en avançant un peu, nous avons de la culture, et après une course de trois lieues nous relayons à *Sauviat*, petit village auquel on promet une route neuve. Il y a ici beaucoup de châtaigniers, et la campagne d'ailleurs est assez cultivée; l'ensemble pourtant est d'une physionomie triste et d'un aspect aride.

A trois milles de *Sauviat* le chemin passe sur une hauteur qui domine un vaste amphithéâtre de monticules; mais des maisons rares, une culture tout aussi rare, et des châtaigniers, nus comme en *décembre*, ne prêtent qu'une vie languissante à ce large tableau. J'ai omis de vous dire que nous sommes dans la *Marche*, qu'elle dépend en grande partie de la *généralité de Moulins*, et que notre route néanmoins se trouve praticable.

Nous traversons actuellement une vallée étroite où coule, presque en tombant, un joli ruisseau qui fait la décharge d'un étang prochain; mais nous marchons dans des landes presque nues: ce pays explique à l'œil pourquoi il est si peu habité.

Observez la tête ronde d'un monticule dont le chemin vous approche : elle est chargée de quelques sapinettes d'une pénible croissance, et pourtant ces monticules furent couronnés autrefois d'arbres majestueux et de forêts épaisses.

En dépassant une vallée où sont quelques châtaigniers, vous voyez *Bourganeuf* dans un fond et à un mille devant vous. Descendez une belle rampe coupée dans un petit bois, un ruisseau qui coule à votre gauche va bientôt traverser la route, et de ce moment vous aurez sous les yeux une suite de culture. Voilà à votre droite une petite chapelle sur un tertre au bord des prairies. Il y a tout auprès de cette chapelle un pont sur le ruisseau.

L'entrée de *Bourganeuf* sert de promenade à ce petit lieu, le chemin y est planté à quatre rangs d'arbres, et sur les deux banquettes on a pratiqué des trottoirs.

Quittant ce lieu, vous suivez d'abord une vallée de bonne culture et où passe une petite rivière; mais, à un mille de *Bourganeuf*, vers la jonction des routes de *Clermont* et de *Moulins*, ce n'est plus qu'un pays nu et stérile ; bientôt un fâcheux poteau va vous dire en grosses lettres que vous sortez de la généralité de *Limoges*, où vous étiez rentré. Mais pourquoi ce poteau ? Le moindre charretier se serait bien aperçu qu'il n'était plus sur la *voie limousine*. Avec quel art ces *chemins-Turgots* ont été conduits! Ils vous tiennent dans une continuelle admiration. Je voudrais attacher à la gloire de *Turgot* et les ingénieurs qu'il eut le talent de choisir, et jusqu'aux pionniers qui servaient ces ingénieurs.

Pontarion est un petit village dans un fond, avec un reste de château. En regard de *Pontarion*, sur votre droite, sont des montagnes basses dont la tête est noircie par des bruyères et des landes; au pied, dans la vallée et autour de vous, il y a des cultures, des prairies et des arbres. En avançant, le pays vaut mieux, la culture est plus animée : ce sont des bois par bouquets; ce sont des pacages où s'élèvent des genêts comme dans le *Poitou;* c'est une vallée verte baignée par une rivière; enfin, c'est la *Limagne de la Marche;* mais cette *Limagne* ne s'étend que jusqu'à *Saint-Hilaire*, à deux milles de *Pontarion*. L'église de ce hameau, avec son petit *clocher à la carmélite*, est pittoresquement située auprès d'un pont. *La jolie mignature pour un de nos jardins anglo-chinois!* Mais il faudrait l'enlever avec la rivière et le pont, et ne pas laisser derrière soi les buttes monticuleuses, ou nues, ou ombragées, qui font valoir l'ensemble : c'est bien de l'ouvrage, et l'on aurait plus *facile* de faire ici son jardin; aussi bien ai-je tout près de là un autre accident à vous offrir. C'est un hameau forestier penché sur la croupe d'une colline, et prêt à tomber sur le chemin. Pour bordure, j'ai un désert, j'ai des landes, j'ai des montagnes sèches et nues. Calculez ce qu'il vous en coûterait pour mal imiter ces tableaux, et vous viendrez *bâtir* vos jardins à *Saint-Hilaire*.

Nous voici à *Charbonnière;* on nous effraie sur les chemins qui nous attendent, surtout après *Corcel*. *Corcel* pourtant nous aura fait quelque plaisir; il a des hauteurs d'où la vue se réjouit en parcourant une vaste campagne monticuleuse; peu de cultures au surplus, et c'est ici que commencent les chemins scabreux dont nous étions menacés. Ne faites pas inutilement le brave; descendez de votre voiture, vous soulagerez les chevaux; et, si votre guide est adroit, vous passerez sans risque sur le bord d'un profond ravin où la route est étroite et très inclinée. Vous courez un moment sur un chemin neuf, puis vous entrez dans un bois sans route tracée : on a seulement abattu des arbres pour montrer la voie.

On retrouve la route neuve, on la perd; on court une demi heure à travers des landes ou de maigres pacages; je m'estimais alors à deux milles d'*Aubusson*. Vous apercevez sur votre gauche, en débouchant la lande, un étang; plus loin que l'étang, des collines cultivées, des arbres, quelques maisons : ce petit quartier a un air de vie. Remarquez, près de l'étang, une communauté de religieuses : on la nomme *Blessac;* elle est fort singulièrement située pour de timides nonnes. Nous reprenons la belle route; les terres bordantes ne sont pas médiocres, mais le pays est peu couvert.

Vous ne verrez l'église d'*Aubusson* qu'en commençant à descendre dans la ville. Ce lieu, long et étroit, est bâti dans une vallée profonde et serrée qui forme le coude vers son milieu. M. *Hesseln* n'a point calomnié les *Aubussonais :* je n'ai pas vu rire, je n'ai pas entendu chanter dans ce souterrain; on y fait tristement des tapisseries de verdure, et l'on s'y plaint plus tristement encore de l'empire des papiers peints qui laissent aujourd'hui vacans presque tous les métiers d'*Aubusson.*

Je ne vous avais annoncé qu'une église; il y en a deux fort près l'une de l'autre, et toutes deux sur une hauteur. On y monte par une belle rampe ou par un escalier difficile. Remarquez sur un plateau quelques arbres ; c'est la promenade du lieu. Ici l'air doit être pur autant que dans *Aubusson* il est épais et embarrassé. Les médecins de l'endroit pourraient ordonner la *Messe* par régime, et envoyer leurs malades à *Vêpres,* comme ailleurs on leur prescrit le petit-lait et la diète.

Il est certain que le soleil abrège sa course pour les *Aubussonnais*, et que dans cette ville les jours n'ont pas la durée ordinaire. Les pluies doivent être fort incommodes dans ce ravin, mais le froid n'a qu'une ouverture pour y pénétrer. L'air en stagnation sur les toits, la brume qui les enveloppe habituellement, défendent les *Aubussonnais*, sinon des asthmes et des catharres, au moins de la vivacité des gelées. Ne croyez pourtant pas ce lieu tellement horrible, que rien n'y distraie au dedans ni à l'entour. On danse l'hiver à *Aubusson*, et même s'il passe une troupe foraine on l'arrête comme à *Domfront*, à *Alençon*, au *Mans*, pour jouer la comédie. L'été a d'autres distractions : on gravit les montagnes ou les collines; on se promène sur les bords frais d'une jolie rivière qui coule dans une vallée entre des prairies. Il y a des jardins et quelques maisonnettes autour de la petite cité. L'étranger fixe ces lieux sans déplaisance, et l'*Aubussonnais* les admire comme ce qu'il y a de plus charmant.

J'ai, dans cette ville, un beau vase antique à vous citer : c'est la *coupe de Polyphème*: mais, sans égard pour cette origine imposante, les habitans d'*Aubusson*, qui n'ont pas encore d'*académie*, avaient destiné cette relique grecque à servir d'auge pour une fontaine. Le projet n'en est pas encore exécuté; et, en attendant, la coupe gît sans honneur sur le pavé. Je vous laisse à étudier les bas reliefs dont ce gobelet est chargé. Je lui trouve environ sept pieds de large sur deux de profondeur. Le temps a noirci ce bel ouvrage qui respire tout à fait l'antique. Eh bien! on a osé soutenir que cette *prétendue* coupe n'était pas plus ancienne que merveilleuse; que c'était une *lave* ou *basalte* creusée, il n'y a pas cinquante ans, par un ouvrier, pour servir d'auge à un puits..... Ces raisonnemens déchirent; je ne veux pas vous y arrêter, et je crois vous avoir *éruditement* convaincu qu'*Aubusson* possède la vraie *tasse de Polyphème*. Le nom de ce cyclope était écrit de sa propre main sur le pied du gobelet; mais des envieux ont rompu et enlevé ce fragment qui cause aujourd'hui des doutes et des disputes.

Ah! de combien de *niaiseries* nous nous occupons, et combien nous sommes enfans avec l'étalage d'un grand savoir! Ma servante hier cassa une petite cruche, et l'enfouit dans mon jardin pour me cacher ce dommage; quelque antiquaire dans un demi siècle déterrera ma cruche, la fera graver d'après son idée, et prouvera sans réplique que mon pot de grès de dix sous est un *vase étrusque* des meilleurs temps.

Puis, fiez-vous aux *académies des inscriptions et belles lettres!*

Au sortir de la ville *Tapissière*, la campagne est montueuse et maigre, quoique cultivée; on n'a rien d'agréable pendant quatre milles. *Virlet* est le dernier village de la *Marche*; et d'ici vous apercevez *Fermu* un peu au loin sur votre gauche; ce *Fermu*, remarquable par sa haute tour, l'est encore plus par sa position sur la crète d'une montagne.

Nescha ou *Lanescha* est un hameau de chaume par lequel nous faisons notre entrée en *Auvergne*; *Villeneuve* vient après; ce n'est encore que montagnes naissantes, mais qui se pressent, qui s'accumulent et s'élèvent graduellement jusqu'au dernier sommet qui les dominera toutes.

Tullie, qui aimait ou qui excusait tout ce qui se fait et tout ce qui existe, vient de me déclarer qu'elle n'aimerait point l'*Auvergne*, puisqu'on y emploie les femmes à la charrue. Ah! *Tullie!* plains ces femmes sans accuser leurs maris; ils sont absens et courent les grandes villes pour scier de long, et pour d'autres gros ouvrages. Ils rapportent fidèlement leurs gains à la maison; mais des travaux du mari et de la femme, malgré leur économie, le petit ménage ne retirera que de quoi se nourrir grossièrement, et de quoi payer sa ferme et les impôts. Ah! reprend *Tullie* en soupirant, que les pauvres villageois sont à plaindre, et sur-tout en *Auvergne!* Remarque au moins, ma fille, que la terre de ces campagnes n'est pas difficile à remuer; le socentre peu, et deux moyennes vaches suffisent pour atelage.

Nous dépassons *Villeneuve*, et, nous étant encore élevés, nous ne tardons pas à voir, au bout d'un spacieux bassin, le cercle des montagnes encore couvertes de neige. Ce regard nous afflige; nous craignons de ne pouvoir gravir la tête aérienne de *Dôme;* ce serait une volupté de moins, et nous sommes à la recherche de toutes les voluptés innocentes.

Nous marchons en ce moment dans une plaine qui fait le fond d'une vallée large où la culture n'a presque rien négligé, mais les seigles y couvrent à peine la terre; nul arbre encore ne commence à y porter les jeunes livrées du printemps. La nature, dans cette contrée, qui n'est pas froide par sa latitude, mais par ses montagnes, est extrêmement tardive; et la belle saison, qui s'y fait long-temps désirer, finit hâtivement en *Auvergne.* Au reste, nous n'allons pas vite, non que le chemin soit mauvais, mais parce que nos chevaux, nos guides et ma curiosité nous retardent. J'ai besoin de voir, et je ne sens pas la nécessité d'avancer; toujours sûrs d'un mauvais gîte, il n'importe que nous le prenions une lieue, une heure plutôt ou plus loin.

Au dessous du hameau d'*Oguel*, qu'on trouve

avant *Saint-Avit*, remarquez un étang : c'est le plus spacieux que nous ayons vu encore dans cette province ; et au-delà de cet étang, sur des montagnes moyennes, sont les premiers sapins que l'*Auvergne* nous ait montrés ; mais nul autre bois que des haies de chênes qui enclosent quelques champs ; et ces haies, on n'en oublie point l'émondage.

Saint-Avit, qu'avoisine un pacage fort maigre, n'est guère qu'un hameau. Nous voyons d'ici les *Monts-d'Or*, qu'à cause de leur chapeau *Tullie* appelle les *Monts - d'Argent*. Nous découvrons *Dôme*, et nous l'aurions aperçu de plus loin, si le ciel était plus serein.

Depuis *Saint-Avit* la route est périlleusement mauvaise. Ce n'est qu'une terre détrempée par les pluies ; on y enfonce dans des ornières inaperçues, et jusqu'au moyeu des roues.

Pont-au-Mur, au pied des rochers, dans une petite vallée que traverse une jolie rivière, paraîtrait assez considérable pour un bourg ; ce n'est qu'un village sans église, sans foires, sans marchés.

On n'a pas plutôt quitté ce grand village que le pays devient pittoresque par son aspect affreux; mais nos chemins sont plus affreux encore.

Un des coteaux élevés que nous avons à notre droite est couvert de jeunes bois ; à notre gauche est un mauvais taillis de chênes; au fond de l'étroit vallon coule un ruisseau, et notre chemin tourne lentement la vallée pour traverser une montagne haute et raide. Voilà où nous sommes à sept heures du soir et à quatre lieues d'un cabaret où nous ne trouverons pour souper que des œufs, et pour lit qu'une grosse *couette* de plumes de poules.

Il fait jour encore, et voici un hameau à trois milles de *Pont-au-Mur*. J'y observe que les maisons sont toutes bâties en pierres, mais couvertes de chaume, et mal couvertes. Les femmes et les filles, encore sur leurs portes, et la quenouille au côté, saluent, bien attentives et sans se déranger pourtant de leur travail. Ces femmes ne sont nullement belles; mais elles portent une physionomie douce qui touche l'ame sans étonner les yeux. C'est au fond des campagnes qu'on trouve la femme bonne comme la Nature l'a créée.

Je vous écris sans voir mes tablettes; mon crayon marche au hasard, et doit brouiller les figures et les lignes. Si je déchiffre ce *grimoire*, j'aurai bien à faire; mais onze heures sonnent, je viens de les compter d'une horloge voisine; j'aperçois de la lumière : serait-ce *Pont-Gibaud?* Oui, j'arrive et je me couche; mon petit compagnon, qui ne parlait, il y a deux heures, que de son appétit, ne parle plus que de dormir. Je me rappelle une vieille tante qui me disait qu'il y a une chaise en enfer pour les curieux; elle aurait pu ajouter qu'il y a pour les curieux bien de la peine en ce monde. Tenez-vous averti, *Priscus;* et quand vous voyagerez dans les montagnes, ne le faites pas si tard; on perd de grands objets, et son sommeil et son souper; c'est trop.

Pont-Gibaud, qui passe pour une ville, n'a point de marchés, mais des foires, qui se tiennent sous une assez belle halle. Ce lieu, qui a conservé des portes, est bâti dans un fond, au bord d'une rivière, et sous l'escarpement d'une roche élevée. Au levant, et dans une position qui domine la petite ville, est le château féodal avec ses tours, ses créneaux, vieux ornemens qui n'inspirent plus ni respect ni crainte. Dès *Pont-au-Mur* on employait quelques *laves* dans les bâtisses; mais à *Pont-Gibaud* il y a peu d'autres pierres. La lave *ferre* nos chemins durs et inégaux. Le pays est bien âpre, bien nud; on a cultivé tout ce qui l'a permis, mais de longues coulées de lave partagent ou divisent affreusement ces cultures. Continuons de monter; j'aperçois une autre coulée sur ma gauche, et là, parmi les pointes *aspères* et noires qui s'élèvent au-dessus, je découvre un peu d'herbe, mais courte et encore jaunâtre, à la fin d'*avril*.

Rien que des seigles ou des avoines sur nos campagnes labourées, et rien qui ne marque un prodigieux retard. Quelques arbres bruns et dépouillés, autour d'un pauvre hameau, sembleraient nous dire que le *signe des poissons* n'a pas encore disparu. Nous sommes au revers de ces monts imposans dont les têtes rondes paraissent isolées, et nous cherchons à les dépasser pour découvrir la capitale de cette froide région. Voilà, au milieu d'un petit bois à notre droite, le *château des Roches*, dont l'étymologie n'est pas éloignée. Ce petit château est joli, mais dans sa position il doit avoir peu de mois habitables. Un peu plus loin, le chemin est coupé dans les laves, et d'ici on aperçoit une montagne inférieure couverte de bois depuis le pied jusqu'au sommet ; *riche chevelure dont autrefois toutes nos montagnes étaient embellies.*

Dôme montre sa pointe dans les surbaissemens qui accouplent les montagnes. Nous marchons sur les produits volcaniques : le chemin est pavé de laves, et le sable qui les recouvre est une espèce de *pouzzolane*. Il est vrai qu'on ne songe ici que volcans ; on s'épouvante encore à leur souvenir. Quel enfer effroyable ! Lorsque vingt bouches allumées vomissaient à la fois, dans un petit espace, des rochers devenus fluides par l'action du feu ! Quel bruit dut accompagner les efforts convulsifs d'une terre qui paraissait se dissoudre et s'anéantir en se consumant ! Où l'homme, s'il en existait alors, put-il fuir? Où chercha-t-il du secours? Quelle divinité lui parut assez puissante pour le sauver des élémens en fureur conjurés contre eux-mêmes ? Il crut sans doute que le globe entier était en combustion, et que la Nature allait finir dans cette agonie ?.... Mais, soit que la mer ait caché autrefois ces pics élevés qui sont aujourd'hui à soixante lieues de son rivage, soit que ces dépôts marins, qu'on trouve presque partout, ne retracent qu'un des effets du soulèvement passager des eaux, *le feu jadis incendia ces montagnes où des bergers, après les durs frimats, viennent tranquillement aujourd'hui paître leurs moutons. On entend résonner le chalumeau champêtre dans ces antres d'où se répandaient au loin le frémissement et la crainte ! Quels changemens ! Bénissons le ciel qui nous fit naître dans un temps où la nature près de nous est calme et sereine !*

Remarquez une pyramide basse à la gauche du chemin : c'est une *balise* pour les temps de neige ; mais quoique ces poteaux soient multipliés, ils n'empêchent pas que chaque hiver il ne périsse dans ces montagnes des voyageurs qui s'égarent, des charretiers même, et tout leur équipage.

Nous marchons en ce moment dans la gorge

des montagnes, entre deux têtes coniques qui ne sont séparées que par le chemin : ce détroit n'est pas long, et il est aisé à franchir ; mais, ce pas fait, la scène change : devant vous s'ouvre un bassin spacieux que les montagnes enclosent presque de toutes parts ; on voit, parmi de noirs graviers, quelques champs en culture. Un peu après c'est une maison seule : devant cette maison était un prêtre qui distribuait à des ouvriers un travail rural. Tout ce bassin est hérissé de roches qui s'élèvent en surface raboteuse, de quinze à trente pieds sur le sol. Nous avons *Dôme* à notre droite et près de nous ; ici notre marche lente se fait sur la base prolongée des montagnes parmi les débris affreux des volcans. Il semble qu'ils aient vomi d'hier ces aspérités horribles qui sillonnent, comme les flots orageux, le second bassin où nous entrons, et qui est plus étendu que le premier. Nous voici à ce qu'on appelle la *Barraque de la cathédrale*.

Peu en deçà le terrain s'incline du côté de la ville et nous devrions reconnaître *Clermont* ; mais une vapeur brumeuse nous le dérobe, pendant que, sur nos hauteurs, un ciel pur, un soleil brûlant, nous rendent la voiture presque insupportable.

Nous descendons une rampe bien ménagée, et trouvons beaucoup de culture, un sol meilleur et enfin du froment. Le brouillard s'élève, nous apercevons des monticules, un sol blanchâtre où l'on a planté de la vigne : voilà *Clermont.* L'œil glisse dessus pour aller chercher la *Limagne.* On voit *l'Allier* et ses bords rendus fertiles par les montagnes qui y déposent peu à peu les terres inconsistantes qui les couvrent encore en partie, et dont les orages les dépouillent journellement. Nous approchons : les terres penchées que coupe notre chemin nous présentent la première verdure de *l'Auvergne.* Voilà des pêchers fleuris, des abricotiers couverts de feuilles; le chaos d'où nous sortons nous ferait trouver toutes les campagnes belles; mais cette petite serre, exposée au midi, et qui est couverte au nord par les montagnes, je ne sais en quels lieux, dans cette saison, elle ne serait pas charmante; le printemps y règne avec ses doux parfums et dans tout son éclat. Ah! combien vous aimerez cette vallée, et qu'avec peine vous vous sentirez descendre à *Clermont* du train rapide de deux coursiers vigoureux qu'un postillon trop hâtif presse à coups de fouet répétés!.

Nous entrons, adieu.

~~~~~~~~~~

J'AI déjà parcouru tous nos environs; c'est à *Gravenaire* et à *Gergoviat,* que je relis *le Voyage d'Auvergne.* Autrefois les *Mondes* me rendirent astronome ; M. *Legrand-d'Aussy* m'aura fait naturaliste. Sa clarté me fait croire souvent que je sais ce qu'il m'enseigne ; je l'aurais suivi aux *Monts-d'Or*, mais la saison n'est pas venue d'escalader leurs hauts sommets.

CLERMONT, cette petite capitale d'une petite province, est pour les arrivans de *Paris*, sur une hauteur, et pour quelques autres dans un fond; elle n'a d'agréable sous la vue que la férace *Limagne*, et, du côté opposé, ce long et beau vignoble que je vous ai décrit en descendant des *barraques.* Quant à ce demi cercle de montagnes à têtes coniques, l'aspect en est pendant huit mois de l'année plus imposant que gracieux : ces pointes élevées ne donnent à *Clermont* que de l'eau, du vent et du froid, une inégalité de climat insupportable, des étés incertains et des hivers très durs. Cette ville est bâtie irrégulièrement, négligemment pavée et malproprement tenue ; on y remarque, entre les plus apparentes, la rue de *Balinvilliers* qui forme l'angle avec celle des *Pendards.* Apparemment que cette dernière n'a pas toujours été habitée par d'honnêtes gens.

Les *fontaines publiques* ne méritent d'être vues ni pour la décoration ni pour l'abondance.

La partie des *boulevards* et des *promenades*, qu'on nomme la *Place d'Espagne*, est tenue avec quelque soin ; tout le reste est dans un grand désordre.

Pas une belle église. La *cathédrale*, qui occupe le haut de la ville, est bâtie d'une lave noire ; son chœur se raccorde mal avec la nef ; remarquez pourtant les piliers de cette nef et la voûte qu'ils soutiennent.

Il y a ici une *collégiale* nommée *Notre-Dame-du-Port*, et une rue appelée *la rue du Port*. Je m'informerai de l'origine de ces dénominations.

C'est une double faute d'avoir mis une *fontaine* sur la *place de Jaude*, et d'avoir dit que cette place était belle.

Les jolies femmes sont rares en *France*, et surtout en *Auvergne* ; mais on voit ici beaucoup de femmes robustes, principalement parmi les paysannes et dans la classe du peuple ; leur costume est un peu lourd ; et, cependant, celui des jours de fêtes ne leur messied pas : c'est un corset baleiné que recouvre une étoffe de laine ou de soie avec la jupe pareille ; les deux emmanchures sont marquées devant et derrière avec deux bandes de velours qui tranchent par la couleur ; les bouts de manches sont comme les emmanchures. Ces femmes, quelquefois, portent une coiffe plate ou une espèce de bonnet rond sous un mouchoir noué à la bordelaise, et pendant en pointe sur les épaules; celles qui ont quelque desir de plaire, les filles qui cherchent un mari ou un amant, se gardent bien, à *Clermont* comme à *Bordeaux*, d'une pareille coiffure. J'ai remarqué que, dans tout le midi du royaume, ces mouchoirs sont en usage avec quelque variété pour l'emploi, mais partout nuisibles à la figure, excepté à *Bayonne* : les *Basquaises* seules savent donner de la grace à cette coiffure ingrate.

Je salue *Kérisbien*.

~~~~~~~~~~~~~~~

CLERMONT a un vaste *hôpital.* J'entre quelquefois dans ces réceptacles de la misère humaine, et je n'ai rien vu ici de plus consolant que dans la plupart de nos hospices. Je me promenais hier avec ma douce *Tullie* sur le chemin qui mène à *Dôme;* nous y rencontrâmes les *filles orphelines;* elles sont vêtues de grosse laine grise : ce n'est point là ce qui m'a touché. Ces filles, au nombre de trente-quatre ou trente-six, marchaient deux à deux; je les examinai bien et leur trouvai à toutes un teint fort pâle et les yeux malades; leur timidité est si farouche qu'aucune d'elles, je crois, n'a osé nous regarder; c'était la contenance de la honte ou de l'humiliation. Voilà donc, me suis-je dit, les grands résultats de la charité chrétienne ! Voilà comme l'opulence orgueilleuse a secouru l'obscure pauvreté ! Nous déclamons contre les *lois de Sparte* qui permettaient d'étouffer un enfant à qui la vie ne promettait pas le bonheur ! Je ne prends pas la défense de ces lois homicides; mais notre compassion hypocrite a-t-elle de meilleurs effets ?

C'est presque par-tout le même régime dans nos hôpitaux : les pauvres sont continuellement enfermés dans des salles ; leur occupation est sédentaire ; l'heure des repas, l'espèce des alimens sont de l'uniformité la plus ennuyeuse et la plus nuisible : la différence des tempéramens n'en apporte jamais dans la nourriture, dans les travaux, dans les exercices. Une maîtresse, quelquefois aussi impérieuse qu'ignorante, commande despotiquement à toutes ces machines auxquelles on apprend toute leur vie le *catéchisme*, sans qu'elles le sachent jamais. Peu de ces victimes atteignent l'âge de trente ans, ou elles n'y arrivent que bien escortées de toutes les infirmités de ces dépôts. Quelques personnes ont voulu prendre des domestiques dans les hôpitaux, et, le plus souvent, elles n'y ont trouvé que des sujets incapables. Ceux qui sortent par métiers conservent toujours un air d'hôpital; rarement ont-ils de l'esprit;

ils n'ont jamais d'énergie. On ne fait ordinairement des filles que des *repasseuses*, et des garçons on n'en fait guères que des *tisserands*, parce que ces apprentissages sont les moins chers et exigent très peu d'aptitude. Ces ouvrières, sorties des hôpitaux, restent toujours reconnaissables : elles sont attaquées de pâles couleurs, de maux d'estomac, de migraines; et, si elles deviennent femmes, après un ou deux enfans malsains, elles périssent dans une couche.

Les garçons, *cousus* d'humeurs froides, sont débiles et faibles toute leur vie; ils ne respirent qu'à demi la liberté qu'on leur a rendue : elle leur semble n'être pas faite pour eux. Leurs premiers ans furent trop comprimés dans la monotonie des règles, dans l'asservissement aux volontés capricieuses, et dans l'ignorance absolue du moi, ce *moi*, souvent égoïste, mais consolateur aussi du pauvre, qui n'a de propriété que son individu.

Eh! que faut-il donc faire, me demanderont des âmes honnêtes et sensibles? Doit-on, par pitié même, abandonner l'indigence, ou faut-il continuer de l'aider et de la servir? Ah Dieu! s'il le faut, qu'on prenne la moitié de nos biens, et que les pauvres soient sagement secourus! Quel est l'homme digne de conserver l'autre moitié, qui regrettera la première? Effaçons autant qu'il est en nous les torts de la société, aplanissons quelque peu ces inégalités que le temps a opérées dans un héritage commun entre des frères. Vouloir rétablir ce premier état serait s'écarter de la prudence : l'ordre même aujourd'hui veut que ce désordre continue; mais voyez ce qui se fait, et multipliez le bien qui est en votre pouvoir. Je vous offre de l'économie en vous invitant à augmenter le nombre des pauvres qui étaient reçus dans vos hospices.

En plusieurs villes du royaume, et spécialement à *Paris*, à *Lyon*, on accorde quelquefois aux demandes d'un laboureur un orphelin, fille ou garçon, pour en faire comme son enfant propre, pour avoir sur lui l'autorité de père, et aussi pour verser sur cet élu les bienfaits de la paternité. J'ai vu de ces enfans à la campagne, qui n'ont appris que dans l'acte de leur mariage que leur bienfaiteur n'était pas leur père. Ce moyen de décharger utilement nos hôpitaux peut s'exercer à la ville comme aux champs, pour faire un ouvrier comme pour faire un laboureur, et de tout cela je connais d'heureux exemples. On pourrait craindre la source inconnue d'où un enfant est sorti, et ce n'est point là tout-à-fait un préjugé; mais qu'il ne vous arrête pas cependant; car si des pères vertueux ont eu des enfans scélérats, des hommes recommandables sont venus aussi de pères criminels : l'histoire est pleine de ces exemples.

Je sais que dans les villes le bien ne se fait que par vanité, surtout chez les riches; eh bien! que les noms de ces pères par adoption soient écrits en lettres d'or dans le *forum;* qu'ils y lisent eux-mêmes leur bienfaisance, et qu'ils la fassent répéter par les trompettes mercenaires des gazettes et des journaux! L'essentiel est que le bien se fasse.

Quelle noble émulation serait-ce donc chez un peuple comme le *Français*, doux et sensible, mais inattentif et léger, si tout citoyen, à qui sa fortune le permet, prenait le soin d'une de ces infortunées créatures qui surchargent et *inhumanisent*, pour ainsi dire, nos hospices de charité!

L'enfance ne peut se passer de soins particuliers et dont elle soit l'objet direct; voilà pourquoi dans ces riches et vastes hôpitaux, où tout est confondu, rien ne prospère; seulement, vous verrez quelques *mignons* que la beauté de leurs traits a fait tirer de la foule, et qu'une *sœur-maman* tient assidûment sous son aile; vous verrez ces heureux préférés aussi propres que sains. Jamais ils n'approchent du centre des émanations morbifiques : bien nourris, bien vêtus, lavés, nettoyés comme un enfant de maison, ils réussissent de même, et voilà l'échantillon imposteur qu'une quêteuse adroite vous montre à *Paris* dans l'église *Notre-Dame*. De jolis enfans vous tendent leurs mains potelées, vos yeux se fixent sur ces visages naïfs; vous n'êtes plus libre sur le refus; vous donnez avec joie, et vous vous retirez satisfait du sort de ces orphelins, ne soupçonnant pas qu'il y en a deux mille qui souffrent ou périssent pour l'aimable favori qui a su plaire à l'une de ses maîtresses.

L'homme de génie, qui a proscrit les hôpitaux dans son livre, était sage. Je ne répéterai point ses argumens; ils me paraissent décisifs. *Plût à Dieu qu'il n'y eût point d'hôpitaux!* Ils ferment la compassion dans les cœurs où elle n'est pas très grande; ils rendent barbares, dénaturés, ceux que cette ressource détermine à exposer leurs enfans; enfin, par rapport aux vieillards et aux malades, ils sont encore nuisibles. La débauche ne craint plus la suite de ses excès; *il y a un hôpital*. La dissipation ne craint plus le désespoir ni la ruine qui marche après elle : *il y a un hôpital*.

Quand je lis dans une *géographie* que *Séville* a cent vingt hôpitaux, je suis près de soutenir que cette capitale est la ville la plus peuplée de gueux et de mendians *de toutes les Espagnes;* en sorte que les pauvres y doivent être dans une quantité encore très disproportionnée à tous les secours que la charité leur a préparés. C'est un zèle louable, sans doute, mais mal éclairé, qui a fondé les hôpitaux; et si de tels établissemens sont indispensables, ce n'est que dans les grandes cités où les étrangers affluent, principalement les ouvriers; car si l'un d'eux est atteint de maladie, quel autre asile peut-il trouver que l'hospice public?

J'observe au surplus que les petits hôpitaux sont, pour l'ordinaire, moins mal administrés que les grands.

Une simple rencontre de quelques hospitalières m'a dicté cette lettre, où je ne vous ai entretenu que des misères humaines, quand je voulais vous promener délicieusement au milieu d'une campagne printanière; ce sera pour le prochain courrier. Adieu.

~~~~~~~~~~~~~~~~

Un chemin assez beau, bordé en partie de saules, nous conduit à *Montferrand* par une plaine presque toute en blé. Les *Clermontois* regardent *Montferrand* comme un de leurs faubourgs, quoiqu'il soit à une demi lieue de la ville. L'endroit est peu habité, et ne subsiste que par ses marchés de bétail. Il n'y a rien à voir ici que l'*église collégiale*, petite, mais jolie. Observez-en les stalles pour la sculpture; remarquez aussi les cariatides qui servent de support à un entablement : le dessin en est plus heureux que l'exécution.

Au retour de *Montferrand* nous passons derrière la *maison des Carmes*, et, serrant un peu la côte pour arriver à *Saint-Allyre*, nous découvrons des lieux frais et charmans. J'ai pourtant une course plus variée et plus riche à vous indiquer. Je suppose que vous ayez déjà visité nos montagnes; que vous connaissiez *Montjoli* et *Royat;* que vous ayez vu le *bois de Crau*, qui n'a pourtant de mérite que sa proximité; sortez par la *place de Jaude*, la *place de la Chapelle*, et, en suivant un chemin bas, allez gagner le village de *Beaumont;* de là approchez-vous des *coteaux de l'Abbesse;* pénétrez dans la plaine jusqu'au *monticule de Creuil*, et revenez par *Loradoux*. A votre sortie, d'abord vous traversez un terrain un peu noyé, et qui naguère était un marais. Avancez, vous trouvez bientôt des eaux vives, des ruisseaux bordés de saules, des prairies grasses, des champs bien labourés, des arbres à fruits, des vignes. Atteignez la crête du monticule, et promenez vos regards sur les campagnes environnantes. Vous planerez au loin sur la *Limagne* fertile; vous compterez, s'il est possible, ses villages nombreux; et si vous vous tournez vers le bassin de *Clermont*, le coup d'œil n'est pas moins ravissant. Vingt montagnes aux têtes nues vous offrent à leurs pieds de la culture, des hameaux, plusieurs paroisses, et *Clermont* placé au centre comme pour leur donner des lois : c'est de toutes parts une image de vie et de travail qui remplira votre ame. Mais c'est de *Creuil* à *Clermont* que les objets les plus gracieux vous attendent. Vous remonterez continuellement un ruisseau dont les eaux rapides coulent sur un sable pur ; vous remarquerez plusieurs jolies maisons, des vergers, des jardins, et vous ne quitterez qu'à regret tant d'aimables lieux.

Entrons aux *Capucins*. J'y ai fait connaissance avec un vénérable de l'ordre. Il est *Clermontois*, il passe pour savant ; je veux lui demander d'où viennent les noms de *Notre-Dame du Port* et de *rue du Port*.... Cher *Priscus*, il n'en sait rien, et je n'ai pas trouvé plus de lumières chez les *Bénédictins*, ni aux *Prémontrés*.

∿∿∿∿∿∿∿∿∿∿

Hier, *Kérisbien*, étant parti de grand matin avec *mon fils* et un guide, nous allâmes d'abord reprendre haleine aux *Barraques*, mauvaise auberge où était ci-devant un relais de poste. Il y a près des *Barraques* un village où j'ai recruté un pilote *lamaneur*, avec lequel nous nous sommes remis en route vers le colosse gigantesque qui élève sa tête fière sur toutes les montagnes du pays. La pointe de ce cône paraissait embrumée. Il faisait froid, nous avions des grains fréquens. Mon guide de ville me disait à chaque pas *Il sera impossible de monter;* mais le jeune pâtre, mon second pilote, me disait : *En prenant le dessous du vent, nous monterons.* Je palpitais d'aise et de crainte. Il est venu une *éclaircie* : nous étions alors sous des petits taillis de chênes qui couvrent une partie du *Petit-Dôme* au *nord;* mais, le fond du chemin étant comblé par les neiges, il a fallu descendre de cheval, et marcher à pied parmi de hautes bruyères ou sur des graviers profonds. Nous sommes ainsi parvenus jusqu'au *cratère* d'un volcan dont la date est perdue. Ce lieu est connu dans le pays sous le nom du *Nid de la poule.* C'est ici que, considérant de plus près l'escarpement de la montagne, j'ai connu qu'il y aurait de la témérité à y conduire *Tullie.* Je l'ai fait descendre avec l'un des guides dans le *Nid de la poule.* Le pâtre m'a suivi, ou, pour mieux dire, il m'a précédé. Le chemin ordinaire s'est trouvé impraticable, étant caché sous les neiges, ou détrempé profondément par l'infiltration des neiges fondues ; on y pénétrait jusqu'à mi-jambe. Il a fallu monter presqu'à pic, ce qui ne s'est pas fait sans stations fréquentes ; mais enfin nous sommes arrivés au premier plateau. Le danger n'est pas aussi grand qu'on pourrait le craindre : l'herbe est longue et touffue, on s'y accroche, on s'y retient aisément. La plus grande précaution à avoir, c'est de ne pas regarder derrière soi ; et si l'on ne craint d'être moqué par des *grimpeurs* plus agiles, il faut, sans façon, se mettre *à quatre pattes*. Cette allure est non seulement la moins dangereuse, mais la moins fatigante. Enfin me voici sur *Dôme*. Je m'y assieds sur l'une de ses proéminences, celle qui s'élève sur les autres, car ce petit sommet n'est pas égal et uni, tel qu'il le paraît de loin : il y a plusieurs fosses, et dans l'une de ces *tranchées* je me suis mis à l'abri, comme je l'ai pu, pendant un *grain* neigeux qui a été suivi d'un tourbillon de vent. Je n'ai pas trouvé, sur cette pointe de *Dôme*, une grande condensation d'air, excepté pendant le *grain* : mon *thermomètre, à l'échelle de Réaumur*, marquait six degrés au dessus de *zéro* : c'était trois degrés de moins qu'à la *Barraque*, et six de moins qu'à *Clermont;* mais enfin, sans les nuages et l'humide qui baignaient notre atmosphère, la température était très supportable. Le soleil a reparu, et j'en ai profité pour reconnaître l'étendue et la forme de ma terrasse. Je découvrais de là, dans les vallées, beaucoup d'habitations et de villages ; mais j'ai observé aussi que les cultures environnantes n'avaient point dépassé la *base de Dôme*, et mon villageois m'a appris que ces mauvaises terres, pour donner du seigle une année, avaient besoin de deux années de repos.

On ne peut dire jusqu'où la vue s'étend de cet échafaud impérieux que rien ne domine; les objets ne sont que trop larges, trop peu bornés, et il manque à cet horizon presque infini, d'être ceintré par l'*Océan*.

J'étais arrivé, las, *essoufflé*, sur le pic, mais, bientôt ma poitrine s'y pénétrant d'un air pur, je me suis senti plus agile que lorsque j'avais commencé à monter. J'ai passé là près de deux heures; je me trouvais honoré d'être dans le même lieu où *Pascal* avait fait ses belles expériences sur la pesanteur de l'air; et si je n'avais commencé à être inquiet sur *Tullie*, peut-être que d'une heure encore je n'aurais voulu interrompre les délicieuses pensées qui m'occupaient dans cette région demi céleste.

Je croyais le pâturage libre sur ces hautes montagnes, mais mon guide villageois m'apprenant que *Dôme* appartenait à quatre seigneurs: quoi donc! me suis-je dit? ces montagnes ne sont pas comme la mer, indivises entre les hommes! Elles mériteraient bien cette distinction. Puis, je me représentais le cas où la montagne sur laquelle j'étais dans ce moment n'aurait dépendu que d'un seul propriétaire qui aurait voulu l'aliéner, et la burlesque impertinence d'une affiche où l'on aurait lu :

LE PUY-DE-DÔME A VENDRE.

Cette imagination a interrompu mes songes, et je me suis levé pour descendre ; il était dix heures cinquante minutes quand j'ai quitté le pic, et onze heures douze minutes quand je suis arrivé au fond du *cratère du petit-Dôme*. Ainsi, sans m'arrêter, j'ai employé vingt-deux minutes à cette descente, et j'étais encore bien au dessus du pied de la montagne. J'ai retrouvé *Tullie* jouant tranquillement sur le fond uni de cette forme, par où s'étaient autrefois écoulés des fleuves de laves embrâsées. J'estime que, de l'échancrure la plus basse du *Nid de la poule*, il peut avoir *quatre-vingts pieds* de profondeur ; mais, du côté opposé, le *cratère* n'a presque pour bord que le sommet du *Petit-Dôme*. J'ai fait monter *Tullie* sur ce sommet, qu'elle appelle l'*Enfant du Grand-Dôme*, puis nous avons repris le chemin de *la Barraque*. Ainsi finit notre voyage.

NOTES ET ÉCLAIRCISSEMENS.

NOTE (*a*) page 123.

De mon fils *François*......

Ces rigoureux *zoïles*, à qui rien ne plaît, rien ne convient de ce qu'ils n'ont pas dit ou pensé, blâment surtout ces épanchemens de la nature qui se lient à quelques détails domestiques ; ils ne veulent point que des particuliers se peignent dans leur vie privée ; ils ne veulent point qu'on occupe le public d'autres personnages que des rois, comme si le moral des rois pouvait servir à l'homme d'une autre condition, ou comme s'il n'était pas toujours utile de connaître le cœur humain dans les diverses classes de la société : mais je n'écris point pour ceux qui ne savent que désapprouver, parce qu'ils ne savent point sentir. J'écris pour les ames droites ; j'écris pour le vrai citoyen ; et je n'ai eu principalement en vue, dans *Jeanne Royez*, que les jeunes filles destinées à devenir épouses et mères ; j'ai travaillé pour les mères elles-mêmes. Quelques unes de celles-ci m'ont adressé des éloges d'estime ; je les en remercie ; leur témoignage me console amplement des injures d'un *ci-devant prêtre* que je m'abstiens de nommer, de peur de salir une plume, qui est et qui restera toujours vierge d'indécence et de scandale.

INDICATIONS

SUR LE VOYAGE N° 14.

PAGE 116. *Vincent-de-Paule*..... Les *Lazaristes*......
Les *Sœurs grises*.

Page 125. Vue prise d'une élévation à trois lieues de *Libourne* en allant vers le *Périgord*.

Page 130. Un antiquaire et *César*.

Page 134. Les routes de *Turgot*.

Page 142. L'église et les environs de *Saint-Hilaire*.

Page 145. *Aubusson*. — L'auge de *Puits*.

Page 152. Premier tableau volcanique.

Page 154. Vue prise d'une colline d'où l'on descend à *Clermont*.

Page 158. Les *hôpitaux* en général, celui de *Clermont* en particulier.

Page 165. Vue prise du monticule de *Creuil*, auprès de *Clermont*.

Page 166. Ascension sur *Dôme*.

1789.

PREMIER
GRAND VOYAGE
AVEC
CAROLINE-TULLIE.

PARTIE SEPTIÈME.

DEPUIS LE DÉPART DE CLERMONT (PUY-DE-DÔME)
JUSQU'AU DÉPART DE STRASBOURG.

176 LIEUES.

Passibus ambiguis fortuna volubilis errat.
OVID.

N° 15.

ITINÉRAIRE.

				LIEUES.	
1789.	Mai.	DE CLERMONT...	à Riom..................	3	
			Moulins.............	19	22
		DE MOULINS....	à Bourbon-Lancy..	9	
			Autun............	15	24
		D'AUTUN.......	à Châlons.........	«	11½
		DE CHALONS....	à Beaune..........	8	
			Seurre............	6	
			Dôle..............	8	
			Auxonne...........	4	
			Dijon.............	7	33
	Juin.	DE DIJON......	à Notre-Dame de l'Étang et retour.	5	
		DE DIJON......	à Citeaux et retour.	7	12
		DE DIJON......	à Gray, par Verfontaine...	10	
			Vesoul............	15	
			Béfort............	15½	
			Colmar............	16	
			Strasbourg........	15	
		DE STRASBOURG.	à Kell et retour...	2	73½
			TOTAL............		176

VOYAGE

DE CLERMONT A STRASBOURG

PAR LA BOURGOGNE.

Après *Montferrand* la plaine s'enrichit, les terres sont bien cultivées, bien arrosées, bien couvertes et très fertiles jusqu'à *Chataugai*, village à votre gauche, au haut des collines.

Riom est dans une plaine; cette ville a beaucoup de clochers, elle a de petits boulevards. Je n'ai rien remarqué de plus, sinon que les *Ricomages* comme les *Clermontois*, ont des *hottes* étroites et longues qu'ils portent avec deux bâtons au lieu de sangles. Cet usage est mauvais, en ce qu'il emploie inutilement les deux mains du porteur, sans que le panier-hotte en soit plus assuré; tout au contraire.

Les terres sont bonnes auprès de *Riom*, mais diminuent de valeur à peu de distance de cette ville. Notre route traverse le petit village d'*Auché*, qui tire son nom d'un ruisseau que nous venons de passer sur un pont de pierres noires, car les *laves* nous suivent. La vallée peu profonde où se trouve *Obia* est jolie. Remarquez un château-ferme en deçà de ce village, à votre gauche ; il ne lui manque qu'un peu de bois.

Notre chemin est assez continuement planté de noyers jusqu'à *Aigue-Perse* qui est long, étroit et mal bâti ; mais que de pauvres dans cette fertile *Limagne*! C'est que les biens-fonds sont excessivement loués ; le fermier s'y ruine, et la misère entoure d'opulentes métairies.

En deçà d'*Aigue-Perse*, nos coteaux de gauche sont moins chargés de vignes que de grains. Les villages sont fréquens ; la route est belle et bien garnie d'arbres. Nous arrivons ainsi à *Gannat*, qui a une jolie promenade et des environs rians.

Avançons. Les plaines sont toujours fatigantes, et vers *Maillet-l'Ecole*, désordonné village, je suis prêt à perdre patience ; la féracité qui m'entoure est attachée à un terrain si plat, si nud, que je ne goûte qu'imparfaitement le plaisir de cette fertilité.

Nous voici dans les cailloux, mais notre route est belle ; nous avons à notre gauche une petite vallée que borne un coteau cultivé et planté. Sur ce coteau, des villages, des hameaux, des fermes ; cet ensemble devrait rire ; mais il ne faut rien vous cacher : les montagnes, que tant nous regrettons, n'y font pas tout ; le ciel est sombre et noir ; il communique aux objets ses couleurs, et peut-être à notre esprit.

Le *Vernet* n'est qu'un relais; mais un peu au delà remarquez le village de *Maille* et son château, tous deux bien situés. Je vous avertis que le patois en *oc* ou en *ac* nous quitte, ce n'est plus que des quarts d'*Auvergnats* pour le langage.

Vous observerez avant *Saint-Pourçain* un monticule assez élevé qui paraît comme une île au milieu de la plaine. Au pied du monticule il y a un petit bois, et entre le bois et la route c'est une terre basse et marécageuse. Quand on est là, on touche à *Saint-Pourçain* presque enveloppé par sa rivière ; cette ville a une promenade autour de ses vieilles murailles; elle a de vieilles églises, de vieilles rues et de très antiques maisons; tout cela bien irrégulier, montant, descendant; car *Saint Pourcain* occupe un tertre qui passe dans le canton pour une montagne. Le *faubourg* du côté de l'*Auvergne* m'a paru plus habitable que la ville. La *Sioule* le fait communiquer par un assez beau pont de pierre.

Notre sortie vers *Moulins* est charmante; les collines, les monticules, sont couverts d'arbres et de maisons; c'est la culture la plus animée; les terres sont pierreuses, mais on ne doit pas s'y méprendre; ces sortes de terre ont souvent une force végétative qui manque à des sols plus nets et plus profonds. Si vous avez, dans vos *pierrailles*, suffisamment de terreau, vous y ferez d'assidues récoltes. Elles manquent rarement dans les environs tristes et pierreux de ma triste et célèbre ville.

Les villageois, par ici, portent des chapeaux de paille à demi relevés devant et derrière, et dont les ailes s'arrondissent en tombant sur les deux épaules. Il faut une jeune et jolie tête pour braver cette coiffure.

Un vieux et vilain manoir, près du chemin, sur votre gauche, vous avertit que vous entrez tout à l'heure dans le *Bourbonnais;* du même côté, est un petit bois; tout vis à vis, dans la vallée, coule la *Sioule*. Ici la route est belle encore; mais tout à l'heure et dans une descente, vous l'allez trouver extrêmement délabrée. Nous passons cependant, et, ayant *doublé* le haut de la côte opposée, nous y avons une vue large, mais sans autre mérite. L'*Allier* coule dans une vallée à notre droite; ses bords sont riches en prairies et en blés; mais les terres plus près de nous, sont presque stériles : quelques taillis, quelques champs labourés; tout le reste est en joncs ou en bruyères. Le tableau change auprès de *Chatelneuve*, la campagne y est assez riante; l'église de ce petit mais joli village est sainement placée sur un tertre ; et si le curé dîmait sur toutes les terres qu'il voit de ses fenêtres, l'*évêque de Strasbourg* n'aurait pas de plus gros revenus que le *pasteur de Chatelneuve*, qui n'est peut être qu'un pauvre *congruiste*. On a deux lieues à faire pour gagner *Chemilly;* c'est un pays sec, mais varié, et qu'on trouve agréable en cette saison ; il est coupé de bois, et les habitations n'y sont point rares. Cependant le pays est plus beau sur votre droite ; les coteaux qui bordent l'*Allier* au delà de cette rivière, sont couverts de villages, et très animés en cultures. Ces coteaux s'embelliront encore à votre approche ; la distance vous cachait les détails. Telle est la différence de la nature et de l'art : l'art craint d'être approfondi, la nature le demande.

Chemilly est plus petit que *Chatelneuve*, et moins joli ; on trouve des prés, et surtout des vignes en deçà de ce village.

Moulins, dans une vallée plate, ne s'aperçoit guère que d'une lieue ; l'*Allier*, débordé, semble l'ensevelir dans ses eaux. Nous découvrons un pont magnifique ; je veux séjourner à *Moulins*, car j'y entre pour la première fois.

~~~~~~~~~~~~

La petite *capitale du Bourbonnais* a une jolie rivière, un beau pont, des rues propres, des maisons bien bâties, et de fort longues promenades; je n'ai aucune plainte à vous en faire, cette ville n'est simplement qu'ennuyeuse; sa rivière est presque sans commerce, et ses rues sans habitans. Enfin une partie de ses promenades est comme impraticable; ce qu'on appelle *les boulevards*, n'est qu'un grand chemin planté de peupliers; la poussière ou la boue n'y manquent jamais; le *cours de Bercy* a quelque fraîcheur, mais les arbres en sont *couronnés*, les allées ne sont point sablées; les chevaux et les voitures passent dans celle du milieu, et l'ont dégradée horriblement; ajoutez que ce *cours* est *ensellé*, et que les eaux pluviales s'y amassent; il faut que le soleil ensuite les évapore, et en attendant la sublimation complète, ces eaux répandent une odeur nuisible.

La seule promenade fréquentée est dans *Moulins* même; elle est fort bien tenue, et les voitures n'y passent point; mais elle est bordée de maisons qui emprisonnent, pour ainsi dire, ce promenoir sans vue et où l'air n'est point assez large.

M. *Robert* s'est bien trompé quand il a dit que *Moulins* était sur la rive gauche de l'*Allier*; la droite et la gauche d'une rivière ne se prennent pas en la remontant, mais en suivant le fil de l'eau.

Le *pont de l'Allier* a plus de cent soixante

toises de long; il est bâti en belles pierres d'une couleur rougeâtre; il est très plat et orné de deux trottoirs; les arches, au nombre de treize, sont égales entre elles.

Moulins est plus étendu que large, plus grand que peuplé; les maisons religieuses y sont en nombre considérable. Il faut voir l'église des *Carmes;* elle est petite, mais régulière et d'une voûte élégante.

La *Collégiale* n'est qu'un chœur mal décoré et tenu avec la plus extrême négligence; mais il faut vous rendre à la *Visitation:* c'est là qu'une nouvelle *Artémise* a fait élever à un époux illustre un tombeau digne des rois; voici une partie de l'inscription latine qu'on lit sur le mausolée:

Henrico II, Monmaurenciaci ducum ultimo.... terrori hostium, amori suorum, Maria-Felix Ursina, post exactos in conjugio felicissimo annos XVIII, marito incomparabili de quo dolere nihil unquam potuit nisi mortem, benè merenti. F. an. sal. (1). *Dc. LII, sui luctûs XX.*

Pesez ces paroles : *dolere nihil potuit nisi mortem*, et voyez celles qui suivent : *sui luctûs XX;* mais vous n'aimerez point *marito incomparabili;* c'est une enflure collégiale, une hyperbole classique qui désigne quelque régent pour auteur de cette inscription.

Les ornemens, dans ce riche travail, sont un

peu confus, et les figures accessoires ou allégoriques n'y sont pas dans les proportions de la nature; mais vous trouverez que le duc et la duchesse sont d'une vérité expressive : le front du duc est sérieux et tranquille; la douceur et l'affliction se peignent dans les traits de la duchesse; elle est représentée dans l'âge moyen de sa vie, et paraît avoir été belle.

Les anciennes *maisons de Moulins*, bâties en briques rouges et noires, comparties en losanges, semblent être tapissées comme pour la *Fête-Dieu;* mais les nouvelles maisons sont bâties en pierres de carreau.

A peine on a dépassé le long *faubourg Saint-Bonnet,* qu'on ne trouve que des sables, des genêts, des landes, beaucoup de friches; parmi quelques champs ensemencés de seigles, beaucoup de lagunes, des flaques d'eau, de petits étangs : toutes causes réunies d'insalubrité. C'est un peu mieux vers *Chevagne,* village qu'on nous fait à pareille distance de *Moulins* et de la *Loire:* ce dernier espace rappelle souvent les incultures et la stérilité d'une grande partie de votre *Bretagne*. Le chemin est beau ; nous voyons beaucoup de bois, quelques rares prairies, point de vignes.

La *Loire* est fâcheuse à traverser quand elle est débordée, comme en ce moment où elle forme trois bras assez considérables ; voilà un village fort bien situé sur la rive droite : on le nomme *Port-du-Fourneau ;* il n'a pour église qu'une petite chapelle.

Les terres paraissent assez bonnes auprès du *Fourneau*, et cependant nous n'y voyons que des seigles ; un beau chemin s'ouvre du bord de la *Loire* jusqu'à *Bourbon-Lancy*, espèce de ville plantée sur une éminence, et dont les environs côtueux sont agréables à la vue dans cette saison.

Cette infiniment petite ville a deux faubourgs: *Saint-Nazaire*, qui n'est qu'un hameau à la gauche du chemin, et *Saint-Léger*, où il y a des *eaux thermales* autrefois plus célèbres ; elles sont dans une vallée. Le puits principal est pour la chaleur et pour les dimensions un diminutif de *Dax*.

Bourbon est mal pavé et malpropre ; d'ailleurs, assez bien bâti pour un lieu à l'écart, et qui a peu de communications.

Le *château du baron de Vesvres*, qui est un édifice tout neuf, est dans une heureuse position, principalement du côté des jardins ; les cours sont gazonnées ; une très belle grille les ferme sur la route : tout respire ici l'opulence et la distinction;

mais vous trouveriez la *toîture* du château trop haute, et le premier étage un peu bas : ce *premier* forme un *second* du côté de la rivière.

La sortie de *Bourbon* vers *Malta*, village qui en est à quatre milles, est d'un aspect assez varié ; ce sont des bois, des étangs, une campagne côtueuse et cultivée, peu de vignes; le fond des vallées est en prairies médiocres.

Après *Malta*, à notre droite, et près de nous, coule un large ruisseau grossi à chaque pas par les sourcins infinis qui s'échappent d'entre des roches.

A *Bressy*, dont l'église est sur la hauteur, nous passons *la Sorgues ;* elle nous accompagne jusqu'au pied d'une côte fort raide, qu'on place à trois lieues de *Bourbon ;* la route est étroite et mal faite ; le sol est argileux, avec une couche végétale fort mince ; mais tout est cultivé. On trouve fréquemment de petits bois, et les champs ne sont pas démunis d'arbres : mais la rareté des habitations aperçues rend ces campagnes trop silencieuses.

Un peu plus d'un mille en deçà de *Cressy* ou *Bressy*, notre vue s'étend ; mais le pays toujours maigre, ne nous offre, par continuation, que des seigles entrecoupés de genêts noirs qui n'embellissent pas ces campagnes.

En passant pour la troisième fois le *ruisseau de*

Sorgues, nous avons d'ici une grande quantité de bois à vue; et voilà un petit et antique château placé près de nous sur une éminence, où il n'y a pas un arbre.

Luzi, dans les prairies, au bord d'une rivière, passe pour une ville. Elle a, comme *Bourbon-Lancy*, un château ruiné; mais elle est plus petite et encore moins jolie; les maisons y sont couvertes en *bardeaux* au lieu de tuiles. Faites une lieue, et vous arrivez au pied de quelques montagnes dont les têtes isolées et arrondies nous ont rappellé de plus grandes images.

Maison de Bourgogne, à quatre lieues de *Luzy*, n'est qu'un relais; c'est toujours un pays de collines; le terroir est jaune et sec.

Avancez de trois milles, et aux approches d'un étang que le chemin tourne en partie, remarquez, à votre gauche, les hautes collines qu'une culture vaste embellit. Après l'étang, c'est un bois de chênes dont l'âge paraît ordonner la coupe; ensuite un petit hameau: alors, sur votre droite, vous avez des monticules à têtes forestières, de la culture au pied des bois, mais toujours un très mauvais sol: on trouve peu de *noyers* depuis *Moulins*, mais des cérisiers beaucoup. Voici un second étang; ils sont communs dans le *Bourbonnais*, dans le *Nivernais*, et dans cette partie de la *Bourgogne*.

Vous ne serez plus qu'à deux lieues d'*Autun*, au trajet d'une petite rivière qui descend du *Morvant*. Passez un second ruisseau, montez une colline, et vous voyez à plein la ville devant vous. Elle est en partie enveloppée de montagnes couvertes de bois. Encore un étang sur votre gauche; son trop-plein se verse en cascade au bord de la route, la traverse, et va se répandre dans la vallée où est une futaie claire, dont l'extrémité touche presque à *Autun*, qu'on s'impatiente de voir sans y arriver; mais on s'impatiente toujours trop tôt : voici le faubourg, je découvre la porte, nous entrons, et je termine ici ma lettre

On s'y trompe : *Autun*, presque caché par la *montagne de Saint-Claude*, paraît un lieu si triste quand on l'approche, qu'on serait tenté de passer outre sans s'y arrêter; mais en parcourant cette antique cité, on trouve qu'elle mérite d'être vue. Ce n'est pas qu'elle soit régulière, ni bien bâtie; mais elle est propre, elle a une physionomie qui plaît et qui retient.

Autun est situé sur un terrain en pente. On monte ou l'on descend d'un quartier à l'autre; cette position a son utilité. Les montagnes fournissent des eaux abondantes qui coulent en ruisseaux dans les rues, et qui rafraîchissent l'air. La plus riche des *fontaines d'Autun* est au chevet de la cathédrale; il y a quelque goût dans l'ensemble de ce monument, et plusieurs défauts.

L'église épiscopale occupe la partie haute de la ville; c'est un gothique assez pesant, mais l'intérieur vous offrira quelques beautés. Le chœur, fait aux dépens de la nef, est grand et très orné; les stalles sont d'un bon goût de menuiserie. Le sanctuaire est très éclairé; on y a fait une dépense peu ménagée en marbres et en dorures.

Autun a des *antiquités;* je m'y suis fait conduire, et je suis revenu de cette course plus fatigué que satisfait. Parmi ces *vieilleries*, toujours trop vantées, il y a deux *arcs de triomphe* et le *temple de Janus;* cela vaut à peine qu'on les cite; mais on veut tout voir, et vous n'omettrez pas la *porte de marbre*, laquelle pourtant est toute de pierres.

L'air me paraît bon à *Autun*. Les enfans y sont nombreux et très jolis, surtout dans la classe moyenne; mais ce climat est froid et n'a point de vignes.

A un mille d'*Autun*, nous entrons dans une gorge formée par des montagnes couvertes de bois; le chemin est raide, mais enfin on arrive sur un pic. On s'arrête, on cherche, on ne trouve plus *Autun;* on ne voit qu'une vallée plate où sont de nombreux et de riches monastères, *cisterciens*, *bénédictins* et autres. Jamais vous n'aurez vu des dehors de ville plus garnis d'églises que ceux-ci.

Parvenus, après une heure de marche, au terme de cette rampe dure, nous découvrons un pays moins beau qu'il n'est bon; on n'y voit guère que du froment. Il y a des parties incultes; celles-ci sont couvertes de roches qui percent la pelouse en divers endroits; c'est une sorte de pierres qui se délite par feuilles épaisses, sans le secours du ciseau; elle est dure, très propre à faire du moëllon, et excellente à charger la route si on la *menuisait* davantage; mais on l'emploie grosse comme des pavés; elle est jetée au hasard et sans nul arrangement.

Nous voici dans les pacages et les bois. Je découvre *Saint-Emiland*, petit village de chaume où nous devons relayer, et qui est à sept milles d'*Autun*.

Après *Saint-Emiland*, le chemin est bordé de quelques prairies marécageuses, de quelques champs labourés et de bois; ces bois sont une forêt royale en coupe réglée. Observez la bonté des terres en deçà de la forêt et près d'un joli château placé sur le haut d'une vallée toute en prairies; six bœufs y étaient attelés sur une même charrue.

Approchant de *Moches*, le pays est montueux, mais toujours cultivé; on retrouve des vignes près de ce bourg qui est très long, et qui a trois églises, avec une petite halle. La vue se porte aux environs sur de moyennes montagnes bien labourées et bien nues; cette nudité fait trouver charmant un coteau plus bas, qui est couvert de bois; il est placé derrière un vieux château féodal, où l'on voit une chapelle.

Après ces ruines, le pays s'embellit; le chemin monte sur l'arrête d'un coteau entre deux vallées spacieuses, où les villages, les hameaux, les métairies sont assez rapprochés. Nous découvrons *Saint-Léger* au bas d'un coteau; il y a une rampe très longue à la sortie de *Saint-Léger*, mais le chemin est beau. La plus grande partie des terres est en vignes, que surmontent quelques pêchers, quelques cerisiers.

On passe un hameau, et, comme nous continuons à descendre, nos yeux, plongeant dans la vallée, s'y reposent sur des prairies entremêlées de saules. Voyez sur votre gauche, à pic d'un monticule, *Aluze* qui recueille sur son terrain perpendiculaire un vin non méprisable; ce lieu aérien n'a que des vignerons pour habitans. Ces hommes, aussi sains que laborieux, jouissent de quelque aisance et de beaucoup de santé; mais ce n'est point à *Aluze* qu'il faut envoyer nos poitrines délicates; l'air, trop élastique dans cette région, les étoufferait; malades plus infortunés que d'autres, un air vif et pur leur est funeste ; mais c'était bien une autre erreur de les enfermer dans le *méphytisme* des étables. La faiblesse des hommes, qui ne savent pas mourir quand la nature l'a ordonné, est-elle plus grande que la hardiesse de ceux qui leur promettent de renouer la trame de leur vie, sans savoir s'il en existe des moyens, ou sans les chercher ?

Nous montons ou descendons continuellement, ayant sous la vue plus de vignes que de labours. Remarquez ces roches grises qui percent de courts taillis, ou qui s'élèvent sur les pacages maigres de ces coteaux fort inclinés.

Nous voici à *Bourgneuf*, village alongé sur la route..... Tout contigu à notre gauche, est *Mercurey*, dont les gourmets chérissent le vignoble. *Touche* est du côté opposé ; c'est la paroisse de *Bourgneuf*.

Après le village d'*Etroit* qui suit *Mercurey*, le vignoble s'interrompt ; on entre dans une riche plaine de grains. A notre droite, et dans le fossé de la route, est un ruisseau qui nous quitte bientôt pour se promener entre des prairies. Au delà de ces prairies et d'un peu de labours, dans un moyen éloignement, c'est une côte dont le pied est en vignes et le sommet couvert de bois. Tout vis à vis, à notre gauche et à moindre distance du chemin, est une taille assez jolie. Voici une grande route qui traverse la nôtre. A la jonction de ces routes est une chapelle nommée *Marlou;* quelques maisons l'avoisinent, et d'ici nous voyons le clocher de *Givry;* un peu plus loin est *Dressy-le-Port*, qui se présente avantageusement à l'extrémité d'une côte qui vient expirer à ses pieds; ce bourg et ce village sont à votre droite. Avancez, et sur le bord de la route vous remarquerez le château bourgeois de M. *Léchenot;* c'est un *Châlonnais* parfaitement bon à connaître par l'originalité de ses soins paternels. Il possède autant de domaines qu'il a d'enfans, et marque par une nouvelle acquisition chaque nouveau présent de sa femme encore féconde, quoiqu'elle ait déjà dix héritiers. Les tailles considérables que vous avez à votre gauche appartiennent toutes à M. *Léchenot*. Je tiens ces récits pour vrais, parce que je desire qu'ils le soient.

Vous allez bientôt découvrir *Châlons*. Remarquez *Corcelle*, petit et joli village; le château du seigneur est de l'autre côté, et à cinq cents pas du chemin.

La ville de Châlons est petite, mais active et très mouvante, surtout si on la compare à *Dijon* ou *Autun;* mais elle est dans une espèce de stupeur, si on la rapproche de *Lyon* ou d'*Orléans*, seuls ports de rivière où il y ait une grande et continuelle circulation. Je ne nomme pas

Rouen, parce que cette place doit être, ainsi que *Nantes* et *Bordeaux*, considérée comme port de mer.

La police de *Châlons* néglige beaucoup le soin des rues; les *Dijonnais* sont plus propres dans leur solitude.

A demain, *Priscus*.

~~~~~~~~~~~~~~~

Notre route, depuis *Saint-Farget* jusqu'aux approches de *Chagny*, est un pays sec et pauvre, et nullement agréable, malgré le grand nombre de taillis.

Je n'ai vu que par dehors le *vaste hôpital de Beaune*, qui fit dire un bon mot à *Louis XI*, qui n'en disait guère.

Les *Beaunois* ont modelé leur petite ville sur la capitale de leur province ; c'est le même pavé et presque la même propreté ; mais toutes les rues ne sont point pavées à *Beaune*. Cette ville a des *remparts*, et même assez jolis ; c'est dommage que les *douves* en soient marécageuses.

Les faubourgs sont plus animés que la ville ; elle serait presque muette, sans les *tonneliers* occupés à rebattre continuellement des *barriques* qu'on nomme ici des *tonneaux*. Je ne peux plus me faire à cette dénomination. Le *tonneau* en *mer* est une quantité de poids ou de mesure ; ce n'est pas un seul vaisseau, un seul vase. Je ne vous parlerai point de *tonneaux*, mais de *barriques* ou de *pièces*, afin que vous m'entendiez.

On a prêté bien des *balourdises* aux Beaunois. En voici une par supplément que je viens de lire sur une enseigne :

Bon Vin de Beaune,

En gros et en détail.

Eh misérable ! Quand il y a du vin à *Beaune*, et que ce vin est du territoire beaunois, ne faut-il pas qu'il soit bon ? Ce fâcheux cabaretier n'aura jamais lu apparemment, ou on ne lui aura point expliqué ce *vers léonin :*

Vinum Balnense super omnia vina repone.

Sortant de la ville, du côté de *Corberon*, c'est une plaine immense et presque toute en blé.

Après *Corberon*, qui est à trois lieues de *Beaune* comme de *Seurre*, on entre dans une taille épaisse, dont les baliveaux, en grande partie, ont été rompus ou entamés pendant l'hiver par la rigueur du froid.

Quittant la forêt, nous retrouvons une vaste culture, mais nue et plate ; le terrain pourtant n'est pas si uni qu'il ne fasse des ondulations, et qu'il ne présente des commencemens de vallées. Je creuse un peu les vallées pour élever les collines, et j'ai une campagne *à ma sorte*. Ce pays est dénué de pierres ; aussi la route est elle fort mal entretenue.... Mais bientôt vous joignez une route qui vient de *Dijon*, et, tournant brusquement à droite, vous gagnez *Seurre* par une chaussée élevée : elle est bordée de saules épais qui en font une promenade d'été. Au bas, et des deux côtés du chemin, ce sont des prairies. La curiosité de ce pays, c'est le jardin de M. *Françoise*, *Strasbourgeois*, à qui appartient la *seigneurie de l'endroit*. Il y a une gaîté dans cette ville de *Seurre*, une affabilité, une prévenance, une envie de causer si sociale !... Je vous déclare que j'aime les *Seurrois;* les enfans sont jolis, les hommes robustes, les femmes très bien faites. C'est une singularité pour moi que ces femmes soient coiffées comme dans les petites *îles anglaises*, et qu'on nomme, ou par louange ou par injure, les habitans de *Seurre*, les *Albions*. Je ne sais qui pourra me découvrir ces deux origines.

Seurre est toute bâtie en briques. Ses rues sont assez larges et même assez bien pavées, mais ne sont pas tenues avec propreté. Les maisons de la ville sont couvertes en tuiles plates ; celles des faubourgs, la plupart de bois et de terre, sont pauvrement abritées de chaume mal ordonné.

~~~~~~~~~~~~~

A quelque distance de *Seurre*, le pays, toujours plat, est moins uni que dans les environs de la petite ville. On traverse les plus jolis taillis; on trouve de l'eau, et l'on parcourt des terres propres au blé, au chanvre, au millet, bonnes au maïs et à tout ce qu'on veut y mettre; mais on n'y met point d'arbres.

Remarquez sur votre droite, à quatre milles environ de *Seurre*, le *château de Pourland* qui a été possédé par les *Jésuites*, et qui appartient aujourd'hui à un *conseiller au parlement de Dijon*.

A *Pourland* on quitte la *Bourgogne* pour entrer dans la *Comté*. Une lieue après, on relaye à *Grandnoir*, village un peu à l'écart du chemin sur la droite.

Ayant passé *Grandnoir*, la plaine est sans bornes, excepté vers la *Suisse* où les montagnes ferment l'horizon. Point d'arbres sur les cultures, mais beaucoup de villages à vue; leurs clochers hauts et pointus les embellissent dans le lointain.

Quatre milles avant *Dôle*, après *Tavar* ou *Tavau*, vous ne trouvez que des blés; mais vous roulez sur un chemin doux et facile.

En deçà du village de *Saint-Prix*, vous voyez

le *Doubs* dans une vallée plus riche que belle ; une forêt la couvre en partie vers le midi. Nous arrivons à *Dôle* entre des vignes nues. Cette ville longue et étroite est ensellée par le milieu. La grande rue qui, en traversant *Dôle*, reçoit plusieurs noms, est la moins inhabitée, la moins mal bâtie, et la moins malpropre de cette *ancienne capitale comtoise*. A l'entrée, et sur votre droite, est une caserne non achevée; et près de cette caserne, une *fontaine* décorée, sans effet, quoiqu'avec beaucoup de dépenses ; elle jette un filet d'eau si petit, qu'elle altère à la voir.

La *belle rue* est fort mal pavée ; la plupart des autres ne le sont pas du tout.

Je n'ose vous parler de ce qu'on nomme ici la *place Royale*, c'est à peine un carrefour.

Dôle a deux *hôpitaux* très vastes, mais plus commodément situés pour le service de ces maisons que pour la santé de ceux qui les habitent.

Les *Cordeliers* de cette ville ont rebâti nouvellement leur monastère ; le cloître en est beau ; les moines sont parfaitement logés; cela fait croire que dans peu ils réédifieront leur église.

Les *Dôlois* ont plusieurs *promenades* : celle de la *porte du Pont* est presque dans l'eau ; celle de la *porte de Besançon* est élevée et en bon air, mais elle a peu d'étendue.

J'ai parcouru le *Val-d'Amour*, et je vous assure que de près ni de loin il ne mérite un nom si beau ; les coteaux qui l'enferment sont trop nuds ; la rivière, encaissée, ne peut être vue que de très près, et l'on ne fréquenterait pas ses bords sans danger ; car d'un côté c'est un terrain *mou* et *enfonçant;* et, de l'autre, le *Doubs* a miné sa rive de manière qu'elle forme des cavités sous la surface du sol. Du reste, point d'abris dans la campagne, et il faut deux heures pour gagner la forêt : c'est un voyage.

Adieu, je prends la route de *Dijon*.

~~~~~~~~~~~~~~

La ville d'*Auxonne* serait fort préférable à celle de *Dôle*, si elle était saine.

La grande rue n'est pas allignée, comme je ne sais quel compilateur me l'a dit et affirmé ; mais elle est belle, large, et vous y verrez quelques jolies maisons. Il y a de l'affabilité dans cette ville plus qu'à *Dôle*, mais peut-être moins qu'à *Seurre*

Les petits *remparts d'Auxonne* forment en quelques endroits une assez jolie promenade ; le *pont de la Saône* est en bois ; au delà, et sur la route de *Dijon*, est une chaussée très belle, bordée de deux fossés larges, bien remplis d'eau et de *grenouilles ;* les *Auxonnais* les regardent comme deux *viviers* précieux ; car c'est un *gala* où rien ne manque dans notre *Bourgogne*, quand on y sert des *grenouilles* et des *escargots :* les unes, fournies par les deux réservoirs ; les autres, ramassés dans nos jardins ou nos vignes.

Ayant dépassé les prairies d'*Auxonne* et quelques terres labourées, on fait plus d'un mille dans un joli taillis et sur un chemin large et tournant ; à l'issue de ce bois, et en pays plat et découvert, est le petit village de *Soiret,* avec un vieux et mince château ; vous voyez à votre droite et un peu au loin *Pleunière :* toute cette plaine n'est semée que d'avoines ; mais après *Monjot,* petit village au bord d'une rivière, il y a beaucoup de prairies. Vous voyez d'ici *le mont-Afrique,* élevant sa tête sur toutes les montagnes qui l'avoisinent. Nous passons *Genlis*, beau village au bord de la *Tille ;* le château est petit, mais agréable ; le curé a de très beaux jardins, et les moindres maisons sont bâties en pierres ; enfin, il y a un joli pont sur la *Tille* à *Genlis.*

Foverney, à deux milles en deçà, est plus dans le voisinage des bois ; c'est un fort petit lieu. On est bien étonné, quand on ne connaît notre province que par la réputation de ses vins, de ne la pas trouver toute en vignes ; mais il y a de grandes parties du *duché de Bourgogne* où non seulement on ne cultive pas la vigne, mais où quelques vieillards meurent sans en avoir vu ; le *Morvant*, par exemple.

Après *Foverney*, entre la route et des montagnes que nous gardons à notre gauche, on ne voit que des terres enfoncées et humides.

Vient *Crimolois* qui nous approche de la côte, ensuite *Neuilly*, et puis *Senecey*, toujours en pays de grains et découvert. La plaine où nous marchons nous présente des collines d'un côté, des montagnes de l'autre ; nous avons une grande culture à vue, et plusieurs villages. Voilà *Dijon* au pied des collines hautes ; il paraît y toucher : ces flèches, ces murailles font palpiter mon cœur ; mais je vais descendre à l'auberge. Je suis comme étranger dans mon propre pays. Il me reste une sœur, mais pauvre et chargée d'une nombreuse famille ; j'éprouve ensemble de la douleur et de la joie. Adieu *Priscus*; j'ai déjà traversé le faubourg, j'entre dans la ville.

Je vous le répète, *Priscus*, la ville de *Dijon* est une des plus propres du royaume; ses rues sont la plupart bien ouvertes ; ses promenades agréables; je crois même que l'air y est bon, et que la vie n'y est pas difficile: cependant je ne m'y plairais pas. J'ignore pourquoi l'on vante la gaîté bourguignone ; je ne remarque pas que l'on soit gai à Dijon, si ce n'est dans la classe moyenne du peuple, car au surplus on ne trouve que physionomies graves, dures ou pédantes; on ne rencontre que suppôts de justice, prêtres, moines, régens de collége, répétiteurs; et, par surcroît de déplaisance et d'ennui, on s'aperçoit que la glorieuse petite ville est presque sans mouvement comme sans travail. Voulez-vous un parfait contraste avec les *Dijonnais*? Allez à *Châlons :* six mois dans cette dernière ville, six jours dans l'autre, c'est la même durée de temps.

On connaît à *Dijon* un état mitoyen, qu'on nomme *bourgeois ;* il est principalement composé de *perruquiers* qui ont fait fortune. Le métier de perruquier nulle part n'est aussi considéré, aussi lucratif qu'à *Dijon*; c'est le domaine de la *frisure*, et après les perruquiers viennent les *fripiers.*

Ceux-ci vont de pair avec les *procureurs;* mais les autres sont un peu au dessus. Un perruquier qui occupe six garçons ne donnerait pas sa fille au légiste du coin, quand il aurait autant de clercs. On apprécie parfaitement ici chaque profession, et chacun y est mis à sa place. Mais ces bourgeois, et en général tous les *Dijonnais*, sont chiches et glorieux ; il n'y a point de mesquinerie normande qui approche de la tenue intérieure des ménages de cette ville. *Messer Gaster* n'est en aucun lieu moins choyé qu'ici, si ce n'est aux jours d'apparat où l'on se montre prodigue en proportion de ce qu'on est plus avare. C'est pour briller sur le *cours* ou dans le *parc* qu'on jeûne à la maison : mauvais calcul que cela ! Observez-vous, mon cher *Kérisbien*, que plus nous donnons au luxe, plus nous devenons tristes; il n'est pas seulement l'ennemi des mœurs, mais de la santé et du plaisir.

Les *églises de Dijon* sont la plupart belles; mais parmi ces dernières il ne faut pas compter la cathédrale qui n'est qu'une grossière *modernité*. *Saint-Michel* est orné d'un portail qui a de l'effet; le chœur de cette église est beau, et peut-être est-il trop clair. Vous serez fâché de voir à l'une des croisées une chapelle fort riche par la dépense, et monstrueuse par l'objet. On y a représenté la chute des anges; c'est un ouvrage sans vérité, et qui épouvante par les détails ; c'est le fanatisme le plus sombre qui en a conçu l'idée et qui l'a fait exécuter. La figure de l'archange n'est pourtant pas sans mérite : il a sur le front une tranquillité céleste en exécutant les ordres sévères de l'Eternel.

Mais voyez *Notre-Dame*, et retournez y dix fois; vous ne vous lasserez point de ce petit chef-d'œuvre. C'est un gothique des plus parfaits et des plus délicats.

La *flèche de Saint-Bénigne* et le trait de charpente qui la soutient mériteront de vous fixer.

~~~~~~~~~~

Je ne sais pas si *Louis XIV*, se promenant dans le *parc* à *Dijon*, a jamais dit *que c'était la plus belle plantation de son royaume*, mais il n'eût pas dit vrai.

Les remparts de notre petite capitale sont assez bien tenus, assez jolis ; mais un lieu vraiment agréable pendant l'été, c'est l'*arquebuse*, naguère un marécage fétide, aujourd'hui, par les soins et les libéralités de M. *de Montigny*, transformé en jardin anglais aussi frais que salubre.

On a conservé dans le nouveau jardin un *peuplier* qui était, avant le dernier hiver, un des plus beaux arbres de la *France;* les fortes gelées l'ont beaucoup endommagé, mais il est encore vigoureux. C'est sur cet arbre rameux et gigantesque qu'on perche l'oiseau de bois qui se tire à la *Saint-Louis* avec des arquebuses à feu. Ce peuplier imposant a près de trois siècles d'âge. *Henri IV*, revenant de *Fontaine-Française*, se mêla avec les chevaliers de l'arquebuse pour tirer sur le *papigot*, mais il ne l'abattit point.

On s'est engoué, depuis peu, des *peupliers d'Italie;* on les place sans choix : on en a planté un à côté de notre majestueux peuplier français; l'*Italien* s'est élevé comme une baguette, et a paru vouloir égaler sa tête à celle de son voisin; mais tout à coup il s'est arrêté dans sa croissance, et il est déjà sur le retour. On ne peut mieux voir la difformité de ces arbres, quand ils sont mal employés, que dans le poste qu'on a fait occuper à celui-ci. On dirait qu'on l'ait posé là pour le rendre ridicule par le contraste. Cependant on ne cultive plus les anciens peupliers, et l'on multiplie infiniment les autres.

Approchons de l'arbre antique et vénérable; allons nous asseoir sur ce banc, qu'une attention obligeante a posé autour de son tronc, et où trente personnes trouveraient aisément place : venez...... Mais qu'aperçois-je? Un placard? Est-ce une défense? Hélas! partout on gâte le plaisir!..... Je prends ma lorgnette, et je lis :

ON PRIE LE PUBLIC DE NE TOUCHER NI AUX ARBRES NI AUX FLEURS.

On prie! Il est donc un lieu où l'autorité est humaine et modérée! et ce lieu, c'est *Dijon*, c'est ma ville natale! Oh! que je vous rends grace à vous, qui que vous soyez, qui avez écrit cette invitation, et même à vous qui l'avez clouée sur l'écorce raboteuse de ce vieil arbre, qui a vu naître dix générations avant la nôtre ! Voilà le style qui commande sans offenser ! Voilà des lois comme il est permis à l'homme d'en établir pour l'homme qui est son frère ! C'est la Raison et la Justice qui vous montrent doucement ce que vous devez faire ou de quoi vous devez vous abstenir : quel est celui qui ne leur obéirait pas ?

Assez pour aujourd'hui, *Priscus.*

C'EST une mascarade au moins ridicule que cette infinité de *pénitens* de toutes les couleurs, qu'un fanatisme ardent a répandus dans nos provinces méridionales. *Dijon* n'a point de pénitens, mais une *société de la Miséricorde*, vraiment digne de la gratitude et du respect publics. Les membres de cette utile confrérie ne se revêtent pas d'un sac ; ils n'ont point d'habit distinctif ; un coquin déguisé ne porte pas chez eux le froc de la piété et de la religion ; ce sont des prêtres ou des laïcs aisés qui se vouent au soin des pauvres, qui leur donnent en hiver du bois et du charbon, qui soulagent en secret les honteux. Ils ensevelissent, ils enterrent les suppliciés ; ils pansent et guérissent les enfans attaqués de teigne ; enfin, ils ne s'emploient qu'en bonnes œuvres, et le font dans un véritable esprit de religion. Croyez, *Priscus*, que j'ai plus de plaisir à vous montrer leurs vertus, qu'à relever les défauts de nos *Dijonnais*.

LE dernier hiver a été si rigoureux que notre rivière d'*Ouche*, qui est pleine de sources vives, et que des octogénaires n'avaient pas vue gelée, a été prise long-temps. Les travaux avaient tous cessé ; la ville, dans ces conjonctures, a mis les bras de l'indigence à renverser un bastion dont elle a comblé un marais, faisant deux biens dans un seul travail. Les aumônes de toutes espèces ont abondé, et ce qui s'est passé dans ces circonstances me ramène aux *hôpitaux*. Nous serions moins durs pour nos frères, sans ces hospices sur lesquels nous nous reposons pour les pauvres et pour les malades. Ecoutez, mon ami, ce que j'ai recueilli de nouveau sur nos établissemens de charité.

La ville de *Dijon* est riche en fondations de cette nature ; au moins tout porte à juger, par la magnificence de son grand hôpital, qu'il est solidement établi. Cet hôpital est propre ; les salles des malades sont bien tenues ; les lits élevés sur une estrade en bois, sont garnis en hiver de rideaux de serge, et en été de rideaux blancs de coton, qui absorbent moins la chaleur. Les malades couchent seuls. Trente-six religieuses, soutenues et aidées par les orphelines hospitalières, font une garde continuelle. Voilà une disposition dont tout vous plaît; vous jugerez bientôt si la suite est bien en rapport avec cette première vue.

Nos malades, rien ne leur manque ici que les soins médicaux; le pain est moins cher que les remèdes; on les purge donc moins qu'on ne les nourrit. Ce ne serait pas tout à fait un mal; mais ce qui en est un, c'est que les quatre repas se distribuent l'un sur l'autre, à sept heures, à neuf heures, à midi et à quatre heures et demie. Je le demande à tout autre médecin que celui de l'hôpital de *Dijon*: est-ce là un régime de malades? et cette règle ne regarde-t-elle pas uniquement la commodité de la maison?

Voyons maintenant comment sont traités les orphelins des deux sexes dans l'un des meilleurs hospices du royaume. Je vous préviens que nos presque *impeccables* sœurs grises ne sont pas les directrices de l'hôpital.

On y distribue quatre repas par jour. Un morceau de pain sec, très-bis, fait de la balayure des greniers, et qui sent toujours la mite et la poussière, voilà le *déjeûner* et le *goûter*. Ce qu'on ajoute pour le *dîner* et le *souper*, c'est une once de viande, une once au plus, et je ne dirais peut-être rien de cette quantité, si la qualité du moins s'y trouvait. On fait donc bouillir environ une livre de viande pour seize personnes; c'est ce qui compose le bouillon de la soupe. Il est fort bien de ne pas accoutumer des pauvres à la délicatesse; mais on ne nourrit ces infortunés que des rejets de toute la maison. D'abord, on lève pour *Mesdames* et pour *Messieurs* les ecclésiastiques attachés à l'hôpital, les filets, les aloyaux et la pièce tremblante du derrière; la seconde partie fait le bouillon des malades : les esquilles, les peaux, la saignée, les extrémités dures et insubstancielles sont destinées à *régaler* en petites portions ces créatures misérables pour qui l'on fonda l'hospice. Mais n'est-il pas des jours privilégiés où cette dégoûtante et insuffisante nourriture est augmentée et améliorée? Oui, les jours de dimanche et de fête. Nos orphelins, outre la ration ordinaire, ont une *entrée* à leur dîné. Sachez vîte de quoi se fait cette entrée; c'est de moux de bœufs et de tripes fricassés comme je n'oserais vous le dire. Jamais de vin; et le carême est un temps où l'on renforce de lésine et de dureté sur ces malheureux êtres. J'ai su d'une jeune hospitalière, aussi douce qu'ingénue, qu'elle avait eu quarante-six fois de suite la moitié d'un hareng à dîner, et de mauvais fromage le soir; mais *Mesdames*, (ce titre mondain est-il fait pour s'unir à la charité?) *Mesdames* trouvent la qualité et la variété à leur couvert. Il est vrai qu'un état de dévouement, comme celui qu'elles ont embrassé, mérite quelques dédommagemens; plusieurs ont quitté la table délicate de leurs parens, et ont renoncé à des établissemens avantageux pour le service des pauvres : cela n'est pas sans prix. Mais pourquoi quelques unes sont-elles dures et sans compassion? J'ai vu une petite fille apporter à la *sœur* de sa salle un morceau de pain tout moisi, témoignant qu'elle ne pouvait le manger, que son estomac se soulevait contre ce dangereux aliment. Quelle réponse croyez-vous qu'elle obtint? —Vraiment, ma poulette, c'est dommage qu'on ne vous serve pas du pain frais tous les jours; il faut dire à votre père de vous en fournir, ou représenter au *bureau* que vous voulez être mieux nourrie que vos compagnes. Puis, avec un soufflet, elle la congédia.

L'indigne femme! La malheureuse enfant! Hélas! je compris qu'elle avait perdu sa mère. Mais vous, que la religion a consacrée à l'un des plus nobles emplois qu'elle pût vous offrir, quelle est votre inconséquence? Songez-vous à quoi il a tenu que vous fussiez l'hospitalière gouvernée au lieu d'être l'hospitalière gouvernante?

Ah! si vous croyez n'être établie sur des orphelins que pour les conduire avec le fouet et la verge, pour leur rappeler leur Néant, ou leur montrer sans cesse leur cruelle dépendance, que vous êtes loin de votre institution! On ne vous admit auprès d'eux que pour adoucir leur sort ou pour les aider à le supporter. Votre illusion irait-elle jusqu'à croire que vous nourrissez les pauvres? Non, c'est d'eux que vous recevez la subsistance; c'est à eux qu'on légua les biens auxquels vous participez. Vous donc, à qui tous les devoirs commandent une patience, une modération assidues, et qui les promîtes au ciel par de libres vœux, si vous êtes de vraies chrétiennes, si vous fûtes dignement appelées à votre honorable état, ne voyez les pauvres qu'avec reconnaissance; sans eux, vous n'auriez pu mettre au jour toutes vos vertus. Enfin, pensez, pensez continuellement qu'il est assez dur de manger le pain de l'aumône, et que, pour le rendre amer, il n'est pas besoin de le pétrir avec de l'absinthe ou du fiel.

Il est d'usage, dans l'hospice dont je vous entretiens, que deux religieuses veillent chaque nuit; mais la nuit se partage en deux veillées, de sorte que ces *Dames* ne sont jamais privées entièrement de leur sommeil, et cette règle est très bonne; mais d'où vient qu'elle ne s'étend pas jusqu'à ces orphelines, qu'on fait veiller dès l'âge de douze ans, et qu'on oblige à passer la nuit entière, pendant que leur nombre permettrait une toute autre distribution? Si des religieuses, bien nourries, et jouissant d'autant de liberté que la décence de leur état le comporte, trouvent cette fatigue excessive pour elles, comment ces automates esclaves, qui reçoivent à peine le nécessaire en alimens, résisteraient-elles à de très fréquentes privations du repos de la nuit? Il y a là une irréflexion ou une dureté moins aisée à découvrir, qu'il ne serait facile d'en acquérir les preuves.

Oh! sœur *Madin!* pardonnez-moi si je blesse votre humilité en révélant vos vertus; mais je me croirais coupable de ne pas les publier hautement, lorsque cent fois j'en fus le témoin attendri. Votre sexe naturellement est porté à la compassion, mais la vôtre est sans bornes. Vous n'êtes que bonté et patience; et, sachant que la pauvreté comme la maladie rend l'humeur inquiète et chagrine: les plaintes, les injures, vous excusez, vous oubliez tout; votre bouche sainte ne proféra jamais que des paroles douces; vous calmez les souffrances par vos consolations; vous ne vous lassez point de bienfaisance, mais vous retranchez sur vos alimens, et vous vous refusez avec plaisir tout ce que vous croyez pouvoir faire plaisir à vos pauvres. O âme pure et presque divine, puissiez-vous long-temps encore pratiquer sur la terre des vertus qui ne trouveront que dans le ciel une juste récompense!

~~~~~~~~~~~~~~~~~~

J'arrive de *Citeaux;* c'est un séjour triste et malsain dans un pays gras et fertile. Des plaines enfoncées, des marais, des bois, une belle maison claustrale, une église gothique, un abbé vénérable, des moines contraints à la régularité, quelques novices, deux cents valets: voilà à peu près ce qu'on trouve à *Citeaux*.

Cette abbaye est à quatre lieues de *Dijon* et trois de *Nuits*. La flèche de Citeaux, quoique haute, n'est pas aperçue de loin; l'église et le clocher sont couverts en plomb. Cette église est très spacieuse; mais ni le chœur, ni le sanctuaire ne peuvent fixer long-temps un curieux : en général, il y a peu de propreté dans cette clôture.

On dit que le prince actuel de *Condé*, étant venu à *Citeaux*, s'arrêta seul auprès d'un jeune profès qui paraissait très méditatif. Il lui dit: Mon père, vos traits sereins et tranquilles montrent que vous ne vous occupez que du ciel, et je m'édifierais sans doute de vos pensées pieuses, si vous daigniez me les communiquer. Le moine, prenant la parole à demi-voix pour n'être entendu que du prince, lui dit : Monseigneur, les apparences trompent; je vous juge heureux, vous me croyez content, et nous nous abusons peut-être l'un et l'autre. Voici ce que je pensais quand vous m'avez fait l'honneur de me remarquer : c'est qu'*il faut se conserver toujours la liberté d'entrer en solitude, et ne s'exposer jamais au repentir de l'avoir fait.* Le profès s'éloigna, et le prince, en racontant cette anecdote, s'est toujours abstenu de nommer le religieux qui lui avait montré en peu de mots que la philosophie peut nous suivre jusque dans le cloître. Bonjour, *Priscus.*

La fête la plus éclatante de l'église latine est celle du *Saint-Sacrement;* on la célébra hier dans cette ville avec beaucoup de dignité, et je n'ai pu sans attendrissement être témoin de cette cérémonie religieuse. Si des irréfléchis ne découvrent dans cet appareil que l'opinion d'une secte, leurs idées sont trop courtes; et pour moi, je le déclare, fussé-je circoncis dans une *synagogue d'Amsterdam* ou dans une *mosquée de Byzance;* fussé-je prévenu des opinions des *Guèbres* ou adorateur de *Witchnou;* quand je ferais la *cène* sous les deux espèces dans les temples nus de *Calvin,* ou que je me croirais inspiré en expliquant, dans l'assemblée des *Quakers,* l'Evangile à mes frères, je ne sourirais pas stupidement à un acte de piété et de foi, je ne m'en éloignerais pas ; ce n'est pas assez dire, je m'en édifierais, je participerais de cœur aux vœux et aux offrandes de mes frères. Les hommes connaissent-ils deux maîtres ? Est-il deux Eternels ? Et toutes les manières d'offrir sa reconnaissance au Créateur ne viennent-elles pas se réunir dans la sincérité de l'ame et la pureté de l'intention ? Je vous dirai plus : ce rit catholique est en lui-même auguste et imposant : ces mille encensoirs qui s'élèvent à la fois et font fumer l'encens, pendant que des jeunes hommes portant des corbeilles de fleurs les répandent sur la terre en les jetant vers le ciel ; ces murs tapissés, ces rues jonchées de verdure ; le silence, le respect des spectateurs, le chant tranquille des assistans, toutes ces images sont-elles sans majesté ? Pénétrez le fond de cet anniversaire sacré, c'est une sorte de triomphe décerné à Dieu par les hommes. Nos idées, nos fêtes n'ajoutent rien à sa gloire ni à sa félicité ; mais nous avons besoin, nous, de nous rapprocher du grand Être, de nous en occuper publiquement. Eh ! pouvons-nous le faire avec trop de pompe et de magnificence ? Il faut que nous soyons frappés par des signes extérieurs. Les anges entendent par l'esprit, et nous par les sens ; au lieu donc de chercher à abolir une coutume si sainte chez ceux qui l'observent, il faudrait en établir d'équivalentes dans toutes les sectes et dans tous les pays. Ces prêtres couronnés de fleurs, ces longues files de vierges portant chacune un cierge à la main; les jeunes garçons marchant dans le même ordre, les hommes et les femmes qui viennent après, et l'appareil militaire qui rend cette cérémonie plus frappante, et l'air qui retentit du son des instrumens! un tel spectacle est fait pour toucher tous les cœurs, et pour nous rappeler puissamment au maître de l'univers.

Oh! qui ôterait la foi aux simples, quel mal il leur ferait! Je ne sais de qui est cette pensée; mais elle est vraie, et je l'adopte.

Hier, mon ami, pour attendre la procession, je m'étais placé auprès du reposoir du château; une jeune femme a percé la foule pour arriver sur le marche-pied de l'autel; elle y a posé un nourrisson rachitique, et le *Saint-Sacrement* a passé sur cet enfant malade; la tendre mère s'est retirée avec un front où rayonnait l'espoir. J'ai vu des insensés sourire de dédain; mais, chrétienne fidèle, continue d'espérer; le ciel doit un miracle à ta confiance, il doit la santé à ton fils, il vivra, tes prières ont vaincu la mort!

Pardon, *Priscus*, si ma voix un peu profane s'est permis dans cette lettre un sujet religieux; mais soit que je m'irrite des abus qui se sont introduits dans le *christianisme* qui régit aujourd'hui presque toute l'*Europe*; soit que je paraisse préférer une église à l'autre; soit que je fasse consister toute la foi dans la croyance en Dieu; soit que je borne à la pratique de la justice toutes les œuvres nécessaires; soit que je m'écarte ou que je me rapproche des premiers enseignemens que j'ai reçus; toujours, *Priscus*, j'aurai dessein d'être vrai. Je n'ai garde de vouloir dominer par mon opinion; je révèle ma pensée, je ne la dicte pas; je cherche des maîtres plutôt que des disciples, et celui qui me fera connaître la vérité me la verra aussitôt adorer et suivre.

~~~~~~~~~~~~~~

Mon ami, nous avons quitté *Dijon*, et nous prenons notre route par *Verfontaine* pour saluer le berceau de ma mère; franchissons vite l'intervalle. Je découvre le hameau; je montre à ma fille la maison où est née son aïeule; c'est la première en venant d'*Autrey*, près d'une chapelle détruite et d'une fontaine; cette maison est appelée *la Rente du bouquet*, et ce nom charme *Tullie*.

Oh! la douce surprise! Étions-nous donc attendus? Voilà toute la parenté maternelle réunie pour nous recevoir, et à leur tête un vénérable patriarche plus qu'octogénaire, et des cousins et des cousines..... Jamais je n'en ai tant vu, ou avec tant de plaisir. Ma fille, qui ne passe ici que pour un joli petit garçon, ravit tous mes *Verfontainois*. Nous voilà en fête jusqu'à demain, car on ne veut pas nous laisser remettre en route aujourd'hui. Une des filles du bon vieillard se marie dans trois jours; on voudrait pouvoir avancer la noce ou nous garder jusqu'à la cérémonie, mais je m'y refuse, et par discrétion.

Ma voiture avait pris le devant et m'attendait à *Autrey*, qui est à une grande lieue de *Verfontaine*; c'est presque tout le hameau qui est venu nous conduire, et jusqu'à moitié chemin du bourg; mais je ne m'entretenais qu'avec la fiancée. Quel âge a votre futur, ma cousine? — Vingt ans. — Quoi! c'est vous qui serez l'aînée? — Oui, Monsieur. — Appelez-moi donc votre cousin, car je le suis, et m'honore beaucoup de l'être. — Hé bien, mon cousin, a-t-elle repris timidement, mon père aurait desiré que j'eusse dix ans plus que mon mari : *il faut*, dit-il, *que la ménagère ait de la raison, et le mari des bras*.

Où en sommes-nous, *Priscus*? Et combien cette maxime villageoise diffère des nôtres! Mais à la ville on se marie pour quelques nuits, et au village on ne s'unit que pour couler ensemble des jours paisibles et laborieux.

J'ai appris quelques anecdotes sur ma bonne mère, et, si j'en avais davantage, je me déterminerais bientôt à écrire sa vie, ne dût-elle être lue que par vous, mon cher *Priscus* (*a*).

~~~~~~~~~~~~~~~~

En deçà de *Gray*, notre route traverse *Montureux*, bon village, orné d'un château à la moderne ; vous laissez un peu plus loin *Vreux* à votre droite ; ces clochers à flèches, dont le soleil fait reluire le fer-blanc qui les couvre, et les arbres qui s'entremêlent dans les maisons villageoises forment de loin des objets gracieux à découvrir. Les champs sont nus, mais les petits bois sont fréquens ; nous n'avons pas de vignes depuis *Gray*.

Dampierre, à trois lieues de cette ville, est un bourg dans une vallée plate et nue.

Vèze, à quatre milles de *Dampierre*, est dans un fond avec quelques vignes. Au milieu de *Vèze* est un *orme* de grosseur remarquable ; en sortant, vous voyez *Mimbré* sur la hauteur. Le curé de *Mimbré* dessert et dîme trois paroisses sans partage et sans vicaire : voilà de bonnes dispositions à l'épiscopat ; je recommande le curé de *Mimbré* au ministre des bénéfices.

Après ce village, on se rapproche des bois ; ils sont toujours, et par une attention prudente, distans du chemin au moins de soixante pieds.

Lavoncourt, assez bon village, est à six milles

de *Dampierre;* ce lieu a un petit lavoir public, fourni par une source très abondante.

Faites deux milles, et vous voyez *Voconcourt* sur une rivière qui sert plusieurs martinets.

Combeau-Fontaine est un très gros bourg, dont le surnom vient d'une belle source auprès de laquelle est le lavoir ; ce lieu est rempli d'auberges, parce que le passage en est très fréquenté.

Toujours beaucoup de bois; nos champs labourés s'entrecoupent de buissons et de pruniers sauvages, où nous voyons, malgré le plus âpre hiver, des chenilles à l'infini. D'où vient donc que la malfaisance est si vivace ? L'*optimisme* est un beau système, je le veux croire ; mais il est souvent démenti par les faits.

Portez l'œil à votre droite, avant la descente qui conduit à *Pont-sur-Saône,* vous verrez *Séez-sur-Saône,* où le *prince de Beauffremont* a un château. La rivière se partage auprès de la ville en trois bras, qu'on passe sur des ponts de pierres, dont le plus considérable n'est pas sans beauté. *Pont-sur-Saône* nous a paru très actif. Il y a une église neuve sur votre gauche, à l'entrée de la ville. La belle pierre est très commune ici; les maisons de ce village en sont bâties.

On trouve à un mille de *Pont* une ferme au pied d'un coteau boisé; tout près, ce sont des prairies, un verger; au-delà ce sont des labours.

Cette situation a du prix dans une contrée qui n'offre pas de sites bien variés.

Ayant monté cette colline, vous voyez *Vesoul*, et, bien en deçà de *Vesoul*, le village de *Charmoye* qui paraît collé à un monticule que les gens du lieu appellent *la Motte*. En avant, c'est un bassin nu d'arbres, mais couvert de froment et d'autres grains. On fait ici, dans un même champ, des fèves, des pois et de l'avoine ; et, en d'autres quartiers de cette province, nous avons vu le chanvre et la vigne comme mariés ; ces mélanges, je crois, ne bonifient rien.

Après le village de *Charmoye*, nous traversons celui de *Pujet*, en deçà duquel il y a des prairies qui se fauchent actuellement. On ne cesse pas d'apercevoir des bois, mais ils deviennent plus rares : enfin on touche le pied de *la Motte*. Cette butte élevée produit des vins blancs qui sont prisés dans le pays.

Mais cette *Motte*, qui touchait à *Charmoye* quand nous nous laissions tromper par l'éloignement, en est à une lieue et demie, et touche effectivement à *Vesoul*.

Cette ville a quelques rues larges et bien percées, mais pas une jolie maison, le pavé est mauvais, et il n'y en a point dans toutes les rues ; elles sont hautes et basses comme à *Gray*, et encore moins propres. Ce n'est déjà plus une vertu *publique* que cette propreté ; elle n'est venue de *Bourgogne* avec nous que jusqu'à *Verfontaine.*

L'église de *Vesoul*, très massive à l'extérieur, a de la légèreté au dedans. Vous remarquerez les piliers de la nef ; ils sont carrés et taillés en pilastres ; la corniche soutient un second pilier plus mince et plus dégagé, sur lequel la voûte s'appuie.

Le grand autel, le chœur, le sanctuaire, les chapelles des bas côtés, tout cela est orné, doré, peint, et forme un ensemble qui réussit. On ne peut pas donner le même éloge à ce trou qu'on appelle un *dôme;* en vérité, les dômes ne conviennent qu'à peu d'architectes, et nullement à la ville de *Vesoul.*

Ce lieu, qui m'a paru fort habité, a une *promenade* très courte : elle est plantée de six rangs d'arbres. Le beau monde s'y rassemble sur le soir, et n'y vient pas respirer un air pur. Le promenoir est enfoncé entre des eaux vaseuses et presque croupissantes, car la rivière est si tranquille qu'on ne la voit pas couler. On y pêchait des anguilles limoneuses, très propres à donner la fièvre. On voit, au surplus, sur ce ruisseau engourdi, plusieurs jolis jardins particuliers.

Vesoul, au total, n'a rien qui attraye : ni

affabilité, ni langage; le *patois* est très dur, le peuple fort laid ; ajoutez une garnison, et je pense que vous ne me demanderez pas pourquoi j'aurai passé si rapidement à *Vesoul*.

Adieu. J'espère demain vous mettre à *Béfort*.

~~~~~~~~~~~~~~~

Quittant *Vesoul*, on tourne de riches prairies qu'on n'a pas voulu entamer par le chemin; on traverse sur trois ou quatre vilains ponts la plus vilaine des rivières. On trouve *Broutel*, village à la sortie du vallon : le sol est bien différent quand on a passé ce territoire ; on ne voit plus que des avoines et peu fournies, mais on a toujours des bois à vue et toujours des champs nus. Nous faisons deux milles, et alors notre chemin monte cotoyant une vallée étroite où l'on aperçoit une espèce de rivière; c'est notre *Durgeon*, ou la *Pouilleuse de Vesoul*.

On trouve à *Dunvallée* un fonds pierreux, une couche végétale mince, et des fromens qui, cette année, ne doubleront pas la semence. Nous continuons à longer le vallon dans ses circuits jusqu'à *Calmontiers*, et nous rencontrons sur la route beaucoup de *gueuses* qui vont du fourneau à la forge, beaucoup de merrains de chêne qu'on va charger sur la *Saône* pour descendre à *Lyon* et en *Provence*.

Le trajet de *Calmontiers* est dur, et la montée en sortant est aussi raide que pierreuse. Après cela, le pays devient pittoresque, les vallées sont plus courtes et les points de vue plus répétés; mais toujours le sol est maigre et toujours couvert de grains; les futaies, à une lieue de *Calmontiers*, deviennent fréquentes. On voit sur la gauche une *motte* derrière laquelle est *Luxeuil*, connu par des eaux minérales.

Un peu plus loin, sous une côte et auprès d'un bois, on trouve *Pomet;* le chemin est assez beau. Nos campagnes sont monticuleuses; les villages ne sont point rares à la vue, et tous ces villages ont les plus jolis clochers.

Après *Pomet*, et d'une hauteur qui le domine, on voit *Gévereuse*, village voisin des bois, et situé dans une vallée sur laquelle les regards s'attachent. Au loin, devant vous, c'est une partie du rideau des *Vosges;* on ne cotoie que des prairies et des bois, laissant à sa gauche *Emblan*, village à deux lieues de *Calmontiers*.

En deçà d'*Emblan*, et du même côté, est un hameau qui dépend de cette paroisse; c'est presque tout labour, il n'y a plus de vignes, et le pays est nu. Bientôt on rentre dans les bois; les taillis viennent border la route, d'immenses prairies interrompent ces taillis. Enfin nous trouvons *Lure*, petite ville autrefois murée et fermée. On voit dans ce lieu deux jolies fontaines, et le portail de l'église, fort simple, n'est pas sans mérite; la principale rue est longue, large et belle.

A la sortie de *Lure*, ou à peu de distance, le chemin est bordé d'ormes épais jusqu'auprès d'une petite rivière que l'on passe sur un pont; cette allée couverte est apparemment la promenade publique, et, en vérité, il y en a de moins agréables; elle est dans un bassin plat, fermé à des distances inégales par des montagnes d'inégales hauteurs, et dans cette plaine sont des bois, des étangs, beaucoup de villages, et des fermes en grand nombre ou des métairies éparses.

Ronchamp est au pied d'une *motte* que le chemin tourne et qui est labourée jusqu'à son sommet; c'est dans ce village qu'est la première trappe de la *ferme* du côté de l'*Alsace*, et l'on n'y passe point sans être fouillé, imposé ou volé, ou tous les trois ensemble.

La course de *Ronchamp* à *Frahier* est toute helvétique; on fait ces trois lieues dans les montagnes et les bois, cotoyant des ravins profonds, et ne trouvant en labours qu'un maigre sol semé d'avoine, de seigle et de sarrazin. Ces fractures montueuses inspirent de l'intérêt; la vue se porte au loin, et les sites se renouvellent à chaque pas.

Frahier n'est qu'un chétif village, mais sa sortie a quelque agrément. J'ai à ma gauche des grains, et à ma droite des bois qui couvrent la tête du coteau dans lequel est coupé le chemin. Bientôt nous marchons entre deux vallées, et j'observe le petit, mais joli village de *Charon-Vilars;* son église blanche en fait un paysage marquant. Nous avançant ensuite dans le fond d'une vallée, nous touchons d'un côté les bois, et de l'autre nous en sommes séparés par des prairies.

A *Essert,* premier village d'*Alsace,* on est déjà dans le *Germain,* et ce n'est assurément pas le *Germain* de la *cour de Dresde.* Avancez un peu, et vous voyez *Béfort* qui n'est qu'une forteresse ou une prison militaire. L'entrée de cette ville est jolie; la *porte de France* est d'une bonne construction. En face de cette porte est le *portail de l'église,* d'un genre étudié; il est orné de colonnes et a deux ordres d'architecture; la tour, détachée du portail, est médiocrement haute, mais bien bâtie. Il ne vous échappera point que cette tour, terminée par une balustrade et embellie par des pilastres, a moins d'épaisseur que de largeur. L'intérieur de l'église aurait plus d'effet si le chœur était un peu plus éclairé; la voûte qu'on a blanchie, en marquant les arrêtes par une couleur rougeâtre, paraît plus légère qu'elle ne l'est effectivement.

Devant l'église est une *place* de forme oblongue, où l'on voit plusieurs jolies maisons; l'*hôtel de ville* occupe seul un des côtés. Une petite rivière traverse cette place ; un couvert d'arbres, une allée sablée bordent cette rivière. Il y a de la propreté et un peu de mouvement dans la ville ; mais avec tout cela c'est *Béfort*, c'est à dire un petit lieu à garnison et à pont levis.

Je remarque en finissant ma lettre, qu'on se sert, dans la *capitale du Suntgaw*, de *tuiles arrondies*. Vaine observation ! interrompt un critique. Laissons-le dire. *Le philosophe ne trouve aucun fait indifférent ; il voit dans des tuiles creuses, plates, découpées, festonnées, crénelées, carrées ou rondes, plombées ou peintes, les goûts de l'opinion, la recherche constante que l'homme fait de la beauté, et l'incertitude de ses idées sur cet objet comme sur la vérité, qui n'est peut-être qu'une même perfection.*

~~~~~~~~~~~~~~~~

Nous quittons *Béfort* par la *porte de Brisach*. Cette sortie est fraîche et pittoresque ; le chemin est dans une gorge, mais bordé de petits jardins fermés de murailles basses ou simplement de palissades. Par derrière, sur la droite, c'est une colline cultivée au dessous d'une roche nue et perpendiculaire qui en fait le sommet ; de l'autre côté, c'est une colline encore, mais en pacages ou en labours, et couronnée d'un épais taillis qui se prolonge sur la route au couchant, au delà d'un bassin large, presque tout en prairies, et fermé de bois dans son contour circulaire; un étang dans le fond du bassin, des bouquets d'arbres verts au milieu des seigles jaunissans; des clochers dont la pointe perce des feuillées; quelques hameaux, des maisons et des cabanes isolées; un chemin tournant, assez bien fait et planté d'ormes; des montagnes au loin, des monticules en avant : c'est un vaste jardin anglais ; il n'y manque que le *désert*, et nous nous en consolons.

Voilà deux milles faits. Nous traversons un village qui n'a point du tout la physionomie française, et qui nous attache par son air étranger. Ces maisons presque carrées, ces toits saillans sous lesquels le bois s'empile et sèche pour les besoins de l'hiver, et le parement des croisées en couleurs qui tranchent avec les murailles, et ces longues bascules à tirer de l'eau, tout nous occupe et nous plaît...... Mais comme nous avons passé ce village, voilà sur notre gauche un *puy* si bien fait, si dominant, si gracieusement isolé pour la vue, que *Tullie* croit le reconnaître ; c'est *Dôme* de la volcanique Auvergne ! Quelle magie donc nous reporte sans cesse vers les montagnes, et qu'ont elles de si attrayant pour nous ? Serait-ce que l'homme s'y croirait plus près du séjour du bonheur ? Mais il n'est point d'ames assez mortes pour ne pas éprouver un changement délicieux sur ces *proéminences aériennes.*

Encore deux milles, et toujours une campagne enivrante ou des objets d'une suave mélancolie ; les champs, sous nos yeux, ne sont qu'un grand verger dont les arbres ne donnent pas des fruits, mais de l'ombre. *Ombre ! qui rafraîchis mon sang, et qui détends les fibres de mon cerveau, je te chéris, car tu n'existes que par le soleil ; et il est ravissant, au milieu des campagnes, de voir cet astre qui est le père du jour, et de pouvoir, sous le signe du cancer, éviter ses rayons brûlans !*

Nous voici à *la Chapelle*, qui est un village, et nous avons fait quatre lieues toujours en chemin doux et couvert. Le chemin est encore très beau jusqu'à *Aspach*, et le pays très agréable, mais plus uni et un peu moins varié. On garde à sa gauche de hautes montagnes ; à droite, des montagnes encore, mais plus distantes. Jusqu'à *Saulx*, village à trois lieues de *la Chapelle*, le sol est maigre ; il y a de grands *communaux* ; mais des arbres fréquens parsèment ce fond presque plat.

Après *Saulx*, où l'on voit quelques vignes, il y a des fromens en quantité, et des patates autant que de froment; nous trouvons aussi beaucoup de *cerisiers.* Vous savez qu'en *Alsace* se distille cette liqueur brûlante et âcre que les *Parisiens* blasés n'ont pas trouvée trop forte, ni même les *Parisiennes*, quoiqu'au seul nom de *Kirschenwaser* elles aient dû fuir d'épouvante. Il est vrai que la signification du mot est douce, *eau de cerises;* et pour la commodité du beau monde, on a abrégé le mot allemand; on en a fait *kerwasser.* Le *kerwasser* est devenu fort à la mode, malgré son odeur d'*empyreume* et ses pointes crispantes et cautériques.

Auprès d'*Evrach* on passe un ruisseau sur un pont de bois, et tout à l'heure on est à *Aspach.* Nous n'avons pas cessé, dans cette course, d'avoir des forêts en vue.

Sernet, petite ville, est à une bonne lieue d'*Aspach.* L'intervalle est uni : il s'y voit beaucoup de prairies. Vous passez ici le même ruisseau sur trois ponts. Le bétail, auprès de *Sernet,* est nombreux, fort et bien portant.

Le village d'*Abapel* nous rapproche des montagnes boisées ; notre chemin est toujours beau et coupé dans des prairies. Vous aurez fait environ cinq milles depuis *Cernet*, quand vous trouverez à votre droite une petite chapelle dans un champ ; elle a un portique couvert, et dont le modèle n'est pas venu d'*Italie.* Vis à vis, au pied des montagnes, et presque dans les bois, c'est *Olvile*, avec un château et une église. Vous ne voyez pas une montagne nue. Quel esprit économique ou sauvage a donc respecté les bois dans cette contrée ! Tels furent autrefois la *Provence*, et avec elle tous les rochers nus du royaume. Que les plaines et les vallées soient le patrimoine de *Cérès* ! Que *Bacchus* règne sur la pente des coteaux que le soleil échauffe à son midi ! Mais sur les têtes peu accessibles des montagnes, laissez aux *sylvains* des retraites solitaires et touffues !

Voilà *Soldtz* encore à notre gauche au pied des plus basses collines. Je vous nommerais beaucoup d'autres lieux, mais la prononciation allemande me les défigure ; et quand je pourrais retenir ces noms, je ne saurais les écrire. Toujours une vallée plate, mais des blés en abondance, et, sur ces blés, des arbres, principalement des noyers. Peu après on rentre dans des prairies sans fin. Il paraît plus facile ici de faire subsister les bêtes que les hommes ; mais pourtant, autour de nous, hommes ou animaux, tous les êtres vivans ont un air de santé et de force qui satisfait l'ame et les yeux.

Issenheim est un très joli bourg à deux postes d'*Aspach*. Nous y trouvons de ces chariots ouverts, où les voyageurs s'asseyent de côté, et montent entre les roues ; ils ne voient que la moitié du pays qu'ils parcourent, et l'impériale du char les laisse à demi exposés au soleil ou à la pluie ; mais cette voiture est agile. Cependant les *charriots bressans* sont mieux faits que ceux d'*Alsace*.

Ce n'est plus des tuiles rondes, mais pointues et cotelées. Nous les configurons de toutes les manières, et celle-ci n'est pas la moins heureuse : les gouttes d'eau, se réunissant toutes vers la pointe en saillie, tombent rassemblées au milieu de la tuile inférieure, et ainsi jusqu'à celles qui servent de *larmier*.

Après *Issenheim*, bourg arrosé d'une petite rivière, vous aurez un des bons territoires d'*Alsace*; c'est un plateau entre des montagnes : toutes les semences y réussissent : toutes les espèces de graines, tous les légumes.

Nous continuons, presqu'au pied de la côte, à rouler sur un très beau chemin, les montagnes de droite toujours éloignées, et des bois en avant de ces montagnes ; le grain a utilement remplacé les prairies.

On ferre les bœufs dans cette partie de l'*Alsace*, et on les attèle comme les chevaux, avec selle, collier, bridon. Autre nouveauté : voici des voitures aussi basses, aussi légères que celles dont les enfans s'amusent, et deux femmes y trouvent place, bien souvent trois. Un âne traîne ces *ca-*

brouets qui ne versent pas, mais que vous croyez à chaque instant voir *chavirer* avec leur *cargaison*, quelquefois très jolie.

Un peu en deçà du dernier village, sur une hauteur, vous découvrez *Colmar* dans une plaine assez nue, mais riche en fromens. Ce n'est que dans le *Brisgaw* que les paysans *Alsaciens* se couvrent de chaume; toutes les maisons villageoises, depuis *Béfort*, sont couvertes en tuiles. Nous n'avons rien vu de triste dans seize lieues de chemin; mais nos plus belles campagnes étaient, au partir de *Béfort*, les moins riantes en descendant à *Colmar*.

Colmar est une ville plus grande que régulière; les rues en sont larges, mais sans alignement; et les maisons, toutes antiques, présentent la plupart le pignon à la rue; la plupart aussi ne sont bâties qu'en bois; le pavé des rues est pointu et difficile, la propreté médiocre. Il n'y a église ni temple que j'aie à vous citer; point de promenades : cette ville est toute allemande; le peuple n'y entend pas un mot de français, et n'a rien de nos modes ou de nos usages. Je ne vois pas ce qui nous arrêterait en cette ville ni dans les environs; vous trouverez pourtant à la *porte de Bâle* quelques jardins assez jolis et dont vous aurez facilement l'entrée. Il faudra aussi que vous alliez voir, hors la *porte de Strasbourg*, le *cimetière catholique*;

il est rempli de chapelles, de croix, de pyramides; chaque famille paraît avoir son tombeau à part, et chaque défunt son épitaphe. Vous distinguerez dans cette confusion un *obélisque blanc*, porté à jour sur quatre boules, que soutient un piédestal.

Mais si les femmes de *Colmar*, en toques et en chapeau, manquent de beauté presque généralement, les paysannes d'alentour sont sveltes et fraîches, et, avec cela, d'une propreté, d'une blancheur....... C'est qu'elles respirent l'air des champs, c'est qu'elles vivent avec frugalité, c'est qu'elles n'ont point les soucis de la ville.

A une lieue de *Colmar*, la plaine est moins nue; la campagne, plate encore, commence à se varier. Sur notre gauche, et près de nous, c'est un rideau de hautes montagnes; à droite, un peu à l'écart, ce sont des bois; en avant, c'est une terre labourée que des noyers coupent et divisent. Nous remarquons, après environ deux lieues, un *puits public* avec sa bascule, son seau, son auge; il est près du chemin et à côté d'une vigne. *Est-ce le don obligeant d'un propriétaire? Est-ce l'administration qui a été attentive et secourable pour les animaux comme pour les hommes? Il n'importe, c'est un bienfait. Elevons la voix pour qu'il soit connu, et afin qu'il engendre d'autres actes d'une bienveillance fraternelle.*

Osteim, à quatre milles de *Colmar,* est un bon village où l'on passe sur un pont de bois une jolie rivière. Sortant de ce lieu, la plaine s'embellit encore ; on voit des villages nombreux, grands, bien bâtis. Vous traverserez un de ces villages à une lieue d'*Osteim,* et, en deçà, la campagne est un peu nue ; nous ne trouvons plus que des grains. Remarquez à votre gauche, sur la plus haute des montagnes boisées, les ruines d'une habitation ; nous ne manquons ni de croix, ni de *calvaires* sur la route.

On approche de *Schélestadt* par des terres fortes bien variées en cultures ; et, quoique basses et marécageuses, ce qui nous est indiqué par la quantité des saules, on y voit néanmoins plus de grains que de fourrages.

Schélestadt est moins grand et plus joli que *Colmar;* il y a de belles maisons et de belles rues dans cette ville, mais je ne lui connais que ses remparts pour promenades.

La sortie de *Schélestadt* nous montre une campagne fertile ; nous marchons d'abord entre des vignes fermées de haies, puis entre des champs de blés et de fèves ; et, ayant fait deux milles, nous traversons un premier village ; peu de prairies, mais du chanvre, des lins, des fromens d'une hauteur égale aux seigles. On voit plusieurs bons villages avant de relayer à *Benfeldt,* qui est à quatre lieues de *Schélestadt* et à six de *Strasbourg*.

Nous continuons de nous éloigner des montagnes de gauche, et marchons au milieu d'un bassin plat et férace, couvert de fromens très beaux. Les champs sont peu coupés d'arbres; mais quand vous traverserez un petit village qui est à demi-lieue de *Benfeldt*, remarquez, je vous prie, la propreté des maisons. Vous aimerez les chapeaux de paille que portent nos paysannes, et leur costume étoffé; aucune d'elles n'a cet air misérable que les femmes de leur condition ont en d'autres provinces. Nos villageois sont presque tous bien vêtus; ils portent, pour l'ordinaire, un petit gilet rouge sans manches; les boutons, de cuivre ou d'un métal blanc, sont petits et ronds, ou alongés en poires, et ils en mettent un double rang, moins par utilité que pour une forme plus gracieuse.

Je viens, dans l'espace de quatre milles, de compter *quatre puits publics* sur les bords extérieurs des fossés du chemin. Si l'on a fait ces puits à une autre intention que celle que j'ai présumée, ne vous en informez pas, *Priscus; ne vous exposez point à quitter une erreur douce pour une vérité sans fruit; la vérité n'est bonne que lorsqu'elle est utile.*

Fegersheim, six milles avant *Strasbourg*, est

un petit lieu remarquable par le portail et le clocher de son église, qui forment ensemble une décoration simple et régulière.

Au sortir de *Fegersheim*, le terrain est bas, un peu baigné et marécageux. Les arbres n'y sont point rares; mais ce n'est que bouleaux, saules, peupliers, avec très peu d'ormes. Entre ces massifs boisés sont des prairies; mais à un mille de *Fegersheim*, ce sont des labours. Pendant que nous faisons cette route, nous rencontrons beaucoup de campagnards poussant devant eux des brouettes vides : ils viennent de *Strasbourg*, où ils ont été vendre quelques denrées; mais qu'il doit être pénible de faire trois ou quatre lieues avec de longues civières à roues, bien chargées, et dans les mauvais chemins, car les approches des grandes villes sont toujours rompues par l'extrême fréquentation. Vous imaginez bien que ce voiturage est celui des pauvres; mais l'économie des riches s'en sert aussi quelquefois.

Nouveau spectacle ! Tout à l'heure, c'était l'homme, assujéti par le besoin, qui s'attelait lui-même à sa charrette, et qui avançait en la faisant reculer ! Ce n'est plus cela : c'est l'image de l'empire de l'homme sur de fiers animaux asservis à sa loi; ce sont des charriots aussi grands que légers, que des coursiers frais et vigoureux ramènent de la ville avec une prestesse qui surpasse le trot ordinaire du cheval. Je n'ai jamais vu d'équipage plus leste : deux chevaux, rarement trois, sont attelés l'un devant l'autre ; un jeune villageois, jambe deçà, jambe delà, est assis sur le limonier ; et de la voix plus que de la main, il conduit ses coursiers vifs et fringans. Les chevaux à mors dorés des *Crésus de Babylone* sont bien nourris et bien pansés, mais le feu ne sort point par leurs nazeaux, et après les premiers hennissemens, ils mollissent ; ils sont incapables de monter sans sueur un char léger sur la moindre colline : ceux-ci franchissent les monticules comme ils courent dans la plaine ; c'est qu'ils ne sont pas seulement de bonne espèce, mais parfaitement guidés.

Vous avez vu de ces *charrettes royales*, où des *badauds*, au nombre de seize ou de vingt, se font traîner de *Paris* à *Versailles;* ces vilains paniers se nomment *carabas :* un *cocher bleu*, avec quatre ou cinq chevaux, ne fait son court voyage qu'en cinq ou six heures. Cette allure convient peut-être à des *Parisiens*, qui ne savent pourquoi ils vont, et qui ne veulent que tuer l'ennui d'un jour de fête ; mais de *Strasbourg*, si l'on va à *Schélestadt*, c'est qu'on a des affaires à *Schélestadt*, et l'on veut arriver ; les voyageurs sont là, ils montent et se placent ; vingt-quatre personnes, sans trop de gêne, sont assises dans le char immense, suffisamment abrité de la pluie ou du soleil ; trois chevaux et un cocher emmènent l'équipage ; ils partent comme l'éclair, et en cinq ou six heures les vingt milles sont faits. C'est le même temps qu'a employé, pour quatre lieues, le *voiturier de la cour.*

Remarquez un château allemand avec des avenues très couvertes ; c'est une propriété de l'*intendant* ou de l'*intendance de Strasbourg*. En deçà de ce lieu, et encore à trois milles de la capitale, nous commençons à la découvrir. Le pays est plat, mais bien fourni d'arbres. On ne tarde pas à faire route à l'ombre de quatre rangs d'ormes, sur une chaussée élevée, qui est le seul mauvais chemin que nous ayons trouvé en *Alsace*. Des deux côtés, c'est une prairie en *commune*, où, parmi des *moutons*, on voit quelques chèvres. Ces communes servent pour les manœuvres de la garnison.

Nous touchons à la ville ; mais rien de beau dans ses approches : *Tullie* même ne goûte pas ces maisons des faubourgs, blanches, rouges, vertes, *bariolées* de toutes couleurs ; leur prix unique, c'est la propreté. Nous voici à *Strasbourg ;* le soleil se couche, ma lettre est longue. Bonsoir à *Kérisbien*.

La *cathédrale de Strasbourg* est un des beaux gothiques de *France*. Le chœur et la nef sont fort élevés, et les bas côtés extrêmement larges. L'*horloge* si vantée de cette église se trouve dans la croisée du côté de l'évêché, et elle y est sans mouvement, parce qu'on demandait, m'assure-t-on, seize mille livres pour la rétablir; on en ferait peut-être une meilleure pour ce prix là.

Les stalles du chœur sont derrière l'autel, et cette partie de notre basilique n'est ni profonde, ni bien éclairée. Le buffet d'orgue, au bas de la nef, n'y occupe point sa place ordinaire; il est sur le côté, parce qu'on a craint de masquer une rose délicate. Le portail serait des plus remarquables, si la seconde tour avait été finie. On assure que celle qui existe a quatre-vingt-seize toises d'élévation; mais, vue à quelque distance, on jugerait que cette tour a été mal mesurée. Ce clocher est d'une architecture en filigrane; il est percé à jour de tous côtés : il faut une tête bien assurée pour y monter, et surtout pour en descendre; mais il suffit de se placer sur la plate-forme de l'église pour voir *Strasbourg* dans toute son étendue : c'est une ville plus longue que large, et à laquelle on donne deux lieues de circuit.

Tout près de *Notre-Dame* est le *palais épiscopal*, grand et somptueux, et dont une partie donne sur la rivière d'*Ill*. J'ai vu fort en détail cette maison, et n'y ai remarqué que des peintures décentes; la salle de la bibliothèque est spacieuse, mais laisse encore bien du vide. La plus grande magnificence de ce palais consiste en glaces, et je n'en ai compté que deux dans chaque pièce; c'est bien peu de luxe pour un *évêque-prince*: je vous en fis remarquer davantage chez un autre pontife, en 1781.

Il ne faut pas manquer d'aller à *Saint-Thomas*, qui est comme la *métropole luthérienne de Strasbourg*. Le *mausolée du comte de Saxe* y occupe le fond du chœur; l'exécution de ce monument n'est pas sans défauts. Le guerrier, d'une stature courte, y est encore rapetissé par deux figures demi-colossales, *Hercule* et la *France*.

Vous remarquerez à *Saint-Thomas* le petit sarcophage du *docteur Schœflin,* qui se fit un nom dans sa secte et parmi les antiquaires.

Strasbourg a un quartier qu'on nomme *les Arcades;* c'est le *Palais-Royal* de cette ville; les boutiques pourtant en sont moins brillantes, mais elles sont fournies avec plus d'utilité.

Des *promenades* nombreuses : les remparts, toutes les sorties de la ville, excepté celle qui conduit à *Schélestadt*, et une allée très couverte devant la salle des spectacles, *la Contade* au bord de l'*Ill*. On nous fait remarquer, parmi les ormes touffus et trop serrés de cette plantation, un arbre monstrueux dans lequel on a formé plusieurs cabinets de treillage; plus loin que *la Contade* est *la Ropresso*, auprès d'un village rempli de cabarets; c'est une guinguette extrêmement fréquentée. Vous verrez entre cette guinguette et la ville beaucoup de jardins, beaucoup de maisons bourgeoises dont les plans et les dessins, agréables en *Alsace*, ne le seraient peut-être point auprès de *Paris*.

Un autre village est tout habité par des *Juifs*; ces malheureux n'ont pas la liberté de prendre domicile à *Strasbourg*, et sont assujétis à un droit d'entrée pour passer les portes de cette capitale.

J'ai assisté à une grand'messe dans le *Munster*; l'office s'y fait avec une dignité, une pompe, une dépense éclatantes, une bonne musique, un clergé nombreux, des ornemens de la plus grande richesse; ajoutez que les chanoines des hautes stalles, qui sont des princes pour la plupart, portent, comme les cardinaux, une soutane rouge à longue queue, dont un valet de chambre est chargé jusque dans le chœur, ce qui n'est pas tout à fait selon l'humilité chrétienne; mais tel est le cérémonial au *Munster*.

C'est en sortant de cette magnifique métropole, où les voix, les instrumens, l'habit des lévites, celui des pontifes, le grand nombre de bougies allumées, les parfums de l'encens, tout concourt à embellir le culte, que je suis entré sans intervalle dans une *église luthérienne*. Vous savez que cette communion a conservé les images et quelques rubriques de l'église latine; on a gardé le chant, mais il est presque aussi monotone que la psalmodie de *Calvin*. Mon petit voyageur, frappé de ce qu'il voyait et de ce qu'il venait de voir, m'a dit à l'oreille : *cela n'est pas joli.* Ce mot simple et naturel m'a fait penser que, dans le culte divin, la pompe des cérémonies ne doit pas être regardée comme superflue.

Nous avons été à *Kehl*, qui est une frontière de l'empire au delà du *Rhin*, dont le cours appartient tout entier à la *France*. On trouve à moitié chemin un bureau de péage dont la taxe n'est pas médiocre, mais elle est destinée à l'entretien du *pont de Kehl* et d'autres ponts, tant au dedans qu'au dehors de *Strasbourg;* tous ces ponts sont de bois et de la plus simple construction. Des madriers sur des tréteaux, des planches sur les madriers, à peine quelques clous pour assujétir les planches; le fameux *pont de Kehl* n'est pas bâti différemment, et c'est par précaution qu'on en use ainsi; il faut qu'en un clin-d'œil tous les ponts puissent être enlevés, et toutes les communications interrompues.

Ce pont de Kehl n'est pas posé entièrement sur

des bateaux, il n'est appuyé que sur trois barques et dans l'endroit où le *Rhin* a le plus de profondeur. Il faut observer aussi qu'il y a deux ponts, mais l'un beaucoup plus court que l'autre, le *Rhin* se trouvant partagé ici en deux parties très inégales.

Kehl est en *Souabe*, et appartient au prince de *Baden*. On distingue la ville et le fort ; la ville ne consiste guère que dans une rue, mais longue et bien peuplée de cabarets. C'est ici que se tiennent, comme en embuscade, des *recruteurs Autrichiens, Prussiens, Hollandais*, avec quelques pièces d'argent à la main, pour les *montrer* à nos *déserteurs* à mesure qu'ils les voient aborder sur cette *terre de franchise*. Les insensés ! ils rompent une ficelle à leur jambe pour y mettre un anneau de fer. Aucun peuple en *Europe* n'est plus familier de désertion que le Français ; c'est que nous ne savons rien prévoir, et que nous nous laissons toujours conduire par le premier mouvement. — Pourquoi, mon camarade, passes-tu chez l'étranger ? — Parce qu'on veut me donner des coups de plat de sabre, et que je ne veux pas être déshonoré, conformément aux ordonnances de M. de *Saint-Germain-le-Danois*. — Ces ordonnances dureront moins que celui qui les a faites. Eh ! dis-moi, mon frère, si le sabre déshonore d'un côté du *Rhin*, penses-tu que, de l'autre côté, le bâton te réhabilitera ? — On frappe du bâton les *Allemands* et les *Prus-*

siens; mais pour les *Français,* la prison est la seule peine qu'on leur inflige. — Va donc, mon camarade, t'instruire par l'expérience; mais je t'annonce que tu regretteras ton pays bien avant d'y rentrer, si jamais tu parviens à le revoir.

Pendant que j'ai écrit ce dialogue, il a peut-être passé vingt déserteurs à *Kehl.*

Nous voici dans le fort; j'y suis venu voir les *presses de Beaumarchais* qui, avec les *caractères de Baskerville,* prépare à l'univers philosophe une édition complète, et *sans faute,* des *Œuvres de Voltaire.* On nous a reçus partout avec honnêteté, mais les détails sont immenses; c'est une entreprise où il a fallu verser plusieurs millions. Il n'y a rien que d'inconcevable chez ce diable d'homme-là; il est, ou il paraît quelquefois téméraire, et il est toujours heureux : ne lui refusons pas la couronne des succès.

Je rentre à *Strasbourg.*

Les rues de cette ville sont fort irrégulières; il y en a peu d'assez larges; le pavé est mauvais, mais la propreté y est maintenue. Les maisons ont une forme allemande à laquelle on a principalement à reprocher l'énorme toiture qu'elle exige; ces toits sont percés de trois et quatre lucarnes l'une sur l'autre; l'intérieur de ces habitations doit être aussi incommode que la vue extérieure en est choquante.

La rivière d'*Ill*, partagée en plusieurs canaux, arrose différens quartiers ; c'est dans l'*Ill* qu'on nourrit ces *carpes* fameuses, nommées à *Paris carpes du Rhin;* il y en a du poids de quarante livres, et qui se vendent jusqu'à cent écus. Il se peut qu'elles soient tirées du *Rhin*, mais on les engraisse dans un réservoir au milieu de la rivière d'*Ill*. L'entrepreneur est fort riche, et permet néanmoins qu'on montre ses carpes à ceux qui ne peuvent pas en acheter.

Le quartier où est actuellement la comédie sera le plus beau de la ville, quand on aura bâti ailleurs une *salle de spectacle*, et démoli celle qui existe, qui n'est qu'un grand et vilain hangard. Le bel *hôtel de Deux-Ponts*, celui d'*Armstat*, celui de l'*Intendance* et le *palais épiscopal*, se voient, pour ainsi dire, du même coup-d'œil, et les plus beaux édifices de *Strasbourg* se trouvent comme rassemblés sur un seul point.

On vous a dit que *Saint-Loup* avait banni les mouches de la *boucherie de Troyes;* je ne sais qui leur a fermé la *boucherie de Strasbourg*, mais je l'ai traversée deux fois, et je n'y ai pas vu un seul de ces insectes. Il est juste aussi de dire que cette halle à viande est située auprès de la rivière, que le sol est enfoncé au dessous de la rue, et qu'il y règne en tout temps, par cette double disposition, une fraîcheur qui doit en écarter les mouches. La *boucherie de Troyes* est presque sur le même plan, et, s'il a été donné par *Saint-Loup,* on peut assurer que ce prélat n'était pas sans connaissance de la physique.

Mon jeune compagnon a desiré voir un des hôpitaux militaires; mais la première salle a suffi à sa curiosité. Il m'a dit en sortant : *ces pauvres soldats, comme on les traite!* Ce n'est là qu'une réflexion simple dans un cœur qui est encore tout à la nature; mais cette réflexion m'a jeté du noir, et je n'ai pu écarter des souvenirs tristes. Vous connaissez peu nos hospices fixes ou ambulans; vous ne les avez point habités, *Priscus;* vous reculeriez d'horreur au seul nom d'infirmier.

Un *infirmier* est un homme à qui, pour première ou unique vocation, la pitié doit être inconnue; il faut qu'il soit sans ressource, parce qu'autrement il n'embrasserait pas, pour un petit salaire, la profession la plus dégoûtante et même la plus abjecte, quand on ne la fait point par esprit de charité; c'est un homme à qui ceux qui le connaissent ne donneraient pas un chien à tondre, et à qui l'on donne dans un hôpital cinquante lits à gouverner, c'est à dire cent ou cent cinquante malades à accélérer vers le cimetière. Le *directeur,* il est vrai, ne veut pas qu'on guérisse, mais il ne desire pas qu'on meure. L'infirmier a d'autres intérêts; ce valet public est l'agent le plus sûr de l'homicide *Atropos;* il saura rendre inutiles non seulement les ordonnances du médecin, mais les efforts sauveurs de la nature. La diète est en vain prescrite à ce malade contre la fièvre ; l'infirmier lui vendra les alimens qu'on lui refuse. Que lui importe la vie d'un homme? Il en tuerait cinquante pour un écu. Remarquez cet imprudent qui vient de nouer dans le coin de son mouchoir quelques pièces de monnaie ; il les a laissé voir à son infirmier ; c'en est fait : la sentence est portée, il la subira. Qu'une faiblesse fasse passer la sueur sur le front du malade, qu'elle retienne un moment sa respiration arrêtée, l'infirmier empêchera bien que le mouvement renaisse ; et, ramassant sur le visage de l'alité toutes ses couvertures, il l'étouffera en le fouillant ; puis sur le soir, ayant compté les morts ou les assassinés, il dit froidement : *il n'y en a que trois douzaines aujourd'hui!* Ne te décourage point, scélérat, tu en feras demain un plus grand nombre. Toi, nos Esculapes et les entrepreneurs d'hôpitaux, vous empêcherez bien que ce monde-ci se peuple avec excès. Vous n'avez pas vu, *Priscus,* un médecin faire en deux heures la visite de quatre mille malades ; il court comme s'il fuyait devant une louve enragée. Quelques copistes de son latin barbare recueillent, avec la plus coupable légèreté, les ordonnances du docteur, et demain on donnera l'émétique à qui il n'était prescrit qu'une émulsion, ou l'on fera prendre un apozème à l'homme qui n'a besoin que d'un lavement pour tempérer la chaleur de ses entrailles. Visiterons-nous la *salle des blessés?* On n'y est ni plus réfléchi, ni plus humain. N'avons-nous pas des exemples qu'on a coupé une jambe saine pour celle qui ne l'était point? Ne savons-nous pas qu'on ne tente jamais les moyens de guérir sans amputation? Il faut qu'on vous dissèque tout vif pour apprendre à de petits bouchers à se servir du *scalpel;* voilà le régime des hôpitaux militaires. Ce n'est point assez que l'entrepreneur, pour s'enrichir, altère les alimens et les remèdes, ou ne les donne ni en qualité, ni en quantité convenables; ce n'est point assez des erreurs ou de l'ignorance du médecin, des *quiproquo* de la pharmacie, de la cruauté ou de l'inhabileté des chirurgiens, il fallait joindre à tous ces moyens de souffrance ou de mort l'*adjudance* des infirmiers.

Tullie vient heureusement me distraire de ces détails; elle veut que je dise à *Amynthe* qu'il y a beaucoup de goîtres en *Alsace,* mais petits, et qui sont presqu'un attrait chez les femmes.

Je salue les deux époux.

NOTES ET ÉCLAIRCISSEMENS.

NOTE (*a*) page 219.

Ne dût-elle être lue que par vous, mon cher Priscus....

Cette vie de la plus vertueuse et de la plus aimable des femmes a été publiée en 1814 sous le titre de *Jeanne Royer* ou *la Bonne mère*; et je me persuade que ceux qui ne veulent que décence et vérité dans un livre, n'auront point désapprouvé celui-ci, qui a une grande connexion avec mes *Voyages*. J'avouerai néanmoins que les docteurs en syntaxe m'ont trouvé des torts graves envers la grammaire : ces messieurs veulent des mots et des phrases, et comptent pour rien les pensées ; ils veulent des figures à chaque ligne ; et moi c'est principalement dans la simplicité que j'admets l'éloquence du discours ; enfin, je place avant tout les bonnes mœurs, les bons exemples ; et j'ai dû être flatté qu'un de nos critiques les plus judicieux ait dit de *Jeanne* :

La mère en prescrira la lecture à sa fille.

INDICATIONS

SUR LE VOYAGE N° 15.

Page 183. Mausolée de *Montmorency* à *Moulins*.
Page 204. Le peuplier de l'Arquebuse, à *Dijon*.
Page 207. Encore les hôpitaux.
Page 213. Un jeune profès de *Citeaux*.
Page 214. La fête du Saint-Sacrement ou la Fête-Dieu.
Page 227. La sortie de *Béfort* du côté de *Colmar*.
Page 228. Un aspect des *Vosges* ou les montagnes.
Page 234. Le puits de grand chemin.
Page 245. *Beaumarchais* et ses presses de *Kehl*.
Page 247. Les hôpitaux militaires. Les infirmiers.

1789.

PREMIER GRAND VOYAGE

AVEC

CAROLINE-TULLIE.

PARTIE HUITIÈME.

DE STRASBOURG A ROUEN PAR LE HAINAUT.

181 LIEUES.

Navita de ventis, de tauris narrat arator,
Enumerat miles vulnera, pastor oves.
            PROPERCE.

N° 16.

ITINERAIRE.

			LIEUES.	
1789. Juin.	DE STRASBOURG	à Saverne	9	
		Phalzbourg	3	
		Sarrebruck	4	
		Château-Salins	13	
		Metz	11	
				40
	DE METZ	à Thionville	7	
		Longwi	10	
		Montmédy	10	
		Carignan	4½	
		Sedan	6½	
		Mézières et Charleville	6	
		Rocroy	7	
		Mariembourg	8	
		Chimay	4	
		Avesnes	6	
		Landrecy	4	
		Le Quesnoy	3	
		Valenciennes	4	
				80
Juil.	DE VALENCIENNES	à Saint-Amand et retour	«	6
	DE VALENCIENNES	à Douay	9	
		Arras	5	
		Doulens	8	
		Amiens	7	
		Aumale	10	
		Neuchâtel	6	
		Rouen	10	
				55
		TOTAL		181

VOYAGE

DE STRASBOURG A ROUEN

PAR LE HAINAUT.

C'est une effroyable porte que celle de *Saverne*. On a besoin, sous cette longue voûte, de rencontrer quelques sentinelles; on ne s'y croirait pas en sûreté; mais enfin, après une heure, on sort des fossés, des glacis, des bastions, des contre-escarpes, commandés et soutenus l'un par l'autre. Que de travaux et de dépenses, parce que les hommes sont des insensés ou des furieux!

Nous voici à la campagne : respirons-la par tous les sens; jouissons du ciel et de la lumière, comme un prisonnier à qui l'on vient d'ouvrir les portes de son cachot.

Nos terres sont plates et nues. Les premiers arbres qu'on y aperçoive sont à une bonne lieue des fortifications, et près d'un village coupé par la route. Cette route est belle, et les terres sont fortes : le froment, le tabac y viennent parfaitement, ainsi que les chanvres et les lins; mais on y voit peu de lins.

En deçà du village, nous traversons des champs immenses de *tabacs*, que des paysannes en chapeaux sont occupées à sarcler. La *toque* est laide; mais ces chapeaux de paille, qui ont peu de forme, et dont les ailes, qui ne sont pas démesurées, vont pendantes autour de la tête, sont une coiffure qui sied à ces villageoises, ordinairement souples et bien faites.

Voici un second village; c'est *Stuzeim* : pauvre lieu, je dis pauvre pour le pays; car, dans cette province, je n'ai pas trouvé encore des marques certaines d'indigence.

Wiltheim, qui est le second relais, a l'apparence d'un bourg. Je l'estime à un peu plus de moitié chemin de *Strasbourg* à *Saverne*.

Après deux villages, et environ quatre milles, le chemin continuant à être bordé de noyers, nous nous approchons des montagnes boisées, en observant, sur un pic, les ruines assez vastes d'une ancienne forteresse. C'est au pied de ce morne qu'est *Saverne*; et déjà nous cotoyons les longues murailles d'un parc dépendant du château.

Saverne rappelle un peu *Chantilly*, mais il est plus considérable et plus habité; les rues sont larges, propres, et les maisons assez bien bâties

L'ancien château ayant été brûlé, on travaille à en édifier un plus magnifique, mais on y travaille lentement. Le train de *Son Éminence* n'est pas ce que son nom, l'idée qu'on a de son faste et de ses immenses revenus, feraient présumer. Les *Savernois* chérissent ce prélat; il est accessible, *écoutant*, généreux; il n'a peut-être que trop cette facilité populaire qui plaît, mais qui étonne toujours dans les grands.

Pour sortir de *Saverne*, il faut escalader, entre des futaies épaisses, une côte raide. Le revers de la montagne est encore très boisé. La vue, en s'étendant, nous découvre peu de cultures. On passe un hameau *où l'on est fouillé;* et le moment d'après on trouve *Phalzbourg;* ses rues sont droites, bien ouvertes, propres : la place d'armes est spacieuse ; aussi occupe-t-elle une bonne partie de la ville. Les remparts sont bien plantés; mais *Phalzbourg* est d'un silence qui atteste sa médiocre population. Les murailles de cette ville, faites de pierres taillées à têtes de diamans, sont extrêmement hautes et solides.

Sortant de cette place de guerre, qui est à trois lieues de *Saverne*, le pays est assez plat, et les champs presque nus, mais on a beaucoup de bois à la vue.

Homartin est un hameau à deux lieues de *Phalzbourg*. Voyez, sur votre droite, à cinq cents pas du chemin, le village d'*Anpet*, orné d'une flèche, et qui paraît joli; il est entouré de prairies. Nous ne cessons pas de cotoyer ou d'apercevoir des forêts. *Sarrebruck*, petite ville, est à deux lieues de *Homartin* et sept de *Saverne*. Ici, *Priscus*, on entre en *Lorraine;* les commis de la ferme vous le notifient en vous fouillant.

Sarrebruck a des maisons très propres, et sa grande rue doit passer pour jolie. La *Sarre* baigne le pied de cette ville; et, dans ses contours, elle arrose une bonne vallée, qui est à votre gauche en sortant. Remarquez dans cette vallée, et au bord de la rivière, *Emelin*, village assez considérable, qui domine au levant un tertre où l'on a planté des jardins et bâti un château dans une agréable exposition.

Héming, dans un fond, n'est qu'un mal gracieux village. Nous passons une vallée férace, en approchant d'*Azondange*, qui n'est ni beau, ni propre : le village de *Mézières* est plus grand, mais encore plus sale. Les *Lorrains*, soit qu'ils parlent allemand ou français, ne sont pas fort soigneux de propreté auprès de leurs habitations.

Un lieu indigent de bétail, c'est *Bourdonnay*. Deux milles en deçà, vous passerez un ruisseau sur un pont de forme oblique et très allongé, de sorte que l'un des parapets déborde entièrement l'autre.

Deux milles avant *Elsé*, saisissez un aspect

champêtre : ce sont de petites vallées, des hameaux, des clochers, un bouquet de bois, et, devant vous, entre des arbres, l'église blanche et bocagère d'*Elsé;* au surplus, des fromens riches, des fèves, du chanvre, beaucoup de variété dans les cultures.

Moyenvic, dont le clocher est tordu, est un bourg à une forte lieue d'*Elsé*, et à huit milles de *Bourdonnay.* Il y a ici un canal de douze pieds de l'argeur; il ne sert qu'au transport des bois qu'on brûle sous les chaudières de la ferme; car pour le malheur des habitans, on a trouvé auprès de *Moyenvic* des *sources salées;* on en fait évaporer l'eau par l'action du feu : le résidu est un sel blanc et âcre, qu'on vend plus cher dans le pays, que n'y coûterait, tout rendu, l'excellent *sel de bosse d'Oléron.* Il est vrai que la gabelle ne se fournit point à *Oléron*, mais au *Croisic* et à *Guérande*, dont les sels à base terreuse sont préférés à raison d'un moindre prix. Ces sels de *Moyenvic* se nomment *sels de quart bouillon. Quart bouillon!* Quel mot! Mais il est tiré du vocabulaire publicain.

Quittant ce triste *Moyenvic,* nous faisons route dans des collines hautes qui procurent des vues, et rendent le chemin biaisant; un long vignoble, qui est à notre droite sur un coteau, nous mène fort près de *Château-Salins;* c'est un lieu comme *Moyenvic,* où la ferme a des chaudières pour *quart bouillir* des eaux salées. L'air est mauvais autour de ces manipulations.

La vallée de *Château Salins* et même la montagne qu'on gravit en sortant de cet endroit sont d'un assez bon fond. Les bois sont toujours aperçus; quelquefois nous les cotoyons, mais nos labours sont tous nus. Ces terres sont rougeâtres, argileuses, et mêlées de pierres; elles doivent être fort tenaces, puisqu'auprès de *Delme*, une charrue est attelée de huit chevaux, à la vérité huit haridelles. Le pays des bons chevaux, des bonnes terres et de la bonne culture, est resté derrière nous quand nous avons quitté l'*Alsace*. Nous ne trouvons plus à louer qu'en prenant le médiocre pour du bon, et le mauvais pour du médiocre.

Delme est à trois lieues de *Château-Salins*, et paraît de loin adossé à une côte dont il est distant de plus d'un mille.

Quand vous commencez à monter cette côte, vous apercevez le petit village de *Puysieux;* ce nom est connu dans les lettres, mais sans éclat : il faut noter *que les Français, fort prodigues d'encens pour les femmes qui ne sont que femmes, sont extrêmement avares de louanges pour les femmes auteurs;* ils leurs disputent leurs talens; ils veulent que la complaisance leur fasse des réputations; et, par exemple, ils attribuent à un abbé les *Lettres Péruviennes.*

Peut-on se montrer moins connaisseur ou moins juste ? Un abbé aurait été obscène en traitant l'amour; il n'aurait pas connu ces nuances fines et délicates qu'une femme seule peut saisir. Je pense au surplus qu'il faut laisser aux hommes la stérile gloire des livres; nos femmes ont de meilleures destinées; c'est à elles de les connaître et de les suivre, ou, c'est à nous de les y rappeler.

Nous passons présentement le collet d'une montagne; notre horison est immense, et nous n'avons rien de beau sous la vue. Les villageois, vers *Solgues*, sont la plupart vêtus de toile ou d'une mauvaise étoffe de laine, et ont un air souffrant. Il y a de pires contrées dans le royaume, et des paysans plus dénués, mais nous sortons d'*Alsace*.

Les moissons, dans ces campagnes, sont bien moins avancées qu'elles ne devraient l'être; mais le soleil tarde à dorer nos épis : point de chaleur, des pluies fréquentes; aujourd'hui, 24 juin, au solstice d'été, j'ai la glace du couchant levée dans ma voiture. Après un hiver si ferme, un été si douteux, voilà des temps qui feront dire *que Dieu est irrité;* mais Dieu ne s'irrite pas; c'est le propre d'une créature faible et impuissante, telle que l'homme.

La *Horgne* n'est qu'un relais, trois lieues

avant *Metz*. Nous avons presque continuellement des bois en vue.

A votre droite, sur une éminence, ayant fait environ trois milles, vous remarquerez un château avec une avenue; ce n'est que de l'extrémité de cette avenue que vous commencerez à apercevoir la ville pour la perdre et la reprendre plusieurs fois avant d'y arriver.

Nous aurons fait à *Metz* depuis *Strasbourg*, quarante lieues de poste, et je ne vous ai rien dit des maisons *Lorraines* ou *Messines*, telles qu'elles sont depuis *Héming;* ce sont de grandes et vilaines cases couvertes ordinairement en tuiles, et toujours masquées d'un hangard qui fait la continuation du toit sur toute la face; souvent cette désagréable saillie a plus de douze pieds de profondeur, ce qui oblige de soutenir cette couverture pendante avec des poteaux debout. Cet abri sert non seulement pour les charrettes, mais pour les fumiers; par cette disposition, le soleil fait moins évaporer les sels de ces dépôts; mais aussi, de leurs émanations lentes, il n'y a pas un miasme de perdu; elles entrent dans le logis où elles vont ternir le teint des enfans, plomber le visage de la mère, et leur causer des fièvres souvent malignes. Les hommes, plus heureux, appelés tous les matins aux travaux des champs, d'où ils ne rentrent que le soir, évitent une partie de ces influences morbifiques : ils reviennent fatigués ; une transpiration abondante forme autour d'eux une atmosphère épaisse qui les défend de l'approche des particules empestées ; de même qu'un *mousticaire* empêche des insectes volans de troubler le sommeil de l'*Américain* qui en a enveloppé son *hamac*.

Notre chemin, assez beau, était planté de frênes ou d'ormes, depuis environ deux milles ; cette bordure cesse un peu avant les fortifications dont les glacis très étendus allongent notre route par les courbes qu'ils lui font décrire ; mais enfin nous voici à l'*avancée*.

Bonjour, *Priscus*, quand j'aurai revu *Metz*, j'aurai peut-être quelques additions sur mon voyage de 1780.

~~~~~~~~~~~~~~~~

Mon ami, j'avais encore présent le *Munster de Strasbourg*; j'ai couru revoir la *cathédrale de Metz*, et je ne l'ai pas admirée ; on a fait à ce monument gothique un portail à la moderne, travail lourd et pénible, dans lequel cependant on remarque la statue de *Saint-Etienne*. Les bas côtés de l'église sont fort étroits, mais la voûte de la grande nef est belle par son élévation ; celle du chœur est plus belle encore ; l'étoile que cette voûte dessine est digne d'être étudiée; les vitraux ont du prix; les murailles de ce temple sont chargées d'inscriptions que je n'ai pas pris le temps de déchiffrer. *Tullie* me pressait de monter sur la tour de l'église; l'escalier en vis, qui conduit à la dernière plate forme, mériterait quelque examen, sans la flèche étonnante du *Munster* dont les tourelles à jour sont aussi solides que délicates. Ici, dans l'église de *Metz*, ni propreté, ni entretien; cette partie surtout de la vieille cathédrale est négligée d'une manière menaçante.

Si vous passez les ponts, et que vous vous arrêtiez devant le *collége du Fort*, je crois que vous serez satisfait de son portail. Voyez la *salle des spectacles* : son effet de loin a quelque séduction; rentrez en ville, et allez sur l'esplanade voir le *nouveau gouvernement* qui vient d'être achevé; c'est un palais, non par le goût, mais par l'étendue de l'édifice. La porte est massive et grossière; observez les énormes piles qui soutiennent son couronnement.

Le pavé de *Metz* est mauvais, les rues sont mal coupées, et les maisons, la plupart, du plus vilain effet par l'exhaussement des *côtieres* sur le *larmier* de la couverture. *Metz* peut être regardé comme un grand corps de garde que le caporal a oublié de balayer.

Le séjour de cette ville n'est pas attrayant; n'y séjournez pas plus de vingt quatre heures; commandez vos chevaux la veille, et que votre voiture soit attelée à portes ouvrantes.

Adieu.

La *côte de Saint-Quentin*, qui domine la rivière, est *charmante;* elle se prolonge bien au dessous de la ville, et partout elle est d'un aspect champêtre et gracieux. On a fait trois milles, lorsqu'au bord et à la gauche du chemin, on trouve un joli château, mais sans vue et facile à échapper; notre route est large, belle et plantée. Voici un second village dont le château s'annonce par des avenues de peupliers. Les collines qui nous enferment sont couvertes de bois; les villages sont fréquens; nous passons *Richemont*, et ensuite *Ducange* au bord de la *Moselle*, que nous gardons à notre droite, marchant sur une belle route plantée d'ormes et de frênes; les terres sont nettes, et donnent un pur froment. On s'écarte un peu de la *Moselle* en apercevant *Thionville*, puis on la reprend; le chemin décrit en partie les courbures de la rivière; le pays où nous sommes est le *Luxembourg français*, il touche au *Luxembourg allemand*; c'est pourquoi on y parle mal les deux langues.

Thionville, dans une petite enceinte, renferme une nombreuse population; les maisons de trois et quatre étages, n'y sont point rares; il faut voir l'église; son portail, orné de pilastres et accompagné de deux tours basses, paraît assez dans les règles. La *place de l'Hôtel de Ville* est irrégulière; les maisons y sont ouvertes en arcades, mais d'un seul côté de la place.

Vous trouveriez ici plus de femmes de bonne mise que dans toute cette grande et vilaine cité de *Metz*. Ne passez donc pas trop vîte à *Thionville*, car, outre ses jolis remparts, sa belle rivière, ses rues très vivantes, il faut prendre le temps d'admirer la clarté de teint et une extrême propreté de toilette dans les *Thionvillaises*. Si, après cela, vous avez le loisir d'aller voir le *pont de bois* qui conduit au fort, ne négligez pas cette étude. Ce pont est couvert, et sa charpente est d'une coupe tout à fait digne d'attention; c'est dommage qu'on ait encombré ce pont sur son plancher. Si le passage était libre, il ferait un promenoir commode pour les temps de pluie.

Mais quel riche pays que les environs de *Thionville!* On fait route jusqu'à une lieue de la petite capitale dans le fond plat d'une vallée étroite, mais des plus fertiles. J'y vois des fromens hauts comme des seigles, et d'une épaisseur qui vous étonnerait, surtout dans une année comme celle-ci, pluvieuse, froide, ingrate. Voici, avant le village d'*Eyance*, un château dont les jardins bordent la route. Ici nous touchons le pied des montagnes, et nous trouvons du vignoble. En deçà, nous marchons dans une gorge, mais jolie, quoique épaisse en bois. On voit quelques prairies assez mal tenues; puis, de cette gorge, on entre dans une autre moins spacieuse, encore plus sombre et plus touffue; ce n'est plus d'aussi bonnes terres, nous n'avons que du seigle, et notre chemin est dur jusqu'à *Fontoy*, village difficile à pratiquer dans les temps pluvieux.

Bientôt, ayant dépassé une chapelle placée sur une hauteur, dans un champ, entre deux arbres, nous découvrons une forêt claire qui nous reste à gauche, et d'autres bois plus éloignés sur la droite. Le chemin est redevenu beau; nous estimons être à trois milles de *Fontoy*, lorsqu'entrant dans une plaine, nous changeons d'*un quart au compas* la direction de notre route. On relaye à *Ametz*, qui est à six lieues de *Thionville* et à quatre de *Longwi*.

En deçà d'*Ametz*, qui n'est pas propre, vous trouvez dans un fond, à votre gauche, un *lavoir couvert*. Jetez les yeux à votre droite, et, les arrêtant vers le milieu d'une côte qui est ombragée d'arbres, vous découvrirez une petite église au dessus de quelques maisons de chaume à demicachées dans des vergers; ce lieu se nomme *Dreule,* et l'ensemble forme un joli paysage. Si vous approchez à cent pas du clocher, il vous paraîtra comme une pyramide sans base, posée sur le chemin. Cet effet est dû au remblaiement de la rampe, qui a enseveli le cimetière et la moitié de l'église.

Au haut de la côte, que des bois fourrés bordent jusque sur le chemin, nous apercevons *Longwi* en étant encore à six milles. On ne retrouve la forêt qu'auprès du village d'*Aucourt;* mais comme je croyais n'être plus de *Longwy* qu'à une portée d'arbalète, voilà une profonde vallée qui met en mécompte tous mes calculs. Je faisais *Longwi* en plaine, il est sur une butte. Cette prison militaire est jolie, mais enfin c'est une prison. Les *remparts de Longwi* sont parfaitement couverts; ses vieux ormes attestent l'ancienne tranquillité de cette place (*a*).

Remarquez le *portail de l'église,* il est surmonté d'une belle tour, et à côté de l'église est l'*Hôtel de Ville* ouvert en arcades, au rez de chaussée. Le comble est orné d'un fronton avec les armes écartelées de *France* dans le tympan.

Au dernier cens de *Longwi,* on y trouva dix-neuf cents personnes; c'est beaucoup plus que l'apparence ne l'indique. Salut.

La terre n'est qu'une argile compacte et jaune sur la route de *Longuion;* aussi n'y voit-on guère que des seigles et des avoines. Les guérets sont nus, mais les bois fréquens; on passe *Vilé-la-Chèvre*, *Plancourt* et d'autres villages. *Longuyon*, où l'on vient relayer, est une petite ville ou un gros bourg au fond d'une vallée; une rivière y passe. Ce lieu, quoique très sale, indique de l'aisance et n'est pas sans mouvement; mais pour y arriver, le chemin est difficile, et l'on ne nous promet rien de mieux d'ici à *Montmédi*. Nous mettons trois quarts d'heure à gagner *Douerche*, qui n'est qu'à demi-lieue de *Longuyon*, et nous nous félicitions d'avoir passé ce scabreux village, lorsqu'à un mille de *Douerche* nous sommes assaillis d'un ouragan furieux. Je me promets bien, après ces *traverses* périlleuses, de faire cinquante lieues en grande route sans y trouver à dire; je les bénis en les regrettant, et en me reprochant un peu ma pénible curiosité. Mais quel temps pour la saison! L'air est froid, et nous avons des orages continuels. *Tullie*, dans ses expressions, dit *que le soleil fait très mal son état*. Nous gravissons présentement une côte raide et boueuse. Les bois sont devenus rares, nous n'en découvrons qu'au loin. *Marville* est partie sur la montagne, partie à son pied. Il coule une rivière dans le vallon; un pont couvre la rivière, et ce pont étroit n'a point de parapets. On distingue, parmi les églises de ce bourg, un monastère de religieuses, haut placé.

Quittant *Marville*, et en continuant de monter, on trouve un petit vignoble en deçà duquel on court plus d'un mille sur des champs nus, et l'on commence d'apercevoir *Montmédi*. L'intervalle qui vous en sépare, en hautes collines, en bois, en cultures, est moins beau que sombre. Prenez garde à la teinte qu'y peut donner le mauvais temps. Voici, au bord du chemin, un jardin mal fermé, une maison longue et basse, un petit clocher en ardoise; là, demeurent deux ermites, et notre bonne fortune nous procure l'avantage de les voir; ils tuaient, contre leurs murailles creuses, des limaçons, pour sauver leurs laitues et leurs fruits.

Cet ermitage est à moins de deux milles de *Montmédi;* la route est faite depuis *Marville*. Nous voici dans la *ville basse,* et je vais me hâter de visiter la *haute*. Il y a une rampe qui abrège, mais qui est extrêmement raide, et puis par une *casemate* noire, longue, affreuse, nous entrons dans *Montmédi,* qui a des rues et des maisons, mais presque point d'habitans, un pavé à pointes de clous, nulle propreté et un silence qui effraie. Il est vrai que d'un rempart élevé on a quelque vue; mais rien d'animé ne se présente à vos regards, si ce n'est un petit vignoble dont le *vin paillé* mousse et pétille, mais ne se garde point; voilà ce qu'on m'en apprend.

La ville basse est plus médiocre et plus négligée que la haute; ses premiers bourgeois sont des cabaretiers, et ses belles maisons l'hôpital et les cazernes; au lieu d'un mauvais pavé, il n'y en a point du tout.

En nul endroit, je n'ai vu des hommes plus saluans que les *Montmédiens;* connu, inconnu, on est salué de tous : ils ne laissent passer personne sans le saluer; certainement on n'a point à se plaindre de la politesse des habitans de *Montmédy*.

Bonjour, *Priscus*.

~~~~~~~~~~~~~~~~

Je change mon plan de route; je vais par *Carignan;* je ne suis point assez curieux de *Stenay* pour l'aller chercher par une continuation de boue dans trois lieues de chemin sans chemin.

A un mille environ de *Toine-les-Prés*, gardant toujours une vallée à gauche, et ayant une assez belle route, on passe *Genet*. Un mille et demi plus loin, c'est *Grand Tonne*, fraîchement situé sur le talus d'un *val*, avec des bouquets de bois dans les environs. Le pays, toujours en collines hautes, ne nous montre plus de bois que de fort loin, quand nous approchons de *Malivert*. En face de ce lieu, sur la gauche, et bien à l'écart, est une chapelle du titre de *Saint-Walfroy*, seule et fort élevée. Il se tient près de cette chapelle, à la *Saint-Jean d'été*, une riche foire de bétail : elle vient de finir; et, à l'aide de ma lunette, je découvre encore les tentes des vivandiers. Ce serait un travail utile que d'examiner si les *foires* sont avantageuses, si ce n'est pas le trafic d'un peuple dans l'enfance du commerce, et, dans le cas où elles seraient à conserver pour la vente des bestiaux, si elles ne seraient point à supprimer pour les denrées mortes et tous les objets de fabrique : j'en suis fortement persuadé.

Marbu, qu'on laisse à sa gauche, est à environ six milles de *Montmédy*. Ce lieu est sur un fond plat, auprès de la rivière de *Chèvre*, et entre des prairies; des coteaux boisés le couvrent par derrière. Jusqu'à *Videt*, nous gardons de près, à notre gauche, la *Chèvre*, dont le lit et la profondeur demandent pourquoi la navigation la néglige. *Videt* est un triste village dans une agréable position; la rivière passe au pied du coteau; un beau pont de bois est jeté sur la rivière; et au delà, c'est une vallée plate que termine, dans un bref éloignement, une côte labourée, au-dessous d'un sommet couronné de futaies. Nous trouvons ici quelques vignes. *Plagny*, comme *Videt*, est assis au bord de la *Chèvre; Carignan* n'est fermé que d'une mauvaise muraille; le château, très petit, est hors de l'enceinte; la *Chèvre* passe dans le faubourg; enfin le territoire est bon. Il y a dans la ville une halle, une église, et une extrêmement longue rue avec des maisons des deux côtés; ce qui nous a fait croire que l'endroit pouvait avoir des habitans.

Après cette solitude murée, on a devant soi une vaste campagne; les champs sont nus, mais les bois ne sont point rares. *Touzic* est à moitié relais. Laissant ce village à gauche, on continue à marcher, entre des blés, dans une vallée plate qui doit nous mener jusqu'à *Sedan*, dont nous sommes encore à deux lieues; mais déjà nous rencontrons nombre de femmes de campagne et même des hommes, chargés de laines, qu'ils emportent pour la filer.

A *Bajet*, on me fait remarquer le château et les jardins d'un fabricant de draps. Vous verrez encore de très belles maisons et de magnifiques jardins à *Balan*; mais, mon Dieu, que de pauvres pour un riche!

Couché, qui touche au faubourg, est encore charmant par une quantité de maisons et de jardins très propres. Ces dehors si agréables ne conduisent pourtant que dans une embuscade. Vous voyez une première porte et une première enceinte? C'est là que vous attendent les commis du fermier pour vous fouiller jusque sous la chemise, *si tel est leur plaisir.*

La basse ville est très habitée, très remuante et très bien bâtie; mais comme le terrain n'y est pas en proportion de la *populosité* (*b*), on a, comme à *Thionville*, beaucoup élevé les maisons; j'en ai remarqué de quatre étages entre le rez de chaussée et la mansarde. Les rues sont assez bien pavées, mais peu larges et sans alignemens : la même raison d'économie a supprimé les places; il n'y en a qu'une, celle où se trouve la halle; elle est de forme triangulaire, et vous rappelerait la *place de Guingamp.* La ville de *Sedan* ne doit point passer pour malpropre; cependant ses remparts sont infects, et les autres promenades fort négligées. Il n'y a qu'une paroisse, et son église est très misérable : je vous en donnerais une idée embellie, en la comparant à l'arche d'un vieux pont sous laquelle on chanterait la messe. Les *Lazaristes* se soucient peu de cette *ignobilité* de maçonnerie; le bénéfice est bon, voilà ce qui les fixe. Ils aiment à être seuls; ils tarifent le casuel à leur gré. Vraiment je crois, *Kérisbien,* que j'en viendrai à faire l'éloge des *Lazaristes.*

Le *château de Sedan* est comme séparé de la ville; c'est une masse grossière et antique, qui n'est recommandable que par la naissance de *Turenne.*

Dans l'une des tours du vieux château, un

vieux concierge montre, comme des reliques vénérables, les armures toutes complètes de *Godefroy de Bouillon*, de *Renaud de Montauban*, de *Jeanne d'Arc*, de *Bayard*...... Nous avons bien dégénéré de stature et de forces, si ces armes ne sont point hyperboliques. *Alexandre* eut cette fantaisie d'exagérer la taille de ses guerriers, et *Alexandre* se trompa; il croyait enfler la renommée de ses *Macédoniens*, et diminuait réellement leur gloire.

A la sortie de *Sedan* pour *Mézières*, la *Meuse* coule à votre droite. Les champs sont nus, mais la vue large, et les terres riches jusqu'à *Vilé*, à quatre lieues de *Sedan*. De ce village, vous apercevez *Mézières*, un peu caché par la paroisse d'*Amont*. *Charleville* est sur votre droite; il n'est séparé de *Mézières* que par une jolie promenade bien garnie d'auberges et de cafés.

Ce lieu de *Charleville* est d'une régularité parfaite, et qui séduit en y entrant. Ses rues sont larges, droites et bien pavées, mais non très propres. Il y a plusieurs *places;* la plus grande, qui est au milieu de la ville, est décorée d'une fontaine dont l'abondance fait toute la beauté; c'est de ce point qu'on voit les quatre rues principales, qui paraissent toutes aboutir à une porte; mais la porte parallèle à celle de *Mézières* n'est que figurée.

On ne pourrait que louer extrêmement l'étendue symétrique de la *place Ducale*, si les arcades, qui sont hautes et profondes, n'étaient interrompues à l'une des faces par un *palais* qui n'est que commencé. La ville est peuplée et pauvre : on n'y rencontre que des physionomies hâves, des corps presque nus, une populace sans occupation, sans secours, et que des *priviléges* ne nourrissent pas. Je vous peins l'extrême en vous peignant le présent ; cette situation n'est pas constante ; mais en total, *Charleville*, si ce n'est en étendue, vaut moins que *Mézières*, où nous nous hâtons de retourner. Son irrégularité même nous attache ; ses rues obliques nous cachent les bornes de sa courte enceinte. Il n'y a point de symétrie dans les bâtimens, mais de la convenance, et quelquefois du goût ; au surplus, une affabilité plus générale, un air plus vif, de bonnes eaux, un pavé aussi bon, et mieux tenu.

L'*église* paroissiale est voisine de la citadelle ; vous y remarquerez la hauteur et la forme de ses voûtes et de son portail.

Je n'ai rien de plus sur *Mézières*.

Sortant de ce lieu par la porte de *Charleville*, nous passons à côté de *Bethléem*, monastère de

Récolets, agréablement situé. Depuis ce couvent jusqu'au relais on ne traverse qu'un village : c'est *Clairon*, sale et pauvre. Le pays est toujours bon, mais peu varié. Nous n'avons aperçu quelques bouquets d'arbres qu'auprès de *Launy*, à trois lieues en deçà de *Mézières*.

Après ce *Launy*, qui a deux clochers et trente maisons, les terres diminuent de qualité. *Arcy*, village à flèche, est à un mille de *Launy*; on le laisse à sa droite. Il y a, près de *Rymond*, des carrières d'ardoises d'une pierre assez fine, mais blanchâtre.

Nous quittons la route de *Valenciennes* pour prendre à droite vers *Rocroy*, marchant dans des taillis fourrés, où mon jeune compagnon me montre des *digitales*, fleur sauvage très commune en *Basse-Normandie*; un bois épais borde et étrécit le chemin pendant une heure. Une plaine succède, qui ne nous présente que de maigres pâturages et des seigles clairs. Les rares habitans de cette plaine hideuse sont cantonnés sur le chemin, de distance en distance, et logent sous des huttes de paille ; les moins pauvres ont des maisons de terre, couvertes en bardeau. Au milieu de ces tristesses est *Rocroy*, lieu célèbre dans les légendes de *Mars*. L'*église*, et surtout le portail, sont dans un état à faire craindre d'en approcher. La place d'armes est spacieuse, mais vilaine ; sept à huit rues y aboutissent ; il y en a une qu'on appelle *la grande*.

Nous allons par *Mariembourg*.

Après un petit village, qui est à plus d'un mille de *Rocroy*, et qui domine un vallon cultivé, on fait trois lieues dans les forêts sans interruption, et sans autre rencontre que deux barrières parlantes à *neuf sous la pièce*, au profit de quelques *nobles Liégeois*, ou de *Son Altesse le prince évêque*.

Sortis des bois, on trouve *Gouvain* dans la vallée au pied d'une ruine et au bord d'une rivière. A *Gouvain*, on est bien surpris quand il passe un voyageur : et femmes et enfans accourent pour le voir ; j'aime assez cet usage ; il montre à un curieux toutes les beautés d'un pays, et je pourrais vous dire combien il y a de jolies femmes à *Gouvain*.

Le chemin nous manque en sortant de *Gouvain*; nous le reprenons à un petit village, d'où nous voyons *Mariembourg* dans une plaine semée de grains et entourée de collines, en partie couvertes de bois. Ce lieu peut être regardé comme un simple fort. Il n'a qu'une seule porte, et n'est fermé que par un rideau percé de meurtrières. Il n'y a que huit petites rues, et qui aboutissent presque toutes à la *place d'armes*, sur laquelle est l'*église* paroissiale. *Mariembourg* a de plus une maison de *Sépulcrines* et fort riche : on leur donne trente mille livres de revenus. Ces revenus suffiraient à nourrir tous les habitans.

Point de péage ni de barrière d'ici à *Terlon*, mais aussi point de chemin. Voilà ce qui nous est annoncé; et cependant il faut partir. Nous n'avons couru hier que trente milles : voyons à quelle distance de *Mariembourg* nous prendrons gîte pour la nuit prochaine.

Depuis *Mariembourg*, qu'enferment des prairies, jusqu'au village de *Prane*, qui est encore à la *France*, le territoire est bon et le pays découvert. Un peu en deçà, nous rentrons dans la *principauté de Liége;* nous traversons des montagnes moyennes, plus couvertes de buissons que d'arbres; le peu de terrain cultivé est assez maigre. Avancez, et vous allez découvrir sur une hauteur, entre quelques arbres, une chapelle isolée; c'est *la chapelle des Bossus.* Ne me croyez-vous pas? Interrogez votre postillon en chemise bleue, que recouvre une chemise blanche.

Nous continuons dans les solitudes, ou boisées, ou cultivées. Ce pays n'est ni riant ni riche; mais après *Tai*, qui est un village, notre traverse devient si impraticable, qu'elle nous oblige à passer dans les blés. C'est une désolation de voir les campagnes; on compte les rares tuyaux épargnés par les gelées; les épis sont courts, et n'ont pas de pesanteur; aussi les pluies ne discontinuent pas;

des jours entiers se passent sans soleil, à la fin de juin ; les foins se perdent, les seigles ne peuvent mûrir, les fromens se charbonnent ; la nielle et l'ivraie poussent seules avec abondance ; toutes les plantes spontanées et nuisibles couvrent la terre, et augmentent sa *frigidité*. Ministres d'une religion qui enseigne la prière, quand fut-il plus instant d'adresser d'humbles vœux à l'Éternel ? Qu'attendez-vous, pasteurs éminens de l'église, pour vous mettre en oraison ? Craignez-vous que la clémence de Dieu soit épuisée ? Un philosophe, en s'abstenant de prier, est conséquent à son système ; il pense que les effets doivent suivre les causes ; que les lois physiques sont immuables et nécessaires, et qu'en arrêter un seul instant le cours entraînerait la ruine entière du monde ; mais des prêtres chrétiens ont d'autres principes, et doivent suivre des règles différentes.

Boutonville est un petit village par où nous entrons sur les terres de *l'empereur d'Allemagne*. Ce pays sans chemin est très boisé ; on y trouve beaucoup de forges. Nous voyons fréquemment jusqu'à vingt-quatre bœufs ou vingt-quatre chevaux, traînant avec effort une *gueuse*, que l'on conduit du fourneau au martinet.

Béleu suit *Boutonville*, dont les champs sont clos de haies. Sortis de ce lieu, la traverse nous manque, et nous marchons encore sur les blés :

c'est un droit public; mais le voyageur honnête en use avec peine, et voudrait s'en pouvoir dispenser.

Chimay est une ville ouverte, médiocre en grandeur, plus longue que large, bien pavée et assez bien bâtie; les maisons, toutes de briques, ont leurs encoignures, leurs corniches, le revêtement des portes et des fenêtres en belle pierre de taille grise; l'ensemble est d'un effet très doux. Il y a plusieurs églises à *Chimay* : celle qu'on voit sur la place a son clocher élevé et fort enjolivé; c'est le lieu le plus haut de la ville; elle s'incline vers une vallée étroite où coule une petite rivière. Le territoire n'est pas mauvais, et les campagnes avoisinantes ne sont pas sans agrément.

On trouve, à une lieue de *Chimay*, *Sale* ou *Essale*; et, continuant par des routes tout à fait versantes, on passe, à moitié relais, *Mâcon*, gros bourg où l'on remarque un arbre taillé à trois étages, en tables plates, dont la plus basse pourrait mettre cent personnes à l'abri. *Tullie* m'assure que c'est un *tilleul*; si *Tullie* se trompe, ne vous en prenez pas à moi.

Jusqu'au bourg de *Terlon*, la route est encore épouvantable. *Tullie* dit *que nous sommes brouillés avec les beaux chemins.* Nous mettons une heure pour venir à *Glazon*, qui n'est pas à une demi lieue du relais. Je ne peux rien vous apprendre du pays; mon principal soin est de diriger nos chevaux; je reste à la *barre* comme un *timonnier;* je n'observe pas les vents, mais je fais porter le *cap* ici, là, suivant les ornières que j'aperçois, et qui sont pour nous de fréquens écueils. S'il survient une *éclaircie*, si nous trouvons par fois cinquante toises d'une route tranquille, j'en profite pour regarder autour de moi. Nous avons, au delà de *Glazon*, de riches campagnes de blé, coupées par de petits bois; mais depuis cet endroit c'est une forêt épaisse qui vient border les deux côtés du chemin le plus rompant que vous puissiez imaginer; ni hommes, ni maisons : si l'on était arrêté par un accident, il faudrait rester là. Enfin j'entrevois un château de briques dans un fond. Rien ne m'a jamais tant plu que ce château; je le trouve magnifique, et ce n'est pas que je le regarde, c'est que j'aperçois ou que je crois apercevoir un grand chemin bien ferré, qui commence auprès de ce manoir de bon augure; mais, mon Dieu, que nous en sommes encore loin! Le postillon dit une demi-lieue....... une demi-lieue, soit; mais il y en a pour deux heures, supposé qu'on arrive, car nous nous perdons à chaque moment dans les ornières; on s'y ensevelit jusqu'aux moyeux. Mon petit compagnon, qui n'est pas sujet à s'effrayer, me dit tranquillement *que ce pays est de ceux où il ne faut passer qu'une fois.*

La demi-lieue du postillon nous a pris quatre-vingt-six minutes. La forêt est derrière nous; nous voici en beau chemin ; nous causons paisibles, et tout près d'oublier nos disgrâces. *Le souvenir des fatigues s'efface dans la tête du voyageur, comme les bienfaits dans le cœur d'un ingrat.*

Nous sommes donc en belle route, et elle doit nous mener à *Avesnes*. Le pays est assez plat, et les terres, nues d'arbres, sont en graines ou en fourrage. Fort près de la ville, dans un fond à droite, est le village d'*Avesnel*, mot qui semble signifier le *petit Avesnes*. Il y a, autour de ce lieu, beaucoup d'arbres fruitiers ; c'est une guinguette de la ville. La route, plantée d'ormes, forme un abord gracieux. Les remparts, les maisons, les rues d'*Avesnes*, tout en est joli, excepté son *église*. Vous remarquerez l'*Hôtel de Ville* et son escalier à deux rampes ; sous ce perron est l'entrée du corps-de-garde. Il paraît qu'*Avesnes* n'est pas sans commerce ; aussi avons-nous vu des *Avesnoises* d'une haute élégance. Les dames d'*Avesnes* ont-elles appris que ces modes ruineuses, ces ajustemens studieux, ne servent d'appeau qu'au libertinage? Leur a-t-on dit que plus une femme se fait belle, moins on la prise? Peut-être elles n'ont jamais entendu ces vérités ; et comme la vérité a peu le don de plaire, je me garderai bien d'être ici son organe.

La route de *Landrecie* ou *Landrecy* est tirée au cordeau et plantée d'ormes ; le pays, coupé de bois, bien cultivé, bien fécond, est monticuleux et tout à fait agréable. Les femmes, ici comme en *Flandres*, portent sur la tête un mouchoir qu'elles nouent sous leur cou avec fort peu d'art. Cet usage déplaisant est trop commun en *France*.

A deux lieues d'*Avesnes*, on trouve la route garnie de haies, qui ne sont interrompues que par de longues barrières à queues. Derrière ces haies sont des *herbages*, sur ces herbages des pommiers, et au milieu de ces vergers est la maison du maître. On croit être au *pays d'Auge*. Ces tableaux si doux continuent jusqu'au village de *Malvoise*, où est une riche abbaye.

Depuis *Malvoise*, la chaussée est pavée. On plante ici des bosquets autour des croix et des chapelles sur les chemins. On en faisait de même en *Hainaut* et dans le petit coin des *Pays-Bas* ou du *pays de Liége* que nous avons traversé. *Hennuyers*, *Flamands*, *Brabançons*, *Belges* ou *Liégeois*, se ressemblent tous assez par les inclinations dévotieuses, mais leurs territoires ne sont pas les mêmes. On ne peut en voir un plus beau ni meilleur que celui qui environne *Landrecy*, petite ville très propre, bien pavée, bien bâtie, mais le climat est humide, phlegmatique, froid.

J'ai parcouru les deux villes, la haute et la

basse : celle-ci plus pauvre et moins habitée ; fermées, l'une et l'autre, et ne formant qu'une seule enceinte d'une médiocre étendue.

Le chemin pour le *Quesnoy* est beau et bien planté d'ormes ; le pays est presque plat et la campagne riche ; des lins, des chanvres, des fromens, toutes les espèces de graines ou de légumes.

La campagne, jusqu'à *Louveny*, n'est pas dépourvue de bois, mais les cultures sont absolument nues. Ce village est le seul que la route traverse, jusqu'au *Quesnoy* qui en est proche. La basse ville n'est qu'un faubourg plat, mal bâti et mal habité. La haute est plus grande que celle de *Landrecy*, mais bien moins jolie. Je ne sais rien à remarquer ici que la façade et la tour de l'*Hôtel de Ville*.

Ayant fait un peu plus d'une lieue, on passe *Chalin*, long village orné d'un château qui nous paraît considérable. Un mille après *Chalin*, c'est *Kirchi*, qui n'est pas moins long, qui est tout bâti de briques et couvert de paille. Un mille encore, c'est *Sotin*; et avant d'entrer à *Sotin*, on découvre *Valenciennes*. Le pays est assez nu, mais le sol riche et fertile.

J'embrasse les deux époux.

VALENCIENNES est une ville assez considérable dans le troisième ordre, et si j'en estimais la population, je la porterais de vingt à vingt-cinq mille habitans. Cette ville est bien pavée, médiocrement tenue, et assez bien bâtie en briques; quelques maisons ont des encoignures, des jambages, des seuils, des linteaux, des corniches en pierre bleuâtre dure et veinée comme le marbre; aucune belle *promenade*, mais beaucoup de petits promenoirs; quelques endroits du *rempart* près la *porte de Mons;* un lieu nommé *Lehick* sur les fossés de la *porte de Cambrai;* un bastion de la citadelle, et la *place verte* devant l'hôtel du commandant. *Valenciennes* a un grand nombre d'*églises* parmi lesquelles vous distinguerez l'*abbaye de Notre-Dame*; il règne au pourtour une magnifique tribune dont les piliers de support sont des colonnes accolées et très minces.

Il est vrai, *Kérisbien*, qu'à l'ouverture des *marchés* dans cette ville, on y exécute une *simphonie* qui dure une demi heure; des citoyens qui ont bien connu le caractère pesant de leurs compatriotes, ont tâché de remédier à cette disposition; comme en *Grèce* on voulut rendre moins féroce l'esprit des *Béotiens* en leur donnant du goût pour la musique. Il y a tous les jours à *Valenciennes* dans la chapelle de l'Hôtel de Ville un *salut à simphonie;* et à l'*abbaye de Saint-Jean*, vous lirez l'épitaphe d'un prêtre nommé *Philippe de la Mine*, qui a fondé à perpétuité pour le jour de son décès, une *messe à double chœur;* cette messe est chantée dans une chapelle que cet ecclésiastique gentilhomme fit fermer à ses frais d'une riche balustrade en marbre.

L'*église de Saint-Jacques* se fait remarquer par une belle tour au milieu de son portail.

L'*Hôtel de Ville* est un édifice gothique non méprisable dans sa façade, mais l'intérieur est nud ou extrêmement négligé.

A côté de cet hôtel est la *salle des spectacles*, dont le rez de chaussée sert de *halle à grains;* la façade est décorée de pilastres avec un balcon de fer qui règne dans toute la longueur; il y a une balustrade sur le comble.

La *tour du beffroi* est très élevée et d'un bon effet; il faut monter jusqu'à la lanterne; on découvre de cette hauteur, à la simple vue, *le Quesnoi, Condé, Saint-Amand* et *Cambrai*.

Le *limoneux Escaut* partage inégalement la ville; il est navigable, et communique avec plusieurs canaux qui mènent à *Cambrai, Arras, Dunkerque* et autres villes.

Valenciennes n'est pas sans industrie; ses dentelles et ses toiles ont enrichi plusieurs maisons.

Nous avons été aux *mines d'Anzin*, mais nous nous sommes arrêtés à l'ouverture du gouffre, quand nous en avons vu sortir des centaines de malheureux aussi pâles et aussi livides que des hommes qu'on tirerait du sépulcre : Et que pensez-vous que rapporte un pareil métier, *Priscus?* vingt-deux sous et demi par *journée;* mais il faut vous dire ce que c'est qu'une *journée dans les mines d'Anzin;* elle s'estime à *soixante-douze muids de charbon* par atelier; quand les soixante-douze muids sont piqués dans la mine, puis voiturés sur des traîneaux à la bouche de l'antre, puis élevés au bout d'un cable de six ou sept-cents pieds; et enfin, lorsque les soixante-douze muids sont arrivés *sur terre*, comptés et vérifiés, la journée est faite; les ames du purgatoire sont mises en liberté jusqu'au lendemain à quatre heures, hiver ou été, qu'ils redescendent dans l'abîme pour recommencer la même tâche, et gagner encore *trois escalins pour soixante-douze muids*, qui exigent souvent vingt heures entières de travail. Ces ouvriers sont prévenus qu'ils ne doivent pas manger dans la mine, et ils osent à peine y respirer à cause des vapeurs sulfureuses qui la remplissent; ils font donc un premier repas avant de descendre dans le gouffre, et un autre à leur retour; les *mofettes* inflammables peuvent leur brûler la peau dans toute la surface du corps, et quelquefois les étouffer lorsqu'ils n'ont pas eu le temps de se jeter à terre pour éviter cette vapeur ignée dont l'effet est aussi prompt que subtil.

Je demande actuellement si à l'infamie près, le sort de nos *forçats* n'est pas de beaucoup préférable à celui de nos *mineurs d'Anzin*. Les *pensionnaires du bagne* ne mangent que des *gourganes*, et reçoivent de temps en temps la bastonnade ; mais on ne les emploie à aucun travail qui expose leur vie ; mais chaque jour ils sont assurés de leurs trente onces de pain, tout froment, et dont même on a tiré le plus gros son ; les deux camarades accouplés traînent, il est vrai, chacun pour sa part, quinze livres de chaînes ; ils couchent toujours sur un lit de camp où ils sont rivés de dix en dix avec de forts organaux de fer ; ce régime là n'est pas commode, j'en conviens ; mais ces hommes expient des crimes ; les ouvriers de nos mines ne sont coupables que d'indigence, et ils sont plus malheureux que nos *galériens*. Aussi les *Espagnols* envoient-ils leurs *forçats* dans les mines ; avouez donc, *Priscus*, que, sous beaucoup de rapports, la vie de l'homme social est plus pesante mille fois que celle de l'homme sauvage. Je vois que ce dernier est assujéti à beaucoup de privations dans ce qui nous paraît le plus indispensable à l'existence, mais il est patient, il sait souffrir, IL EST LIBRE!

Adieu mon cher *Priscus*.

~~~~~~~~~~~~~~~~

L'ÉTAT de société, *Kérisbien*, coûte cher à une partie des hommes ; je rentre, avec *Tullie*, de *l'hôpital des Enfans trouvés*, et je me rétracte sur tout ce que j'ai dit des hôpitaux ; j'ai eu tort de blâmer les établissemens de ce genre, dont je vous ai entretenu ; c'étaient des lieux de délices et d'abondance, des maisons salubres et agréables, le séjour du plaisir et le temple même du bonheur si je compare ces hospices à celui de *Valenciennes* ; il est vaste et magnifiquement bâti ; on y logerait dix fois autant d'infortunés qu'il y en habite aujourd'hui, et dont le nombre s'élève à cinq cents. Mais visitez ce lieu, et si jamais vous n'avez eu l'ame étreinte par la douleur, si vous n'avez pas vu d'assez près les cruels effets de l'abandon et de l'indigence, entrez dans ce sépulcre, où, sous l'enseigne de la charité, on égorge lentement des êtres à qui elle a promis de la compassion et des secours. Cet hôpital d'orphelins et de vieillards des deux sexes est gouverné par des *infirmiers* et des *infirmières* ; un seul prêtre pour toute la maison ; cinq à six maîtresses-servantes, aussi sales, aussi misérables que les petites filles qu'elles régissent, voilà les chefs de l'hospice. J'ai vu les laboratoires : les garçons *tricotaient* des bas ; les filles, entassées dans deux chambres voûtées et froides, filaient de la laine, ou faisaient des dentelles ; toutes avaient une physionomie de mort ; elles ont levé sur nous des yeux sans expression ; elles me surchargeaient de l'inertie de leur ame ; j'ai demandé la règle de chaque jour : on se lève à cinq heures, on se couche à huit ; point de récréation, le travail n'est suspendu que pour le temps de la messe et pour celui des repas. Ces repas, c'est un peu de soupe maigre avec du pain de munition ; un morceau de ce pain frotté de beurre salé et rance : voilà ce qui suit la soupe ; on reçoit pour boisson une petite bière, véritable rinçure de la chaudière où le marc a bouilli. Cependant, les dimanches, le bouillon se fait avec de la viande, mais la plus commune et à raison de deux onces par personne ; la ration est la même pour tous, jeunes et vieux, excepté les très petits enfans ; c'est une livre et demie, et les portions seraient suffisantes, si ce pain était bon.

J'ai vu les dortoirs. Chaque lit n'est composé que d'un matelas épais de quatre doigts et étendu sur des planches ; deux petits draps, une couverture très mince, complètent ce coucher ; point de rideaux, et le tout dans une confusion digne d'un hôpital d'*infirmiers*. L'odeur est partout suffocante; mais il faut aller dans la salle ou plutôt dans l'étable des petits enfans.... Oh! *Priscus!* c'est un tableau que je frémirais de vous tracer. Mais, si cette maison n'est point assez dotée pour cinq cents pauvres, d'où vient qu'elle les reçoit? Il serait mieux de n'avoir point d'hospices pour l'indigence que de les avoir aussi imparfaits. Ces refuges, il faut le répéter, ferment le cœur des riches qui s'en reposent sur des établissemens imposteurs.

Oh! mon cher *Priscus!* efforçons nous de croire qu'il n'a existé et qu'il n'existera jamais un hôpital aussi hideux, aussi abandonné, aussi révoltant que celui de la capitale du *Hainaut*.

Adieu, je ne vous parlerai plus de ces hospices, c'est un sujet trop affligeant pour les cœurs sensibles et droits.

~~~~~~~~~~~~~~~

LE mot de *béguine* est presque partout une sorte d'insulte; mais, à *Valenciennes*, il désigne simplement une fille ou une veuve qui se voue à une vie retirée sans renoncer tout à fait au monde. Les *béguines* habitent une même clôture et portent un habit de religion, elles ont une église, un aumônier; elles chantent l'office en commun;

mais chaque béguine mange en son particulier selon ses moyens et ses goûts. On m'assure que les hommes, même les plus proches parens, ne sont point admis dans les cellules de ces demi cloîtrées; mais elles les reçoivent dans leurs cours, dans leurs jardins. J'y en ai vu plusieurs, et il m'a paru que ces fréquentations ne causaient ni scandale, ni surprise. On va prendre aux *béguines* non une maîtresse, mais une femme; et telle veuve ou telle fille qu'on n'eût pas remarquée dans les cercles, est courue et disputée dans l'*enclos du béguinage*. Une retraite si commode n'est, pour la plupart, qu'une ruse de coquetterie. Elles disent ou laissent croire qu'elles renoncent au mariage. Elles se donnent le temps de voir et de choisir; et, dès qu'elles croient avoir trouvé le mari qui leur convient, elles rentrent aussi librement dans la société qu'elles en sont sorties. Voilà ce que c'est que les *béguines de Valenciennes*.

Salut à *Priscus*.

J'arrive de *Saint-Amand*, et je veux vous en tracer la route. Nous passons *Rannes*, où il y a un château, des jardins, un grand parc, et sans discontinuer d'avoir des maisons à la vue. Nous allons tout à l'heure apercevoir les clochers de

Saint-Amand. Les bois ne sont pas rares; on traverse une partie sablonneuse où il y a plus de seigles que de fromens. Cette campagne, plate et basse, serait entièrement submergée si l'on n'avait préparé une retraite aux eaux dans des fossés très multipliés qui découpent la plaine.

La très petite ville de *Saint-Amand* est arrosée par la *Scarpe*. Sa principale rue est assez bien bâtie et pavée. Les moines font actuellement élever une église paroissiale qui sera ornée de colonnes. L'église de l'abbaye est, je crois, la plus grande que j'aie vue. On m'y fait remarquer plusieurs chefs-d'œuvre de *Rubens*, entr'autres une *Annonciation*, où le peintre a représenté sa troisième femme et plusieurs de ses enfans.

Le chœur de cette église immense est plus élevé que la nef. Une galerie fort large, qui règne au pourtour, est de niveau avec le sanctuaire : sur cette galerie est une autre tribune. La voûte, dans son point milieu, s'élève en dôme : tout cela, à mon avis, est moins beau que spacieux.

᭠᭠᭠᭠᭠᭠᭠᭠᭠

A environ un mille de *Saint-Amand*, on trouve *La Croisette*, et un quart de lieue au delà de ce village sont les *boues* et les *eaux*. Représentez-vous le plus immonde des animaux se vautrant dans une fange fétide ; c'est l'image d'un homme ou d'une femme dans le bain qu'on vient prendre ici; non-seulement chaque malade est à la vue de tous les autres, mais il est exposé aux regards de tous les curieux ; car on entre avec toute liberté dans cette *bauge vitrée*, où l'on est à l'abri de la pluie et non du soleil. Les baigneurs et les baigneuses sont *pêle-mêle*; mais le malade qui veut sortir de sa boue, on le couvre d'un cerceau garni de toile, puis on le racle, on le lave, et ce n'est pas une courte opération que d'enlever le *gluten* adhérant à toutes les parties de son corps.

Ce n'est rien que cela, dites-vous, pourvu que l'on guérisse. Oui, mais les gens mêmes du lieu conviennent de la rareté des cures opérées par leurs boues.

Ce pays, où sont les *bains*, est agréable en été; on y trouve beaucoup de couvert; ceux qui peuvent marcher ont un bois, un parc, des allées : il y a mille endroits à respirer le frais, et un seul où trouver la santé. Rien n'est oublié pour distraire les malades : concerts, bals, comédies ; mais le lieu, en lui-même, n'est pas sain ; il y a beaucoup d'eaux mal odorantes dans des fossés morts.

Nous prenons notre retour par *Viconne*, pour ne pas faire deux fois le même chemin.

Viconne est une abbaye de *Prémontrés* comme

Saint-Amand est une abbaye de *Bénédictins*. L'église des *Prémontrés* est belle, mais beaucoup moins grande que celle de *Saint-Amand*. Quel pays pour les moines ! Chaque maison est très riche et elles sont très nombreuses. Je vous en nommerai quatre qui confinent l'une à l'autre : *Saint-Amand*, *Viconne*, *Hanon* et *Catiau Laby*, (je suppose que c'est *Cateau l'Abbaye*) ; voilà pour quatre petites lieues par la *porte de Tournai;* mais si vous sortez par la *porte de Mons*, vous trouvez, à trois quarts de lieue, *l'abbaye de Sauve*, un peu plus loin *l'abbaye Crépin*, un peu plus loin...., prenez votre carte et comptez. Je ne doute pas que nos abbayes, bout-à-bout, ne vous mènent à l'extrémité des *Pays-Bas* catholiques.

C'est en écrivant ces détails, que nous arrivons.

Bon soir, *Priscus*.

~~~~~~~~~~~~~~

Sortant par la *porte de Notre-Dame*, votre route est nue jusqu'à deux milles de *Valenciennes*; ensuite elle est plantée d'ormes. Le pays est plat, le sol blanchâtre et sablonneux : cependant on attèle quatre bons chevaux pour le labour. Ayant fait une poste, vous trouvez une courte vallée très marécageuse ; un canal y passe, et le village de *Rouveny* est situé dans ces fonds. Bientôt vous voyez *Denain* ; il vous sera indiqué par une pyramide courte, épaisse, et du plus mauvais travail ; c'est cependant un monument à la gloire d'un de nos héros, le *maréchal de Villars*.

A un mille de *Denain* est le village de *Bouzy*, lieu bas d'où l'on vient à *Bouchain* par une belle route. Ce lieu, quoique petit, est divisé en haute et basse ville ; mais la haute ne contient guère que des cazernes et les logemens de l'état major.

Les paysans du *Hainaut*, au lieu de la hotte, qui est si commode, ont une manière pénible de porter sur le dos ; c'est un grand panier à une seule anse, à laquelle on attache deux cordes qu'on passe dans ses bras ; la rondeur du panier, son pied en saillie aiguë, l'arrête de l'anse, peuvent *meurtrir* les reins, et doivent fatiguer la poitrine ; mais c'est l'usage ici ; et c'était l'usage en *Auvergne* de porter la hotte avec deux bâtons ; il faut convenir que l'usage est quelquefois bien entêté ou bien aveugle. *Louan* est un bourg fort étendu sur la route ; j'y remarque des maisons couvertes de tuiles tournées en *s* : les campagnes sont riches plus que belles.

Nous entrons à *Douai* par un faubourg bâti de terre ou de brique, et presque tout couvert de chaume. Cette ville est préférable en propreté à la *capitale du Hainaut ;* mais cette dernière est incomparablement plus active.

Le chemin est assez bon jusqu'à *Gaverelle. Saint-Laurent*, village de terre et de chaume, est dans un fond ; là nous passons à l'ombre de quelques arbres auprès de deux châteaux, dont les longues murailles font biaiser notre route. Cette route bientôt se forme en avenue bien plantée et bien couverte ; chaussée pavée, banquettes larges : ces approches nous annoncent une capitale. C'est *Arras*, et l'une de nos plus grandes villes dans le troisième ordre ; elle a plusieurs rues fort larges et très longues, une magnifique promenade et des places extrêmement spacieuses ; enfin, elle est propre, bien pavée, bien bâtie et très peuplée.

J'ai couru, avec le livre de M. *Hesseln*, pour admirer l'*église de Saint-Vast*. Eh bien ! mon ami, ces riches *Bénédictins* n'ont pas d'église. Il y a plus de trente ans qu'ils démolirent l'ancienne et qu'ils en construisent une nouvelle, mais qui n'est encore élevée que jusqu'à la naissance des premières voûtes.

Nous avons été à la *cathédrale* : c'est un gothique bizarre et embarrassé ; mais les colonnes accouplées du chœur et des croisées sont d'une hardiesse remarquable.

Le célèbre *calvaire d'Arras* fut placé autrefois

sur une porte qui sépare la ville et la cité; il est aujourd'hui dans une chapelle de la basse ville sur une place ornée d'une fontaine.

La *place du petit marché* est environnée d'arcades gothiques, mais régulières; les maisons présentent toutes le *pignon* à la place, et ce pignon est découpé, orné de manière que l'effet n'en n'est pas très vicieux. Une des faces de cette place qui forme un carré long, est occupé par l'*Hôtel de Ville*, vieux gothique qu'on examine encore avec plaisir. Derrière cet hôtel est la *tour du beffroi*, très haute et très ouvragée; au milieu de la même place est la chapelle gothique avec sa flèche gothique connue sous le nom de *chapelle de la Sainte-Chandelle*; elle est en grande dévotion dans le pays, mais elle a servi de titre à une brochure infâme.

La *place du grand marché* communique par une large rue et par des portiques continus à la petite place; l'une est plus régulière et l'autre plus spacieuse; du reste, c'est la même architecture avec les mêmes ornemens.

L'affabilité n'est pas grande à *Arras*; il y règne une morgue de province, une raideur militaire qui n'y retiennent pas les étrangers.

Les femmes du peuple ont bientôt fait ici leur cape ou leur manteau; c'est une pièce d'étamine noire, longue d'une aune et demie qu'elles mettent sur leurs épaules, la croisant sur la poitrine, sans cordons, sans rubans, cela va tout seul; mais cette partie de leur habillement leur prête bien peu de grâces.

Les *Artésiens* en général sont grands fumeurs de tabac, et grands buveurs de brandevin; mais j'en ai oui dire autant de vos *Bretons*.

Je n'en suis pas moins du Celte *Kérisbien*, *servicher humbl bras.*

***

Sortant d'*Arras*, notre route est pavée pendant une demie lieue; le pays est plat, le fond médiocre; nous voyons peu d'arbres; la campagne s'embellit vers *Baumé*, village pauvrement bâti, mais où l'on remarque un joli château et des jardins très frais de *Beaumé* jusqu'à *Albret*.

A huit milles d'*Arras* le pays est plus champêtre; les bouquets de bois plus fréquens; les terres plus fertiles.

Deux lieues avant *Doulens*, on trouve *Sainte-Marguerite*; et un peu en deçà de ce village, on entre en *Picardie*.

Doulens est une petite ville de guerre où nous passons *quasi* debout; son enceinte, ses rues sont irrégulières; il y faut toujours monter ou descendre.

Ayant fait une lieue, on trouve *Beauval* bâti de boue et de paille, et caché dans des futaies; l'église, sur une hauteur, est séparée du village; les bois nous quittent bientôt et nous laissent en campagne découverte. C'est par des terres graveleuses que nous gagnons *Talmas*, bourgade à trois lieues de *Doulens* et quatre d'*Amiens*.

Nous continuons en pays sec, nu et presque tout plat, où, ayant fait deux lieues, nous trouvons *Poulainville* qui se détache un peu de la route; envain l'œil parcourt ces campagnes, il n'y aperçoit pas un arbre; la scène est muette; il n'existe aucun tableau; ce dénuement fatigue; mais nous entrons à *Amiens*.

Bonjour, *Priscus*.

~~~~~~~~~~~~~~~~

J'ai revu la *chaire de la cathédrale*, et je ne me rétracte pas sur son couronnement; d'ailleurs cette chaire est d'un beau travail; j'avais fait trop peu d'attention aux *roses* des deux croisées; elles sont d'une grande délicatesse; mais le *buffet d'orgues*, je le répète, est très déparant, et peut-être vaudrait-il mieux comme à *Arras* n'avoir pas de buffet.

La Hautoie nous a fait tout le plaisir d'une première vue. Ma jeune compagne trouve que cette vaste promenade rappelle la *Ropresso de Strasbourg*, mais embellie et moins solitaire.

Amiens m'intéresse toujours, mais j'aime les *Picards* bien plus que la *Picardie*, quoiqu'elle ait quelques beaux sites. Je vous assure que lorsqu'on vient d'*Arras*, *Amiens* n'est pas beau; cependant, forcez-moi de choisir, ce ne sera pas dans la *capitale de l'Artois* que je transporterai mes *pénates*.

∽∽∽∽∽∽∽∽∽∽

Nous sortons pour *Aumale* par la *porte de Beauvais;* notre route, sans bordure, ne tarde pas à s'élever; à peine nous avons fait un mille, que, cotoyant une médiocre vallée, nous découvrons un petit village; un peu plus loin c'est une vallée plus grande, et plusieurs villages, *Saleuvre*, *Ver* et *Bacouy*, qui paraissent ne former qu'une paroisse; nous mettons cette paroisse à notre gauche en passant un ruisseau qui occupe le bas du vallon; sur ses bords, il y a des prairies, quelques arbres, une image de fraîcheur; mais en deçà et en remontant la côte, c'est un sol jaunâtre, sec, nu, où l'on ne met que de menus grains et des *sainfoins*. A quatre milles, sur votre droite, est le petit village de *Cléri*, nu et pauvre; presque vis à vis, en avançant, est un château au pied de quelques collines bien couvertes de bois. Les terres sous notre vue sont maigres et pierreuses.

La campagne est plus riante et surtout plus féconde vers *Quévauvillers*, dont les environs annoncent la *Neustrie; Quévauvillers* au surplus n'est qu'un village de boue et de chaume, comme presque tous les villages picards.

Après ce relais, qui est à quatre lieues d'*Amiens*, c'est une petite contrée fort agréable; le chemin est planté d'une double haie d'ormes et de pommiers jusqu'à la hauteur du *château de Courcelles;* en deçà est un petit village après lequel un second château sur votre droite; la terre ici est fort productive; nous avons de petits bois autour de nous; notre chemin, à quatre rangs d'arbres, continue jusqu'à une demi lieue du relais; mais en deçà, la campagne est nue, on retrouve des bois, et l'on ne tarde pas à descendre à *Poix*, pauvre bourg qui est le chef-lieu d'une *principauté* composée de dix-sept villages; le château seigneurial est sur la hauteur; on en passe assez près en montant la *côte du Plessis;* ce *Plessis* est un lieu d'ennuyeuse longueur et bâti misérablement.

Après ce village on trouve *Beaulieu*, qui est mal nommé; puis *Lignères-Chatelain*, qui n'est ni beau ni propre; en deçà de *Lignères* c'est *Bijeon*, et *Bijeon* nous introduit en *Normandie*.

Avançons, nous allons découvrir *Aumale* ou plutôt y descendre; la rampe qui nous y conduit est belle et bien coupée; un val profond, tout en labours, borde la gauche de notre route, et la tête des collines est ombragée de bois. *Aumale* a une petite rivière, de petites rues, un petit château. Ce qui distingue ce lieu enfoncé, c'est un pavé de grès taillé d'échantillon. On traverse, comme on peut, les rues d'*Aumale* raides et étroites; on ne songe qu'à sortir; on est impatient de la beauté d'une promenade champêtre qui touche à ses murs. Notre chemin, planté de pommiers et d'ormes, est pris dans le milieu d'un coteau; à notre gauche, sont des vergers; à droite, la tête de la colline est chargée de jolis bois; l'intervalle, entre les deux rideaux, c'est des champs en labour; à l'extrémité de cette rampe, qui a quelque étendue, est une riche métairie, et, par contraste, une maisonnette assez riante. D'ici la vue s'étend, domine et se réjouit; les bois s'interrompent, puis ils reprennent; puis nous trouvons des vergers de pommiers, des pièces closes, un village, et nous sommes alors à trois milles d'*Aumale*. Je vous préviens d'y apporter de l'attention; les villages de cette contrée vous échapperaient; chaque maison, comme dans le *pays d'Auge*, est au milieu d'un *herbage* fermé de haies; le pavé de la cour est une verte pelouse, et les feuilles des arbres vous dérobent jusqu'au toit du logis : l'unique indice de ces habitations champêtres, c'est la barrière qui les ferme. *Combien une telle demeure est saine et fraîche pendant l'été ! Combien elle est paisible durant les rigoureux hivers !*

Notre route n'est plus bordée, ni les bois aussi fréquens ; le sol est jaunâtre et le pays presque plat ; mais les terres portent du lin et du froment, et la campagne est gracieuse ayant encore de la variété.

Nous sommes également à trois lieues d'*Aumale* et de *Neuchâtel*, quand nous traversons une vallée riche de perspective, par des accidens multipliés. Là, je voudrais pouvoir vous dire qu'un ruisseau rafraîchit un fond bocager, mais il n'y a point de ruisseau. C'est une des privations de cette grande province d'avoir peu de sources, et principalement dans la *haute Normandie*. Cependant, je contemple avec *Tullie* des hauteurs forestières entrecoupées par des bosquets ; mille sentiers conduisent sous ces berceaux touffus, et la chaleur brûlante du midi nous les montre encore plus charmans et plus délicieux. Pourquoi faut-il n'y pénétrer que par le desir ? Oh ! comme nous passons avec regret devant ces bois hospitaliers ! Mais quand il nous serait permis de respirer leur ombre bienfaisante, ce ne serait qu'un moment rapide d'ivresse et de bonheur. Notre guide bientôt nous avertirait que stationné sous ces feuillées, il n'y fait point sa route. *Tous les plaisirs de l'homme sont courts, et le cœur n'est pas toujours ouvert aux sensations voluptueuses. Nous n'avons qu'une mesure de force dans les organes, et de pénétrabilité dans notre ame. Quelquefois éveillés par la plus légère monition du plaisir, quelquefois par le plaisir même on est à peine ému, et la nature nous montre en vain ses plus beaux ouvrages. Tous les momens ne conviennent pas pour connaître ou sentir, et bien moins pour admirer. Je vous ai peut-être peint avec des couleurs moins vives des scènes plus brillantes; mon esprit, bien souvent, s'est trouvé inférieur à son sujet. Nous dépendons de ce qui nous approche, de ce qui nous entoure : les humeurs changent; mais mon cœur*, oh ! Priscus ! *mais mon goût, pour la vérité, ne craignent pas les saisons, et ne sont point sujets aux altérations du temps.*

Après notre vallée, nous gardons autour de nous, et à de moyennes distances, des collines à têtes vertes : c'est un prolongement de la *forêt d'Aumale*. Nous passons une veine de terrain très maigre, où l'on fauche actuellement des *trèfles* courts et menus. Quoique ce fourrage aime la pluie, et que les *Pléyades* ne nous l'aient point épargnée jusqu'ici dans notre été. Voici une vallée plus profonde et moins belle que celle dont nous sortons ; elle est extrêmement fourrée ; *Neuchâtel* est dans le bas ; une pointe de clocher nous l'annonce. Cette ville est tellement environnée d'arbres, qu'on la cherche encore en y entrant ; sa situation doit plaire dans les beaux jours, mais j'y craindrais les brouillards du printemps et de l'automne. Les asthmatiques seraient mal ici ; les femmes y sont blanches, mais d'un blanc trop délicat ; la santé est d'une autre teinte ; la petite ville est bien pavée, mais toute bâtie de bois ; la plupart des maisons sont peintes en rouge, en vert ; c'est une *barriolure* dont *Tullie* s'amuse, et qui marque au moins de la propreté ; il y a beaucoup d'églises et beaucoup d'auberges. Je n'ai rien de plus à vous dire de cette *capitale du pays de Bray*.

Sortis de *Neuchâtel*, nous parcourons un pays charmant : voici *Clavel*, petit lieu dans une jolie position ; mais bientôt notre chemin devient âpre ; le sol est mauvais, et ce que les arbres ne couvrent pas est en maigres pacages où paissent de rares et maigres troupeaux.

Encore un village ; mais les bois sont plus rares, les *planitres* plus étendus ; nous avons un sol meilleur ; il nous manque ces haies fourrées qui formaient comme deux charmilles vertes sur le chemin.

La Boissière est un relais; ce hameau, caché dans un vallon embelli d'arbres, a son église au haut d'une côte.

À *Trembley*, qui est un village, remarquez sur la route une maison qui loge des *cavaliers de maréchaussée* : c'est un établissement à répéter; le vrai poste de cette cavalerie est sur les routes fréquentées et dans les lieux d'un passage suspect.

Jusqu'à *Vert Galant*, où nous ne sommes plus qu'à quatre lieues de la capitale, le pays est bon, et il est beau.

Après ce dernier relais, les terres sont si unies et si couvertes, que la vue est partout arrêtée. Les fréquentes maisonnettes de bois, les petits jardins ornés de *statues des boulevards*, distraient sans attacher. On est à la campagne, et on ne la voit pas : les pommiers, et d'autres arbres qui les surpassent en hauteur, serrent la route, l'encaissent, et emprisonnent l'œil, si je peux parler ainsi.

Le pays est moins couvert quand on approche de la ville, les maisons de campagne encore plus fréquentes; quelques-unes sont jolies : je n'en ai pas vu de belles. L'économie, et même la *chicheté*, sont ici les premières vertus. Aucune cité marchande ou manufacturière n'est peut-être plus parcimonieuse que notre ville de *Rouen*. Il faut pourtant que vous l'aimiez avec ce caractère, et même que vous l'estimiez. Il y a bien des espèces de mérites ici, et peu de villes en *Normandie* sont moins *normandes* que sa capitale.

Nous ne sommes attendus que demain par notre cher *Henri* et par ma fille *Fanchette*. Jugez de la joie et de la surprise ! C'est un grand plaisir que d'avancer celui des personnes que l'on aime. Adieu, bon *Kérisbien*, vous allez manquer à notre société de famille.

NOTES ET ÉCLAIRCISSEMENS.

NOTE (*a*) page 270.

Ses vieux ormes attestent l'ancienne tranquillité de cette place.

Lorsque je faisais cette remarque, je félicitais le passé, je ne prévoyais pas l'avenir; notre *révolution* paraissait devoir s'opérer sans verser une goutte de sang; mais quand on nous soupçonna de vouloir *révolutionner* tous les peuples, les rois s'armèrent contre nous; les *Prussiens* entrèrent sur notre territoire; la ville de *Longwi* fut assiégée et prise; nous la reprîmes bientôt, mais ses remparts étaient nus et dans une extrême dégradation.

NOTE (*b*) page 276.

Populosité.

Ce mot ne sera point reçu par les *puristes*; mais je les prie de m'indiquer un terme plus convenable dans la place qu'occupe celui-ci, car *population* ne rendrait pas ma pensée, et je voulais éviter une périphrase.

INDICATIONS

SUR LE VOYAGE N° 16.

Page 262. Madame *de Puysieux*. — Les femmes auteurs dans notre *France*.

Page 277. Le château de *Sedan* et ses armures.

Page 288. *Valenciennes* ou la musique employée politiquement.

Page 290. Les ouvriers de la *mine d'Anzin*.

Page 292. L'hôpital des pauvres, à *Valenciennes*.

Page 294. Les Béguines.

Page 306. La sortie d'*Aumale*.

Page 307. Un des sites les plus marquans de la belle *Normandie*.

1789.

PREMIER
GRAND VOYAGE
AVEC
CAROLINE-TULLIE.

PARTIE NEUVIÈME.

DE ROUEN A REIMS PAR NOYON ET SALENCY.

90 LIEUES.

C'est l'office des gens de bien de peindre la vertu la plus belle qui se puisse.
MONTAIGNE.

N° 17.

ITINÉRAIRE.

				LIEUES.	
1789.	Juil.	DE ROUEN ...... à Bolbec et retour.	»	14
	Août.	DE ROUEN....... à Gournay.......	11	
		Beauvais.....	10	
		Clermont.....	6	
		Compiègne....	8	
		Noyon.......	6	
				41
		DE NOYON ...... à Salency et retour.	«	2½
		DE NOYON....... à Ham........	5	
		Saint-Quentin..	5	
				10
		DE SAINT-QUENTIN à La Fère......	6	
		Laon........	5	
				11
		DE LAON .... à Reims.........		11½
		TOTAL...........		90

VOYAGE

DE

ROUEN A REIMS PAR NOYON

ET SALENCY.

~~~~~~~~~~~~~~~

Me voici à *Bolbec* d'hier soir fort tard. Je n'ai que peu de jours à donner à mes enfans. Ils sont prévenus : le desir va les chasser du lit, et tout à l'heure ils seront à ma porte ; je me lève donc avant le soleil pour être un moment seul avec vous ; et je ne sais si j'aurai le loisir de vous parler de ce *Val-au-Grès*, où mes deux aînés sont venus achever leurs études en quittant *Beaumont*, et la très fastueuse et très médiocre école qu'y tiennent des *Bénédictins*.

Le *Val-au-Grès* a appartenu à des *chanoines de Saint-Augustin*, que leur évêque dispersa pour disposer de l'héritage.

C'est une vallée des plus singulières que celle dont je ne vous donne ici qu'une esquisse : elle est ronde, et tellement dessinée, qu'on la prendrait pour le *cratère* d'un volcan éteint, s'il y avait eu des volcans en *Caux*. L'étymologie du nom de *Val-au-Grès* n'est pas difficile à découvrir. La pierre de grès s'y montre de toutes parts, et *Bolbec* en fait usage pour son pavé.

Trente écoliers, en tout, composent la pension du *Val*, où mes enfans se plaisent, et où l'air est plus vif et plus salubre qu'à *Beaumont;* mais ces *messieurs* heurtent à la porte de la cour ; *Carolin*, qui les entend, court au devant de ses frères ; ils montent: les voici. Ils veulent, pour me délasser, me mener à l'*Ille bonne*. Qu'est-ce que l'*Illebonne?* Je vous le dirai avant de fermer cette lettre.

Neuf heures et demie du soir.

L'*Ille-bonne* est un bourg assez considérable situé dans un beau vallon, à une lieue de la *Seine*, dont autrefois il bordait le rivage. Je n'ai vu, dans cette promenade monticuleuse, que des terres bien cultivées ou des bois. Ces bois, en grande partie, appartiennent à l'*abbaye de Valasse*, dont le sombre emplacement forme une mélancolique solitude ; mais cette retraite n'a d'austère que les dehors. La maison est belle, et là vivent, sans beaucoup de soucis, des *Prémontrés* en petit nombre, qui attendent en paix les félicités du ciel après les délices de la terre.

Gruché est un village, un lieu champêtre et charmant entre *Valasse* et *Bolbec*. Il ne manque à ces terres *Cauchoises* que d'être un peu plus arrosées; il y faudrait encore un ciel moins *nébuleux*; ajoutez-y l'égalité des partages, et je vais me fixer dans ce paradis de la *Neustrie*.

Le nom de *Cauchoise* est presque, à *Paris*, synonyme de *belle*; aucune erreur n'est plus complète que celle-là. Les *Cauchoises* ne sont pas belles, ou cessent bientôt de l'être, parce que leur *toque*, qui est la coiffure *alsacienne* relevée, dégarnit promptement de cheveux le front et les tempes, et qu'une tête nue n'est pas, dans une femme, un objet séduisant. Ne cherchez donc de jolies *Cauchoises* que parmi celles qui sont très jeunes encore, c'est à dire au dessous de vingt ans. Mais il y a plus : cette toque en *grègne*, comme on la porte à *Bolbec* et aux environs, est une coiffure effrontée qui éloigne les graces tendres : une femme, sous ce bonnet, a des traits fermes, un regard décidé, et j'ajoute que la démarche ordinaire d'une *Cauchoise* ferait aisément soupçonner sa vertu. Elles ont beaucoup de luxe. Les belles dentelles ne leur sont pas inconnues : une paysanne peut porter un béguin de vingt pistoles sous sa *calle* d'or ou d'argent; enfin, oserais-je vous le dire? elles sont la plupart, étant mariées, des mères assez dures, excepté pour l'aîné, qui,

Tome II.

devant hériter de tout l'*immeuble* et d'une grande partie du mobilier, en un mot, qui, sûr d'être riche, paraît toujours avoir les qualités qui rendent digne de la fortune ; mais ses frères démunis seront pour l'ordinaire négligés à la maison, et encore plus au dehors. C'est dans la crainte de fatiguer l'unique objet de la prédilection des lois, qu'on ne lui donne aucune éducation ; s'il parvient seulement à savoir signer un *bail de ferme* ou à lire l'*exploit* qui presse les paiemens d'un fermier, c'est assez ; car de quelle autre instruction croirait avoir besoin celui qui aura de l'or ? Ses frères, déshérités, demanderaient sans doute à acquérir des talens plus étendus ; mais la part de l'aîné en serait diminuée, et quelques bons pères seulement sont capables de ce généreux sacrifice.... Eh bien ! la Nature se venge et des préjugés et des institutions qui la contrarient ; elle rétablit les niveaux, et reporte souvent tout l'héritage en des mains qui ne demandaient qu'à le partager. Rien n'est moins rare que des *cadets* qui achètent le bien de leur aîné : le travail et l'industrie rendent aux uns ce que l'ignorance ou les vices enlèvent à l'autre ; et c'est une remarque à faire que, depuis qu'une loi gothique et partiale refusa tout aux cadets pour donner tout à l'aîné, il ne s'est pas trouvé, parmi ceux-ci, un cœur assez généreux pour partager avec ses frères l'héritage paternel.

Ainsi *Tantale* n'en est que plus altéré au milieu des eaux ! Ainsi les mauvaises lois dépravent l'homme ; mais celle-ci va finir, et déjà le décret nécessaire aurait dû être prononcé.

Bolbec et les villages voisins ont beaucoup de *protestans :* ceux-ci se distinguent sur les *catholiques* par une intelligence plus active dans leurs travaux ; ils sont économes, sobres, et leur conduite est plus régulière ; ils ont ordinairement les vertus domestiques ; ils suivent la loi, mais ils la corrigent autant que l'obéissance qu'ils croient lui devoir peut le permettre ; ils distribuent du moins leur tendresse entre tous leurs enfans, s'ils ne peuvent pas leur faire à tous la même part dans les propriétés patrimoniales.

Il est tard : je suis fatigué de ma journée ; cependant, j'ai rendez-vous demain *de très bonne heure.* Nous retournons dîner à la campagne, et loin, loin.... à ce qu'ils m'ont dit ; car ce sont eux qui me conduisent. Je profiterai de cette course pour causer avec quelques bons villageois, et pour voir et connaître une nouvelle partie de cette riche contrée de *Caux.*

Bonsoir, mon ami, et à la belle *Amynthe* et à ses sœurs aimables, si elles sont encore auprès d'elle.

C'est un voyage : oh ! ils ne m'avaient pas trompé ! Nous avons bien fait six lieues ; mais le plaisir a distrait de la fatigue. Je ne m'aperçois que je suis las qu'en quittant mes enfans.

Il m'est impossible de croire qu'il y ait en été un pays plus promenant, plus sain, plus gracieux, et où la campagne ait plus d'attraits. Il n'y a qu'à marcher au hasard pour trouver cent bosquets champêtres, des collines fraîches et riantes, des villages animés, de jolis châteaux, des allées de pelouse que protègent de leur ombre les arbres touffus qui se ferment en ceintre sur la tête. Point de clôtures qui gênent et raccourcissent la vue. Jamais on n'est obligé de chercher un chemin. Quoique la culture soit pleine, les campagnes se sillonnent comme la mer. Il y a partout des sentiers ; ils traversent, en divergeant, des moissons riches ; ils percent des taillis, ils découpent des bois.... Non, je n'ai pas vu un pays plus magnifique. Je vous en acheverai peut-être le tableau, si je vous dis qu'il surpasse *Jersey*, autant que cette île l'emporte en agrémens champêtres sur les *environs de Quimper* que j'ai regrettés long-temps. Mais nos collines sont presqu'égales en hauteur et nos vallées courtes. L'œil jamais ne se précipite en cascades sur une suite d'objets descendans ; il n'y a point, en un mot, de ces riches points de vue dont le détail quelquefois détrompe de l'ensemble ; c'est une répétition de beautés variées quoiqu'uniformes ; c'est toujours des champs, des bois ou des sentiers bordés de verdure, ou des fermes enveloppées d'arbres fruitiers. On ne change pas et l'on croit changer toujours. Aussi, sur le soir, lorsque l'heure ou la fatigue rappelle d'une promenade au loin prolongée, lorsqu'en regagnant la ville on observe, à droite, à gauche, des lieux qu'on n'avait point aperçus, ou que le plaisir demande à revoir encore, on remet au lendemain sa jouissance, et le lendemain on est heureux par les plaisirs de la veille.

Avec tout cela, ce pays n'attire point, et aucun étranger ne s'y vient établir. Les lois de cette contrée normande repoussent autant que le caractère déguisé, inconfiant des *Cauchois*.

Ces *Cauchois* sont la plupart de stature haute ; mais ils n'ont point la beauté molle des *campagnes de Caen* : aussi sont ils plus forts et plus laborieux. Eh bien, *Priscus !* dans ce pays rempli d'hommes, qui ont autant d'horreur pour l'oisiveté que pour l'indigence, on trouve beaucoup de terres en friches. Rien qu'entre *Bolbec* et *Fécamp* il y a plus de terrain inculte qu'il n'en faudrait à cinq cents familles pour les nourrir : mais ce sont des *communes* ou *communaux*. Que répondre à cela (*a*).

Voilà trois jours passés dans le plus délicieux état ; il faut l'interrompre et partir.

Mes enfans vous embrassent, cher *Kérisbien*, et votre belle *Amynthe* de qui *Tullie* tient son nouveau nom.

~~~~~~~~~~~~~~~~

Jusqu'a *Alicarville*, qui est à deux lieues de *Bolbec*, les collines s'entremêlent avec des plaines courtes. Il reste six milles pour *Yvetot* : nous les faisons sur un terrain plus uni, mais toujours fertile, toujours coupé de bois, et encore charmant, quoiqu'il ait perdu beaucoup depuis le *Val-au-Grès*.

Yvetot est plus grand et moins joli que *Bolbec*. Il a des maisons de bois en grand nombre, et quelques-unes toutes bâties de terre; plusieurs rues sont mal propres n'étant point pavées. Je ne sais s'il faut croire à huit mille habitans dans *Yvetot*.

Barentin, très gros bourg, est à quatre lieues de la petite ville; le pays est toujours tel que je ne conçois pas de beautés champêtres plus vraies, plus attachantes, et que je me sens disposé à renoncer à ces *terres encloses* que je regrettais à cause des arbres qui couvrent leurs fossés, mais c'est une ombre prisonnière; il faut gravir un escarpement pour y pénétrer. Ces bosquets ne sont pas libres: l'avare maître en a toujours la clé dans sa poche. Notre pays de *Caux* est un jardin sans barrières ; les routes n'y paraissent tracées que pour le plaisir. L'étendue d'un champ n'est pas circonscrite entre des haies; tout se communique et tout est borné. Partout la vue s'arrête sur des arbres, ou alignés par une main symétrique, ou ramassés dans un ordre confus sous le compas errant de la Nature. Non, à moins de méconnaître le bonheur simple et les voluptés pures, il est impossible, quand on parcourt cette contrée, de ne pas desirer de la revoir et de la revoir encore.

Le *Caux*, qui forme à peu près un triangle *équilatéral*, se divise en grand et petit. Dans ce dernier la coiffure est plus modeste et mieux séante. La *toque*, qui est de riche étoffe, ne s'élève point comme le *haume* d'un casque; elle n'avantage point la taille, mais ne déprécie pas les traits. On peut avec cette toque n'être pas encore vieille à trente ans; les oreilles ne restent pas entièrement découvertes. Un pénible bourlet n'*épile* point la chevelure : je suis donc pour le *Petit Caux*, et vous en adopteriez le costume; il est décent et doux ; l'autre est libre, hardi, effronté. Si j'en prenais le temps, j'étudierais l'influence des deux bonnets, et je trouverais qu'elle n'est pas idéale.

La beauté et l'agrément du pays se perdent

tout ensemble. A deux lieues de *Barentin*, c'est un fond blanchâtre et maigre. Des côtes raides, couvertes de taillis clairs et bas. C'est entre ces collines qu'est *Marôme*, gros village arrosé par un joli ruisseau. Au dessus de *Marôme*, et à peu de distance, se croisent les chemins du *Hâvre* et de *Dieppe*. On n'est plus alors qu'à trois milles de *Rouen*. Nous trouvons le docteur à *Marôme* : il y était venu voir un malade, et nous le ramenons avec nous ; cette agréable rencontre va me faire terminer ici ma course descriptive.

Henri vous salue, et je vous salue pareillement. A demain.

~~~~~~~~~~~~~~~~~~~~

PLUS j'habite, plus je connais cette capitale, plus je suis persuadé qu'aucune ville riche et commerçante du royaume n'est moins occupée de luxe et de dissipation ; mais *Rouen* a une physionomie sérieuse et le ton grossier, pour ne pas dire qu'il soit dur. Ces gens là sont toujours dans leurs magasins ou dans leurs comptoirs. *Lyon* et *Marseille* n'ont pas plus de véritable politesse ; mais quand l'intérêt y invite, on s'y montre plus accueillant, plus ouvert qu'à *Rouen*. Je préfère *Bordeaux* à ces trois autres villes. Les *Gascons* mentent beaucoup et vous trompent sans scrupule, mais ils sont gais, ils vous amusent pendant qu'ils vous volent; et, trompé pour trompé, j'aime mieux l'être jovialement.

Quittons le moral pour le matériel. Il y a une différence fort sensible entre *Rouen* et *Marseille*. La ville provençale a sa propreté à l'intérieur, et sa négligence dans les rues. La cité normande est tout le contraire ; ne faites que parcourir les rues, la police du balayage prévient favorablement pour la tenue des maisons; entrez dans ces maisons, vous êtes suffoqué. Une grande *savonnerie* à *Marseille* blesse moins par l'odeur de ses chaudières et de ses cuves, qu'une petite fabrique de *Saint-Sever*, où l'on dégraisse la laine pour des couvertures : c'est qu'à l'incommodité inséparable de l'art se joignent les précautions de l'avarice parcimonieuse. On ne veut pas jeter sans examen les balayures des ateliers; il faut voir s'il ne s'y sera point caché un *toupet* de laine ou de coton; mais, en attendant qu'on y regarde, les *équevilles* restent là.

Rouen, avec des revenus considérables, *Rouen*, dont les rues sont étroites et sombres, et dont la population est nombreuse, n'est éclairée que pendant l'hiver, (on met pour l'été, les réverbères en magasin; et pour tenir les cordes tendues, on y suspend une pierre quand on ôte la lanterne. Double erreur. La pierre peut tuer un passant; et ce qui est bien plus grave pour une ville *normande* et *marchande*, les cordes pourrissent, Ce mauvais usage n'est point particulier à *Rouen;* la ville pédante de *Dijon* a la même pratique, et n'en changera point, surtout si elle lit ce paragraphe; car le monde est plein de petits pouvoirs et de grands orgueils qui ne veulent être ni enseignés ni avertis.)

Eh bien! la ville *chiche* de *Rouen* construit, sans utilité, une *chapelle* de cent mille écus, pour un *hôpital* où les pauvres ne sont qu'à demi logés : cette inconséquence est trop forte, et l'architecture de la chapelle n'en fera point excuser la dépense.

C'est une magnifique église que celle de *Notre-Dame;* mais l'église de *Saint-Ouen* est plus belle encore ; on ne se lasse point d'y admirer la *rose du portail* et celles des croisées ; nous saurions peut-être dessiner ces *volutes;* mais les exécuter, je n'ose le croire.

Rouen a un grand nombre de *fontaines*, et pas une d'ornée, si vous exceptez celle du *marché aux veaux*. Le pied triangulaire de cette fontaine sert de base à une mauvaise statue en pierre de la célèbre *Jeanne-d'Arc;* mais, ce qui est préférable à des décorations, ces fontaines ne tarissent point, et fournissent une eau assez pure.

On continue de bâtir en bois dans l'intérieur de *Rouen;* mais sur les *boulevards* on ne permet de bâtir qu'en pierres ou en briques, au moins le rez de chaussée ; je n'ai point appris les motifs de cette différence.

Salut à *Kérisbien.*

~~~~~~~~~

Au revers de la montagne qui couvre *Darnetal*, le pays est boisé ; notre chemin est bordé de pommiers et de poiriers dont la feuille épaisse nous intercepte souvent la vue des campagnes.

On traverse à trois lieues de *Rouen* le village de *Martinville*, où la route finit en face de la porte du château ; c'est dommage que nous ayons trouvé sitôt ce château favorisé, car voici de mauvais chemins quand il a plu, et il pleut presque continuellement.

C'est à l'issue d'un bois que nous apercevons *Vascueil;* il est dans une vallée fraîche arrosée par un ruisseau ; mais voyager pour voir, et ne trouver que des traverses rompantes ! il serait bien préférable de rester chez soi ; car il est impossible d'examiner, de juger, d'écrire avec la crainte continuelle de verser. *Bénissons donc les auteurs des grands chemins, et même ceux qui les tracent un peu despotiquement, et même ceux qui les entreprennent, quoique aucun d'eux peut-être n'ait en vue le bien public.*

On passe après *Vascueil* au village de *Noisi*, petit lieu où nous retrouvons une route ; on monte, en sortant de *Noisi*, une côte assez raide, ayant une vallée à droite et des bois de toutes parts devant nous.

Un second village, c'est *Lahaye*, pas plus grand que *Noisi* ; ensuite un bois de futaie qui presse les deux côtés du chemin. On découvre, en se dégageant du bois, le *château de Richebourg* dans une campagne agréable, et à quatre milles de *Vascueil*; notre chemin cesse ici comme devant *Martinville*.

Vous gardez toujours des bois à la vue ; bientôt vous traverserez de jeunes taillis : voici des bouleaux, des frênes en quantité, et *Gournai* se présente au milieu de ces campagnes.

Gournai est assez joli ; il a des restes de murailles, un fossé, des tours, et il eut autrefois des portes ; la grande rue et la place sont bien pavées ; les maisons, la plupart assez propres, sont de briques ou de bois et de briques ; mélange inconnu à *Rouen*. Il y a une *halle* sur la place, et près de la halle, une *fontaine à pyramide;* magnifique ouvrage que dessina le crayon des *Ponts et Chaussées*.

Gournai a une petite rivière et beaucoup de petites *fabriques;* ses environs sont très champêtres, et le sol en est assez bon ; mais, à peu de distance, il devient maigre, et puis tout à fait pierreux ; en même temps, les bois sont plus rares ; et cependant cette culture étendue, ce pays de basses collines, n'est pas sans intérêt.

Voilà *Gerbroy*, la plus petite des villes murées ; on l'aperçoit de loin sur une hauteur ; elle est dans un charmant aspect, mais sa situation fait tout son prix.

Immédiatement après *Gerbroy*, les champs sont nus, le sol pierreux ; mais, à peu de distance, on a des champs plantés de pommiers épais.

Nous habitons depuis *Gerbroy* avec les *Picards ;* on s'en aperçoit au langage ; le patois de *Picardie* est prodigue et vif ; l'idiôme *Neustrien* est avare et traînant. Qu'est-ce qui peindrait l'âme, si ce n'est l'expression?

Nous entrons à *Marseille de Picardie :* c'est un bourg ; *Tullie* préfère le *Marseille maritime.*

Bonsoir, *Priscus.*

MARSEILLE est dans une vallée étroite, mais jolie ; le bourg lui-même est joli pendant l'été ; vous jouirez d'une campagne fraîche à la sortie de ce lieu ; et, ayant fait un mille, vous trouvez l'*abbaye de Beaupré* où logent fort au large huit moines *Bernardins :* leur église est neuve comme tous les bâtimens ; mais observez la clôture des jardins et des vergers ; ces magnifiques murailles, qui ont dans leur couronnement plus de deux pieds six pouces d'épaisseur, sont faites en échiquier ou en carrés égaux de briques et de pierres ; cette marqueterie n'est pas un jeu pour l'œil, mais une imitation de la manière solide et *perdurable* des anciens.

Entre cette riche abbaye et le *château d'Achy*, qui est bien bâti et bien situé, on voit des étangs considérables ; et derrière le village d'*Achy*, c'est une terre chargée de petits cailloux ; un sol maigre, mais pleinement cultivé ; l'ensemble du pays est toujours délicieusement champêtre ; c'est tout collines ; et les bois, les taillis, les ruisseaux, s'y présentent fréquemment à la vue ; on passe plusieurs villages ; il ne manque ici que du soleil et un chemin.

Après *Monceau*, village bâti de terre, caché dans des bois et incliné dans sa position, on se trouve transporté comme magiquement au milieu d'une plaine dont le sol est très productif ; les collines ont fui, elles rasent un horizon lointain ; mais bientôt on s'en rapproche, et l'on trouve à leur pied une terre pierreuse médiocrement fertile.

De nombreux châteaux, que nous avons sous la vue, me rappellent la réputation qu'ont les *paysans Picards* d'être des *brûleurs;* cependant je n'aperçois les ruines d'aucune maison incendiée, quoique je découvre beaucoup de fermes à l'écart; ainsi, *il y a des calomnies qui se perpétuent, et qui, en vieillissant, passent enfin pour des vérités.*

Au sortir de *Troisfeux*, sur une hauteur à votre droite, remarquez une jolie chapelle; c'est un pélerinage attrayant dans les beaux jours: aussi est-il très fréquenté; ce goût des *lieux hauts* est universel; c'est là que se retirent les solitaires, les contemplatifs; jamais les menaces de leurs prophètes, ne purent empêcher les *Juifs* d'aller sacrifier sur les montagnes.

Une lieue et demie avant *Beauvais*, nous tenons une grande route; nous en étions presque déshabitués; nos terres sont toujours entrecoupées de bois. Voici des vignes aux approches de la *ville Tapissière*.

Le *chœur de Beauvais*, dans une basilique qui n'a point de nef, est véritablement d'une beauté majestueuse, tant au dedans qu'au dehors; mais si vous faites un attentif examen des arcades extérieures, vous ne pourrez finir de les admirer; leur ouverture est si grande, les piliers qui en font l'appui ont si peu d'épaisseur, qu'il n'est peut être aucun gothique qui égale en perfection ce grand travail; et s'il n'est point achevé, ne serait-ce pas qu'on aura craint de ne pouvoir bâtir une nef proportionnée à la légèreté, à la hardiesse du chœur.

Il y a dans cette demie église des vitraux bien déparans, et des *stalles* tellement ignobles et sales, qu'elles contrastent d'une manière trop marquée avec la somptuosité d'un pavé de marbre, avec la mosaïque du sanctuaire, et avec la simplicité riche du rétable. Le *jubé*, tout en marbre, est orné de statues dont le travail a du prix; remarquez deux *colonnes torses* noires: cette manière est rare et bien exécutée, mais l'effet est au dessous du travail.

Le palais de l'*évêque-duc* ressemble à une forteresse : deux grosses tours flanquent la porte d'entrée; je n'ai pu voir cette maison qu'avec horreur, en pensant qu'elle fut habitée par l'infâme prêtre qui fit périr sur un bûcher une héroïne valeureuse, et digne des palmes de la vertu; c'est cette *Jeanne d'Arc* dont nous avons souffert, de notre temps, qu'on fît un sujet de dérision dans un poëme imposteur autant que licencieux! oh! crime de *Voltaire!* honte de ma nation !

Le *grand marché* est la place la plus remarquable de *Beauvais*, et cette place n'est ni grande ni belle; l'*Hôtel de Ville* en occupe une des faces. En regard de cet hôtel est une statue équestre de *Louis XVI;* ce jet de bronze est petit, mais le travail est bon, et la figure du roi surtout est bien saisie.

Derrière ce monument, les *ponts et chaussées* ont élevé deux aiguilles indiquant deux fontaines, mais qui, jusqu'à présent, n'ont pas fourni une goutte d'eau.

Il n'y a dans *Beauvais*, quoi qu'en dise M. *Hesseln*, aucune rue alignée; celles de l'*Ecu* et de *Saint-Sauveur* sont larges et assez bien bâties, mais on a omis de les tirer à la règle; elles ne sont droites ni l'une ni l'autre.

Beauvais, en général, est bien pavé et propre; il y faut voir la *manufacture de tapisseries,* où des ouvriers brochent *à l'envers* des dessins qu'ils seraient incapables d'exécuter au crayon; ils peignent, et n'ont aucune idée de la peinture.

Entrez à l'*Hôtel de Ville* : on vous fera remarquer dans la salle d'assemblée le portrait d'une héroïne fort célèbre à *Beauvais;* c'est *Jeanne-Lainé,* surnommée *Hachette*. Cette femme guerrière était jeune encore, quand, par son courage, elle sauva *Beauvais* qu'un duc de *Bourgogne* tenait assiégé.

On a *allégorié* l'histoire de *Jeanne-Lainé* dans un tableau de chevalet, posé dans la première salle. Cet ouvrage, tout neuf, est d'un coloris dur et d'une composition sans génie; contentez-vous du médaillon de l'héroïne. La gravure de ce médaillon est suspendue du côté de la cheminée; et je crois que cette tête charmante, couronnée de lauriers, vous en dira plus que le grand tableau prétendu historique. *L'allégorie n'est qu'un mensonge; le goût comme la vérité la réprouvent. Que l'on s'interroge de bonne foi, on conviendra que rarement on comprend une allégorie, parce que rarement elle est juste; mais on la cite, on l'admire, cela donne un air de grande capacité. Nous sommes bien dupes et des autres et de nous-mêmes!*

On a mis pour pendant au portrait de *Jeanne Lainé* celui de *Jeanne d'Arc*. N'oubliez pas que *Jeanne Lainé* était belle, que *Jeanne d'Arc* l'était aussi, et joignez ce fait à mille autres pour fortifier le principe : *que la beauté est le signe de la vertu.* Non, jamais la vertu n'est séparée de la beauté ; on ne nous peint les anges si beaux, que parce que ces ministres de l'Éternel puisent la vertu dans son essence, et la possèdent en sa perfection. J'ai vu, me direz-vous, chez la même personne, la laideur, la bonté et les plus hautes vertus. Vous avez donc vu ce qui ne fut jamais? Ne confondons rien, cher *Priscus;* la beauté n'est pas précisément cette régularité de traits, cette justesse de forme qu'on admire dans une statue : la beauté est dans l'habitude entière du corps, dans l'œil sur-tout, cette porte de l'ame. *Socrate* était beau; mais si nous avions un portrait fidèle d'*Alcibiade,* je vous ferais convenir que cet *Adonis* des ruelles d'*Athènes* n'avait point la vraie beauté. *Promenez-vous le soir à la lueur favorable des bougies sous les galeries du* Palais-Royal, *vous y trouverez cent* Laïs *que la nature créa belles, et qui croient l'être encore; mais la luxure, l'impudence, l'immodestie siégent sur leur front, et se peignent dans leurs yeux. Chacune de ces ennemies de la beauté, le ciseau à la main, est incessamment occupée à en dégrader l'image.* Voyez, au contraire, une vierge; contemplez la jeune fille qui n'a connu encore que la tendresse filiale, et que la pudeur native couvre de son voile incarnat; remarquez cette épouse modeste qui chérit sa maison et ses devoirs, aimée de son mari et respectée de ses enfans: ni l'une ni l'autre n'ont peut-être la blancheur éclatante du teint; une prunelle noire et vive ne brille pas dans un œil bien fendu, mais de longs cils en marquent la douceur. Vous n'admirerez point leur taille, vous ne serez pas épris de leur port ni de leur démarche, vous n'aurez nulle perfection physique à analyser, et l'ensemble vous séduira. Vous ne pourrez vous dire ce qui vous plaît, parce que tout vous plaira; vous éprouverez à la fois le respect et l'amour. *Oh! non, Priscus, il n'y a que la vertu de belle; mais la vertu est toujours belle, car la beauté n'est pas* ce qui surprend ou éblouit, mais ce que la raison recherche et dont le prix augmente par la possession.

Beauvais est presque tout bâti en bois, et n'a pour promenades que ses remparts qui ne ceignent pas entièrement la ville, et dont le fossé est une *jonchée* marécageuse. Il y a de plus, vers la porte de *Bresle*, un cours à plusieurs allées, mais aquatique, et qui n'est guères fréquentable que dans le haut de l'été.

Voilà tous les promenoirs où l'on m'ait conduit à *Beauvais*; mais les campagnes avoisinantes sont jolies et fraîches, excepté sur la route d'*Amiens* où le pays est très nu.

Bonsoir, *Priscus*.

※※※※※※※※※※

La *porte de Bresle*, à *Beauvais*, ressemble en petit à la *porte de Saverne*, qui nous avait presque effrayés en sortant de *Strasbourg*. Nous voici dans la campagne, gardant à notre droite un très beau vallon. On passe *Maricel*, village de terre à une demi-lieue de *Beauvais*; après *Maricel*, le vallon est moins couvert et moins frais. Nous apercevons le *Thérin* bordé de quelques prairies, ayant devant nous des coteaux bas, plantés de vignes entrecoupées de labours. Voici *Cardons* ou *les Cardons*, autre village de terre à un mille de *Maricel*.

Quittant *Cardons*, remarquez à votre droite un tertre isolé, suffisamment couvert. Comme il serait agréable d'habiter là! Mais *quand on voyage, c'est trop peu d'un corps et d'un esprit; on a cent volontés, on n'a qu'une puissance.*

Avançons. Voici d'autres tableaux; c'est une plaine très bornée dans son étendue, mais bien cernée d'arbres, et, à travers ces arbres, percent vingt clochers en flèches, qui indiquent autant de villages. Vous ne changerez d'horizon qu'en passant un ruisseau qui traverse la route ; près de là, c'est un hameau ; derrière ce hameau, deux grands chemins qui se croisent ; et non loin de vous, sur un tertre, un moulin à vent. Notre chemin est beau, la terre bonne; elle fut couverte, il y a peu de temps, d'immenses moissons. *Cérès* fait de ce pays un de ses domaines.

Bresle, à environ deux lieues de *Beauvais*, est un gros village de bois, de terre et de chaume. *L'évêque-duc* y a la jouissance d'une maison de campagne assez vaste, et bâtie de briques.

Au sortir de *Bresle*, les forêts royales nous avoisinent. Voilà un village singulièrement nommé, c'est la *Rue Saint-Pierre*. Ce lieu n'est pas loin de *Neuville-en-Haie* ; le chemin nous manque après *Neuville*. Nous marchons long-temps dans la forêt, et nous ne quittons les sables qu'à *Clermont*, qu'on découvre de loin sur son monticule.

La petite ville de *Clermont* consiste en plusieurs rues inclinées autour d'une petite plate-forme, où est un petit château qui ne présente au dehors qu'une prison carrée. Près de ce gothique édifice est une église nommé *Saint-Samson;* elle serait jolie si la nef était voûtée comme le chœur.

Le *Pont de pierre* est un petit village à un mille de *Clermont;* on m'y fait remarquer de belles prairies, qui n'étaient, il y a peu de temps, qu'un sale marécage. Vous traverserez ces prairies sur une chaussée pavée, mais en deçà et au delà point de chemin. Faites une demi-lieue, le terrain change, ce n'est plus que du sable; voyez, pendant cette route et sur votre droite, le *château de Nointel.*

Bayeux-le-Soc est bien nommé; il s'environne de bonnes terres, et toutes en labours.

Depuis *Boisliheu,* en deçà du château d'*Arcy,* nous quittons, reprenons et côtoyons continuellement les forêts, rencontrant à chaque pas des paysans-chasseurs qui abandonnent la charrue pour *braconner;* c'est l'abus d'une bonne loi.

Usage dangereux! D'où vient que les puits de villages en ces quartiers sont au ras de terre, sans parapets, sans seuils, comme des puits de jardiniers? J'en ai vu de pareils auprès de *Port-Louis,* dans votre *Bretagne,* et il n'était pas rare qu'il y tombât des ivrognes.

Voilà *Saint-Corneille* qui se découvre; la route

est magnifiquement plantée aux approches de la cité royale ; nous marchons entre des prairies. J'aperçois des *enquêteurs de passeports ;* j'ai le mien à la main ; je l'ai tiré dix fois aujourd'hui en quatorze lieues ; c'est une gêne momentanée pour arriver à la liberté, *à ce qu'ils disent.*

~~~~~~~~~~~~~~

Nous passons l'*Oise* sur un assez beau pont, puis nous remontons cette rivière en la côtoyant l'espace de deux milles. La route est belle et bien couverte d'ormes ; ici se termine un grand bassin fermé par des collines hautes. Nous gravissons une butte d'où l'on découvre une vaste campagne. Les terres sont bonnes ; on y fait beaucoup de chanvre. La forêt est toujours à notre vue. Remarquez en face du relais un château très bien situé ; ce lieu s'appelle *Bac-à-Belle-rive.*

Leuvecourt, où finit le pavé, est à un mille du relais. Notre chemin est planté de frênes, nos terres sont profondes ; deux chevaux cependant suffisent sur une charrue, mais ces chevaux sont rablés et forts. Voyez, au bout d'une longue avenue, une maison très apparente ; c'est *l'abbaye d'Orcamp.* Un peu plus loin, dans les bois, vous découvrez un château ; c'est celui de *l'évêque-comte et pair de Noyon.*

On reprend le pavé à *Gilus,* qui n'est qu'un très petit village, mais qui a des maisons bâties en pierres ; la pierre n'est plus rare depuis *Compiègne.*

Nous voici à *Noyon;* l'église de cette ville est propre et jolie, mais la voû e manque d'élévation. Il règne sur les basses nefs une belle tribune dont la balustrade est en fer. Le chœur est richement pavé, le sanctuaire magnifique, l'autel d'une simplicité majestueuse ; c'est un marbre blanc grisaillé, et avec des ornemens d'or ; mais le baldaquin est lourd. On ne voit guères dans nos églises que des baldaquins défectueux ; il existe pourtant deux bons modèles, le *Val-de-Grâce à Paris,* et la *cathédrale de Verdun.*

Remarquez dans la croisée, d'un côté, la sacristie où l'on monte par quelques degrés ; de l'autre, une porte au dessus de laquelle vous pouvez lire : *Ecclesia istic non clauditur, nec episcopus cuiquam denegatur.* Cette inscription pouvait être juste au temps de *Saint-Médard;* mais sous cet évêque de *Noyon,* qui appelait son auditoire *canaille chrétienne,* les prélats étaient devenus moins communicatifs.

La ville de *Noyon,* petite en son enceinte, irrégulière dans ses rues, et n'ayant guères que des maisons de bois, vous plaira cependant par un pavé beau et propre, et par des remparts bien couverts.

Il y a une autre promenade sous les fossés entre les portes de *Dame-Journe* et de *Saint-Eloi* : je n'ai fait que l'apercevoir.

La *place*, qu'on appelle la *grande*, est triangulaire et fort petite ; l'*Hôtel de Ville*, qui en occupe un coin, n'est qu'un vieux bâtiment sans remarque ; la *fontaine*, dont on a voulu embellir cette place, est d'un travail médiocre, et l'ensemble pèche dans les proportions ; c'est une croix en forme d'obélisque, dont le pied est orné de quelques statues de grandeur naturelle ; les eaux se versent dans une grande auge découpée en trèfle.

J'ai demandé si *Jean-Cauvin* avait encore ici des descendans de son nom : on ne m'a pas répondu, et ma question ne le méritait guères ; mais s'il y a des *Cauvin* à *Noyon*, je desire qu'ils soient plus tolérans que leur grand oncle, et qu'ils ne fassent point brûler un misérable *ergoteur* qui s'égare par orgueil ou par ignorance.

Salut à *Kérisbien*.

J'ARRIVE avec *Tullie* de ce village où *Saint-Médard*, avec une rose et vingt-cinq francs, a su fixer la vertu parmi les innocentes mœurs des champs ; le vœu de l'instituteur, depuis douze siècles, n'ayant pas été trompé, on peut espérer que cet établissement ne périra point; cependant, parmi les nouvelles confréries de *Rosières*, plusieurs ont obtenu leur affiliation aux *Salenciennes*. Je ne sais ce que les affiliées y gagneront; mais les *affiliantes* peuvent y perdre. Tâchons pourtant de croire que dans nos récentes fondations on ne couronne que la vertu; mais c'est le vice qui la couronne, et sa main flétrit les roses qu'elle a touchées. N'a-t-on pas voulu, et de notre temps, dicter des lois nouvelles aux *Salenciens*, et changer jusqu'à la forme des élections? M. *Danré*, leur seigneur actuel, n'a pas rougi de cette entreprise; il a fait plus, il a refusé le paiement annuel des vingt-cinq livres qu'il doit à la *Rosière*, et que ses prédécesseurs ont toujours acquitté; il a perdu sa honteuse cause; et c'est-là le premier procès qu'aient eu les *Salenciens* : j'apprends qu'ils ont été conduits dans cette affaire par leur vénérable pasteur.

Je n'ai pu voir le bon vieillard Génovefain qui *gouverne* actuellement cette paroisse; mais je me suis entretenu deux heures avec son vicaire, qui est un prêtre séculier; ce second ministre, après un éloge touchant de son curé, m'a parlé des *Salenciens* ; aucun d'eux ne peut se marier hors de la paroisse; ils n'envoient pas leurs enfans en service, ni filles ni garçons; ils ne connaissent la ville que pour y vendre leurs denrées; les deux sexes travaillent également à la terre ; on a dernièrement monté trois charrues dans le village ; mais tout, au surplus, s'y fait à la bêche, et cette méthode a rendu fertile un terrain assez ingrat ; il n'y a point de riches ni de pauvres dans la commune ; ils se regardent tous comme frères ; ils sont au moins tous alliés, et il n'y a que trois noms dans ce bourg de cent soixante feux, composant environ six cents personnes. La *fabrique* est dotée, et possède environ mille livres de revenus qui, bien économisées, ont suffi aux *Salenciens* pour faire de leur église une des plus jolies églises de village. On ne reçoit pas les enfans à la communion qu'ils ne sachent lire ; il y a une école gagée ; le maître instruit les garçons, sa femme instruit les filles : chacun séparément ; il faut que tout paroissien puisse chanter à l'office et le suivre : on y est plus attaché, plus recueilli ; l'usage du chapelet, suivant le respectable vicaire, est une dévotion oiseuse et languissante. On n'y fait pas les mêmes prières que l'église, et l'esprit ne peut se soutenir attentif dans la répétition continuelle d'une même formule. Les hommes, à l'église, occupent le chœur et les deux chapelles latérales ; les femmes, les filles et les petits enfans, ont, dans la nef, des bancs propres et bourrés de paille.

Au dessous et assez près de l'église paroissiale, est une chapelle dédiée à *Saint-Médard* ; elle est propre, mais petite; c'est là qu'est couronnée la *Rosière ;* vous verrez dans cette chapelle un grand tableau où sont inscrits les noms de toutes les *Rosières* depuis une époque déjà éloignée. Ce tableau n'est qu'un simple catalogue, mais plus touchant que tout ce qu'a produit le pinceau de *Raphaël.*

Les maisons de *Salency* sont la plupart fort écartées l'une de l'autre, et c'est ce qui fait paraître ce lieu plus considérable qu'il ne l'est en effet; les rues de cette commune sont pavées, ainsi que plusieurs petits chemins accédans. Cet avantage distinctif dans une campagne donne un grand air de propreté à *Salency ;* ajoutez, qu'étant au pied d'une colline dans une vallée couverte, il est très arrosé et très frais. J'ai vu, sur ce territoire, des chanvres, des blés qui viennent très bien, quoique dans un terrain sablonneux : mais souvenons-nous de la *bêche*.

J'ai parcouru avec délices ou recueillement toutes les issues de *Salency ;* l'église est à une extrémité du village, et le château à l'autre. Ce château n'est qu'un antiquaille; mais, *gloire mille fois à l'homme qui sera digne d'habiter ce vétuste manoir !*

Sont-ils donc sans défauts vos Salenciens ? On vous fera peut-être, *Priscus ,* cette question jalouse; répondez que les *Salenciens* ne sont pas sans défauts, ni même les *Salenciennes;* dites que celles-ci font très mal la révérence, quoiqu'elles la fassent à tous les étrangers qu'elles rencontrent; mais au risque de n'être pas cru par les belles dames de l'*Armorique* ou d'ailleurs, ajoutez que les *filles Salenciennes*, toujours mêlées dans leurs travaux avec des hommes, de jeunes hommes, n'ont jamais eu à rougir d'une faiblesse ; que l'idée même du crime leur est inconnue, et que l'histoire d'une fille qui aurait violé la pudeur leur paraîtrait une fable inventée par le mensonge ; cependant, elles dansent, elles chantent ; jeunes filles et jeunes garçons dansent ensemble, tous les jours de fête, après le service. Affirmez ce fait, et redoublez l'étonnement des corrompues et des corrupteurs ; car, pour eux, la danse n'est que le vestibule du crime.

Elles sont donc bien maussades et bien ennuyées, vos Salenciennes? Gens du monde, venez les voir; elles ont toutes un air de santé, de tranquillité, de bonheur qui vous ferait envie; elles n'ont point la finesse des traits qu'on cherche à la ville, mais la beauté robuste qui sied à la campagne. La paix, la douce paix, est sur leur front, la candeur est sur leurs lèvres ; elles ne convoitent aucun bien ; le nom de convoitise leur est inconnu comme ce qu'il exprime : ce qui les entoure est tout l'univers pour elles. Premièrement, il faut mériter la *rose*; ensuite, il faut se souvenir qu'on l'a obtenue. On ne couronne qu'une fille chaque année; mais aucune n'est indigne de cet honneur; le choix ne se fait pas entre des bons et des méchans; mais parmi des bons on choisit le plus vertueux. Celle donc qui a été non plus sage que ses compagnes, mais à qui la vertu a dû coûter plus d'efforts: celle-là est couronnée. Ainsi la jeune fille qui, pour aider son vieux père ou sa mère caduque, s'est privée dans ses besoins, a exposé sa santé par des veilles, ou qui a fait, dans le secret de son cœur, des actions que le ciel se plaît à dévoiler: celle-là est élue. Les jeunes gens sont attentifs, chacun à sa bien aimée, à celle dont il aspire à faire la compagne de sa vie; les parens veillent, de leur côté; et quoi que la modestie fasse, elle se trouve le plus souvent révélée. Dans ces cas on a vu de pudiques triomphatrices souffrir de leur gloire et en vouloir reporter les rayons sur une autre vierge.

Tout ceci est trop loin de nous; finissons, mais par un fait que j'avais dessein de vous laisser à deviner: il n'y a jamais eu de *cabaret* à *Salency*.

Je vous salue, couple sage; lisez ensemble la lettre de votre ami; elle ne coûte rien à son imagination, il vous répète ce qu'il a entendu, ou vous peint ce qu'il a vu.

De *Noyon* à *Magni-Guiscard*, trois lieues d'un pays plus boisé que cultivé ; le sol, près *Guiscard*, n'est qu'un sable mêlé d'argile ; à l'entrée du bourg est le château, spacieux dans ses dépendances.

En deçà de *Magni*, les cultures s'accroissent, le sol est plus uni et plus profond ; notre route est plantée d'ormes ou de frênes, et enrichie d'un grand nombre de calvaires ou de croix ; nous voyons des champs qui étaient bien plantés en pommiers, mais la plupart ont péri par les rigueurs de l'hiver.

Le village de *Hollancourt* est dans un terrain plat et marécageux; aussi est-il propre au froment ; le chemin est planté de pommiers avec de grandes lacunes ; ces vides sont l'ouvrage des froids longs et âpres qui ont désolé la fin de 1788 et les premiers mois de 89 ; mais pendant que nos arbres à fruits ont beaucoup souffert, et que la moitié au moins a séché sur pied, des buissons presque inutiles semblent avoir acquis une vigueur extraordinaire; jamais *l'épine noire* ne fut chargée d'autant de prunes sauvages, ni *l'églantier* épineux n'étala avec plus de luxe son fruit oval et purpurin.

Maîle suit *Hollancourt*, et l'on ne tarde pas à découvrir la ville de *Ham*, mal située, et suspecte de fièvres par ses environs. C'est dans ce lieu que naquit de notre temps *Jean-Joseph-Vadé*, esprit facile et naturel, qui sans étude comme *Boursaut*, mais plus poète que lui, s'est fait également une réputation dans les lettres; il inventa ou perfectionna le *genre poissard* qu'il ne faut point comparer au *burlesque*. Celui-ci déforme les traits, il ne peint que des *bambochades* sans vérité comme sans existence; le *poissard* dessine des personnages réels; et, il faut l'avouer, l'idiôme des halles a fourni des chansons charmantes marquées par la naïveté et par la finesse; cependant le goût réprouve aujourd'hui presque également le burlesque et le poissard.

Vous ne passerez pas *Ham* sans visiter son abbaye; l'église est petite, mais le chœur principalement est d'une grande magnificence, le sanctuaire est pavé et revêtu de marbre; on a doré la base et le chapiteau des pilastres, et l'on a eu tort; ces pilastres en sont raccourcis pour l'œil, et ne paraissent plus dans les proportions de l'art.

C'est un zèle qui mérite des éloges; que cette émulation qui, depuis trente ans, répare et décore nos temples; la foi presque éteinte dans nos villes, et les cœurs devenus sourds, on a cherché à occuper les yeux, à intéresser l'esprit; cette politique religieuse a pénétré jusques dans votre *Armorique*; on n'y voit plus d'églises où l'on craigne d'entrer, et les maisons consacrées à Dieu n'y sont plus des étables dégoûtantes.

Notre ville de *Ham* est sale dans ses rues et sur ses remparts; quelques rues sont pavées et mal; les autres ne le sont point du tout; on a bâti en briques jusqu'aux murailles d'enceinte de la ville et du château; une seule tour est construite en pierres, et c'est dans une épaisseur de six toises de maçonnerie sur cent pieds de haut et autant de large; quelles effroyables dimensions!

Après *Ham*, la plaine continue; on y voit beaucoup de blés; mais au lieu de forêts, nous n'avons plus que des remises.

Vers *Douchy*, on commence à cultiver des lins, et en quantité. *Roupi* est le relais; c'est un très petit village de terre à trois lieues de *Ham* et à deux de *Saint-Quentin*; la maison seigneuriale est petite, mais jolie et bien *enjardinée*; la campagne est plate et le sol bon autour de cette paroisse.

Mais, de *Roupi* à *Saint-Quentin*, ce n'est pas un beau pays quoique pleinement cultivé; *Saint-Quentin* est devant nous; sa situation et le nu de ses campagnes environnantes laissent d'assez loin apercevoir la ville, et surtout sa grande église qui s'élève comme un colosse au dessus de tous les édifices. Nos campagnes, auprès de *Saint-Quentin*, ressemblent à celles qui avoisinent *Amiens*; une route qui n'est ni plantée, ni bien faite; des champs qui paraissent plus arides à mesure que nous approchons; et nul objet qui marque sur l'espace agreste, si ce n'est quelques moulins de bois sur pivot, avec des aîles rouges.

Le côté de la ville par où nous arrivons est fermé d'une double muraille de briques extrêmement élevée; quelques fossés sont à sec, d'autres sont couverts d'eaux noires et dormantes; j'en préjugeais de l'insalubrité; mais en parcourant ces longs remparts qui ont peu d'endroits agréables; en me promenant dans la ville, qui a des rues spacieuses, entr'autres celle de *Créance*, en visitant les monumens, j'étais attentif aux physionomies; les enfans, les adultes, les vieillards, qui sont en grand nombre, tous annonçaient de la santé et même de la vigueur; c'est donc ici un lieu sain malgré les indications contraires; mais je ne peux vous dire que ce soit un lieu de prévenante affabilité; nos habitans murés de *Saint-Quentin* sont raides à l'abord; ils nous ont fait regretter les *Beauvaisiens* et les *Noyonnais*.

Et ne croyez pas, *Priscus*, que je juge d'une ville par mon auberge, comme cet Allemand dont l'hôtesse, à *Blois*, se trouva rousse et criarde;

je crains de généraliser, c'est le chemin de l'erreur; je répète donc une épreuve, et deux et trois fois, et dix s'il le faut, et sur différens états: puis, quand j'ai bien établi les *prémisses*, j'arrive plus sûrement à de justes conséquences; en un mot, je me défie de moi, et avec toutes mes précautions je n'échappe pas toujours aux méprises.

Il y a beaucoup de couvens, beaucoup d'églises à *Saint-Quentin*, et la plupart très riches; aussi la ville a-t-elle beaucoup de pauvres; l'*abbaye de l'Ile*, qui est aux *Bénédictins*, et *Fervaques*, qui est aux *Bernardines*, sont à voir; il n'y a pas jusqu'à des *Filles de la Croix* qui ne soient splendidement logées; et ces filles, je crois, ne sont que des *Béguines;* il y en a ici quatre communautés. Que me voulaient-ils donc persuader à *Valenciennes* que leur *béguinage* était unique. On aime bien à se croire *unique* dans le monde.

Notre *capitale du Vermandois* est donc parfaitement peuplée de moines et de prêtres, et de religieuses cloîtrées ou libres; mais en *maltôte* surtout, rien ne lui manque: *hôtel des fermes*, *hôtel des aides, domaines, contrôles, sel, tabac*. Hélas! que deviendrons nous à *Saint-Quentin*, s'il faut un jour supprimer tant d'utiles établissemens.

Saint-Quentin est bien pavé, c'est le premier ornement d'une ville ; ne soyez donc pas surpris que je m'arrête toujours à cette observation, comme à remarquer si une ville a des fontaines, et si elles versent une eau abondante ; ces avantages font propreté, santé, beauté : et je ne sais à qui de tels biens pourraient être indifférens ; mais *Saint-Quentin* n'a pas de fontaines ; on n'y fait usage que d'eau de puits ; il y en a un d'une largeur et d'une profondeur surprenantes, et il est au milieu de la place ; quatre personnes peuvent s'y servir à la fois par le moyen de quatre doubles seaux suspendus à des chaînes qui passent dans des poulies ; les autres puits de la ville sont, comme entre *Beauvais* et *Compiègne*, sans *mardelles* ou *margelles*.

Vous verrez ici, dans les belles rues, la plupart des maisons bâties de briques, avec des revêtemens en carreaux blancs ; ce qui est d'un très bon effet ; le reste de la ville est en bois avec pignon sur rue : misérable *gothicité*.

Les rues principales sont bien tenues ; les rues du pauvre, complètement oubliées ; cet abandon dédaigneux et partial est assez ordinaire dans nos villes. Qu'en arrive-t-il ? Les immondices superposées jusqu'au toît, dans les venelles qu'habite la misère, portent leur contagion hors du foyer où elles se forment ; il en survient des épidémies ravageantes qui enlèvent sans distinction le pauvre qu'on a laissé dans le fumier, et le riche qui n'a pas voulu l'y apercevoir. On nous prêche tous les jours que nous sommes frères, et nous n'agissons entre nous que comme ennemis.

Les fabriques en ce moment sont en langueur; les *linons* et *batistes* n'ont pas de demandes; les trois quarts des métiers sont démontés; que faut-il que deviennent tous ces tisserands privés de travail.

Le grand *canal de Picardie*, si célèbre avant d'exister, et qui devait enrichir la province, ne se continue point; ce canal ne passe qu'à deux lieues d'ici, mais le chemin pour s'y rendre est si mauvais, que je ne trouve pas un *voiturin* qui veuille m'y conduire. J'aurais pourtant fort désiré voir ce travail souterrain conçu par le célèbre mécanicien *Laurent*, et que depuis on a confié aux *ponts et chaussées*. Quelques personnes disent que c'était le plus sûr moyen pour n'en voir jamais la fin.

J'allais sortir de *Saint-Quentin* sans vous parler de sa *grande église*, grande et très belle, mon ami, et digne de vous arrêter; cette basilique desservie par des *chanoines*, sous le titre de *chapitre royal*, est un des plus magnifiques vaisseaux que je connaisse; les arcades des bas côtés, la voûte de la grande nef, sont libres et légères;

c'est un gothique bien réuni. Ces *Goths*, si méprisés de quelques modernes, furent les plus habiles architectes. On a écrit dans ce siècle sur la *coupe des pierres;* mais je crains que dans cette science, dont les *Goths* avaient l'entière pratique, nous n'en soyons nous qu'à la théorie; il n'y a point de hardiesse dans notre architecture moderne, ou, cette hardiesse n'étant pas soutenue par l'expérience et l'art, elle est toujours malheureuse; je ne sais comment nos architectes osent déceintrer leurs voûtes, et, après le déceintrement, comment ils osent passer dessous. Le *dôme de Sainte-Geneviève à Paris* effraye ses voisins; et *Saint-Pierre de Rome*, quoique le génie et les talens y éclatent de tous côtés, menace ruine, et paraît destiné à s'abîmer sur lui-même; cependant, les *Goths* avec leur crayon capricieux, inégal, franchissent les siècles et résistent, dans leurs constructions, à la *mordacité* du temps.

J'ai, dans cette lettre même, traité de *gothiques* des ouvrages grossiers, il faut s'entendre; nous avions, et même dans les beaux siècles gothiques, des *manœuvres limousins ;* c'est ce qu'ont fait ceux-ci qui est resté méprisable; voyez si vous compareriez aujourd'hui *Claude-Perrault* et M. *Ledoux.*

Rentrons dans l'église de *Saint-Quentin*, et,

nous arrêtant au fond du chœur derrière le sanctuaire, remarquons et étudions les colonnes, les ceintres et les *ogives* de cinq chapelles contigues. Rien ne pourrait surpasser cette délicatesse ? Mais si dans le douzième siècle on avait d'habiles architectes, il faut convenir que la sculpture se trouvait alors bien loin de la perfection; jetez l'œil sur des reliefs de pierre presqu'à plein corps, où l'on a prétendu faire l'histoire de *Saint-Quentin* : on vient d'enluminer ce pieux travail, et il en est devenu encore moins supportable.

Une magnifique porte de fer orne l'entrée du chœur; elle accompagne très bien deux autels en marbre qui séparent le chœur de la nef; l'église entière est pavée d'échantillon comparti noir et blanc; le noir est une pierre d'ardoise que je crois commune dans le pays, puisque toutes les maisons en sont couvertes.

Avant de sortir de cette église, examinez la tribune de l'orgue, vous la trouverez d'une bonne coupe et d'une grande légèreté; néanmoins cet ouvrage paraît moderne.

Je n'ai rien de plus sur *Saint-Quentin*.

Je me plais, *Kérisbien*, à répéter les courses de ma jeunesse, à revoir des lieux que j'ai habités ou parcourus dans les jours de mon adolescence. Il y a trente ans et plus, qu'allant, dans ma première sortie, de *Bourgogne* en *Flandres*, je vis *Saint-Quentin*; je reconnais dans un faubourg le bouchon où je logeai, car alors je m'arrêtais dans les faubourgs : j'y trouvais pour quinze ou vingt sous le souper et le gîte que je paie aujourd'hui trois livres. Mon repas était moins délicat et mon coucher plus dur; mais j'avais de l'appétit, et je n'attendais pas le sommeil. Oh! combien je préfère le jeune étourdi, cheminant à pied sur cette route, au *cinquantenaire* porté dans une voiture et conduit par la poste!

Après le faubourg, bas et humide, on fait route en pays presque plat, tout en labours; les bouquets d'arbres fort rares qu'on aperçoit sur la campagne nous semblent indiquer des habitations. Le chemin est beau et planté d'ormes. Nous roulons légèrement jusqu'à *Cérisy*, en deçà duquel nous trouvons *Vandœuvre*, long village, dont les maisons isolées présentent toutes le pignon à la route. Cette construction nous rappelle *Tarbes* et la disposition de quelques villages du *Bigorre*. Ici nous faisons rencontre d'un jeune homme de quinze ou seize ans, et d'une physionomie douce. Il perdait de vue, pour la première fois, le clocher de sa paroisse, et allait à *La Fère* chargé d'un message paternel. Il m'a semblé qu'en admirant l'étendue du monde, il trouvait son chemin long, et que six lieues lui paraissaient un grand voyage. Son chien jouait devant lui comme pour distraire et encourager son jeune maître. L'adolescent voyageur, dépassé par ma voiture, l'a empoignée par l'éperon pour s'en aider ; j'ai fait signe à mon guide de laisser monter le jeune homme, et celui-ci a été bientôt sur la malle. Il n'est pas commodément, a dit *Tullie* et avec la naïve sensibilité de son ame. Je n'ai pas répondu ; je rêvais dans ce moment le passé et l'avenir. Non, il n'est pas commodément, ai-je répété en moi-même, mais il ne marche plus; et je sentais encore dans mon cœur de quelle gratitude on l'aurait rempli en me rendant autrefois un pareil service. Enfin je croyais voir un de mes fils dans cet enfant; et j'avançais à cet inconnu ce que d'autres pourraient me rendre dans les miens. Cependant, je priais le ciel qu'aucun de mes fils n'eût prématurément comme moi la passion des voyages.

Depuis *Vandœuvre* notre chemin est beau ; il est planté, uni, jusqu'à *La Fère*, où nous sommes à douze milles de *Saint-Quentin*. On a vu toutes les magnificences de *La Fère* quand on a jeté l'œil sur ses casernes : il n'y a point d'autre garnison que de l'*artillerie*. La ville est petite et fermée d'un simple rideau qui nous dérobe les campagnes, mais qui nous ôte la vue des marais. Toutes les maisons de *La Fère* sont de briques, et couvertes en ardoises ; les rues principales bien pavées, la propreté médiocre.

Nous n'avons pas fait un mille après *La Fère*, que le pays change ; on voit naître quelques collines, on trouve des taillis, des bois. C'est dans ce voisinage et au milieu de ces forêts qu'est le *château de Saint-Gobin*, où se coulent les plus belles glaces connues ; car les *Français*, jusqu'à présent, n'ont pas été surpassés dans cette branche admirable du luxe. Nous n'allons point à *Saint-Gobin*, parce que sans nom ou sans recommandation aucun étranger n'y est admis. Le directeur de cette manufacture royale est décoré du *cordon de Saint-Michel*, stérile distinction qui, sans relever l'art, nuit souvent à l'artiste.

On voit toujours des bois, et on y rentre souvent jusqu'à *Fourdrin*. Vous remarquerez sur votre gauche les *étangs de Saint-Lambert*.

Perdant de vue le clocher de *Fourdrin*, on entre dans une gorge où la route est coupée de trente pieds dans l'épaisseur d'une montagne qui n'est que sable et argile ; puis, ayant débouché ce défilé, une grande plaine s'ouvre à votre gauche, pendant qu'à votre droite c'est une continuation de coteaux boisés.

Crépy, chef-lieu du *Valois*, est un bourg très étendu et dans une campagne nue.

SEPTEMBRE 1689.

Le *Dictionnaire de la France* est bien fautif sur la *capitale du Laonnais ;* elle n'a pas une place ni une belle rue ; celle de *Saint-Martin*, qui est citée, n'est ni droite ni large : aucun monument public ; aucune maison, aucun édifice de remarque.

La *cathédrale* est longue et sa voûte basse. Ce vaisseau n'a point d'effet ; mais l'on doit y remarquer les embellissemens du chœur ; il est pavé de marbre ainsi que le sanctuaire. L'autel est resplendissant d'or; et des vitreaux sombres font singulièrement ressortir l'éclat de cet autel.

La devanture du chœur au dessous des stalles est formée par un grande porte de fer accolée, de chaque côté, d'une chapelle en marbre avec des statues en niches : ce travail ne s'accorde guères avec l'immense nudité de la nef.

Sortons de la ville, allons chercher des tableaux d'un autre genre. *Il n'est qu'un moment pour la perspective des campagnes : c'est, au milieu du printemps, lorsque les guérets sont déjà couverts d'une verdure épaisse, lorsqu'un vent léger courbe les épis croissans, lorsque les fleurs couronnent nos arbres à fruits, que les bois prennent leur fraîche chevelure. Alors que tout rit dans nos climats, la montagne de* Laon *peut délecter les yeux et remplir l'ame par des objets nouveaux ; mais, quand l'automne vient succéder à l'été, que la campagne se dépouille, que la verdure se rem-*

Tome II.

brunit à l'approche des frimas, n'allons plus chercher les hauteurs terrestres. Il semble que tout soit en deuil sur cet élément, tandis que sous le règne de Borée la mer n'est que plus imposante. C'est dans l'empire de Neptune qu'on trouve sans intervalle le mouvement et la vie. O mon ami! remerciez chaque jour le ciel d'avoir fixé votre demeure sur des rivages maritimes! et chantons ensemble l'inépuisable Océan qui de son sein élève et répand sur la terre les eaux qui la fécondent et l'embellissent.

J'allais oublier la *merveille de Laon*. Il y a, près de la cathédrale, dans une rue qui n'est habitée que par des chanoines, une pierre appelée communément *la pierre aux clous*. Son grain est fort dur, et cependant elle est remplie de clous que la tradition dit y avoir été enfoncés par le simple effort du pouce. Les *Laonnais* consultent cette pierre en beaucoup de cas; elle leur prédit le bon et le mauvais temps, les stérilités ou les abondances, la paix ou la guerre; enfin, c'est une *piscine de probation* pour ceux que des juges, précipités, ignorans ou prévenus, condamneraient sans preuves suffisantes; et l'origine de ces clous en est un exemple mémorable. On menait un accusé à la mort; il s'arrêta devant une muraille et dit: *Si je suis innocent, je prie Dieu de permettre que j'enfonce un clou dans la pierre;* il en enfonça plusieurs et fut délivré. Si les juges de *Socrate*, ceux du *fils de Marie*, ceux de *Calas*, avaient pu craindre l'épreuve de la pierre, ils n'auraient pas envoyé trois innocens au supplice; mais il n'y a de ces pierres à clous que dans la ville de *Laon*.

Le chemin pour *Reims* est nu jusqu'à trois milles. Nous voyons quelques fromens au pied des coteaux, le reste est en seigle et en sarrazin. La base des monticules, où l'exposition l'a permis, est plantée de vignes : le haut est couvert de jeunes bois.

Après *Fitchu*, où l'on compte trois lieues depuis *Laon*, nous suivons un chemin dur dans un pays de bois fracturé et monticuleux. Le peu de terrain labouré paraît fort maigre. Nous trouvons *Corbeny*, bourg forestier, et le dernier de la *Picardie*; vient ensuite *Béry-le-Bac*, où l'on passe l'*Aisne*, à neuf mille de *Reims*. Dans cette dernière course qui n'est que d'une poste, nous gardons à une petite distance des coteaux en pleine exposition du levant. La hauteur de ces coteaux, la multiplicité et l'étendue des villages, la ligne parallèle de notre chemin avec ces riches collines nous transportent, par toutes ces ressemblances, sur la route de *Nuits*, de *Beaune*, de *Chagny*. Remarquez un village à flèche, c'est *Cormicy*, au pied des vignobles. Si le pasteur de cette paroisse célèbre les saints mystères avec de mauvais vin, c'est un sacrilège; et je demande qu'il soit condamné à une année de cidre dans la goutteuse *Neustrie*.

On commence à une lieue de *Béry* à trouver des vignes dans la plaine; un peu après on découvre les hautes églises de *Reims*, et non loin de cette ville les coteaux fameux où se foulent ces raisins dont la liqueur blanche est rendue mousseuse par un artifice très simple, et qui dupe à la fois le *Russe* et le *Parisien*.

La campagne est fort nue, peu agréable et le sol très médiocre; ce n'est qu'après *Saint-Thierry*, belle maison de l'archevêque, qu'on retrouve sur la droite un peu de variété, tandis qu'à votre gauche vous ne voyez ni arbres, ni maisons; et néanmoins vous n'apercevrez pas un champ en friche. On ne sait où se retirent les colons; mais tout est labouré, tout est mis en valeur.

Nous entrons à *Reims*. A demain, *Priscus*.

༺༻

CE qui frappe le plus en arrivant à *Reims*, c'est la beauté de ses rues longues, spacieuses, bien pavées et propres; mais ces larges rues écrasent des maisonnettes qui n'ont qu'un étage ou même un simple rez de chaussée; il semble que l'on commence à bâtir *Reims*, et que les maçons n'y soient encore qu'à leur premier échafaud.

Le monument que les *Rémois* ont érigé à *Louis XV*, sur une place qui n'est point achevée, peut satisfaire dans l'ensemble. Je ne vous dirai rien des *inscriptions*, si ce n'est qu'elles ont été fournies par *l'Académie des belles-lettres*.

L'*Hôtel de Ville* de *Reims* est un vieux gothique qui ne serait pas sans mérite, s'il était achevé et s'il avait une place ; mais cette ville a de larges rues et n'a que des carrefours.

Les *remparts* sont un très long promenoir, mais sans beauté. On n'y trouve de la fraîcheur et du couvert que de la *porte de Vesle* à celle de *Freschinot*. Ces remparts sont fermés par un rideau de murailles qui vous dérobe la campagne, excepté par quelques embrâsures que la *Ferme* avait ménagées à ses employés pour inspecter le dehors et prévenir l'introduction du *prohibé*, ce qui n'empêchait pourtant pas que le *prohibé* ne se fît entrée ; c'était le loup et le renard disputant de finesse et de précautions.

La belle *promenade* est hors des murs, et s'étend de la *porte de Paris* jusqu'à celle de *Flandres* ; c'est dommage qu'on l'ait plantée dans un marais.

Les *campagnes* qui avoisinent *Reims* sont nues absolument, si ce n'est qu'à un quart de lieue de la *porte Fléchambot*, sur le bord d'un canal entretenu par la *Vesle*, vous trouverez une plantation assez jolie et un couvert agréable.

Ce petit canal a été creusé pour le service d'une *machine hydraulique*, où une simple roue élève à soixante pieds les eaux qu'elle pompe dans un réservoir pour les distribuer de là dans tous les quartiers de la ville. La *machine d'Amiens* est plus parfaite, parce qu'elle est double, et qu'on n'est pas obligé d'interrompre son service pour la réparer. L'édifice aussi est plus beau, plus commode; mais c'est un ouvrage public dans la *capitale de Picardie;* et ici c'est l'œuvre gratuite d'un particulier, M. *Gaudinot*, chanoine de la métropole. *Je voudrais que mon ouvrage parvînt à la postérité, ne fût-ce que pour y porter avec lui les noms du petit nombre d'hommes bienfaisans, que mes courses m'ont révélés. Je les voue au souvenir de la reconnaissance; qu'ils me protègent à leur tour, et qu'ils défendent mon livre de l'oubli, si la vérité peut encore espérer des succès et des succès durables !*

Dans l'infinité des *églises de Reims*, vous aurez trois gothiques à distinguer: *la cathédrale*, *Saint-Remy* et *Saint-Nicaise;* le portail de *Notre-Dame*, dont les tours n'ont pas été entièrement finies, passe néanmoins pour le plus beau de *France*, dans le genre gothique; et l'on dit vulgairement que pour une église parfaite, il faudrait réunir le *chœur de Beauvais*, la *nef d'Amiens*, le *portail de Reims*, et les *tours de Chartres*. Il est probable que jamais aucun architecte n'a pris la peine de calculer jusqu'où ces quatre fragmens se conviendraient dans les rapports; et remarquez l'embarras où se mettent ces *réunisseurs* par l'emploi du *portail de Reims* et des *tours de Chartres* : leur église aurait-elle deux portails?

Le vaisseau de *Notre-Dame* étant fort long, il paraît proportionnellement un peu étroit. Sa voûte est libre et dégagée, mais le chœur n'est pas assez distingué de la nef. Enfin ce beau temple est tenu avec un peu de négligence; et pendant que toutes les cathédrales se sont blanchies, nétoyées, ornées, celle-ci reste encore sous l'enveloppe noire du temps. Le chœur n'est pavé que de pierres; l'autel est sans éclat et sans richesse; la chaire à prêcher est dégoûtante ; il est vrai que les chapitres métropolitains préferent un bon prédicateur à une belle tribune: ils ont raison; mais une chaire ignoble me fait fuir; je crois voir une revendeuse de la *Halle* ou du *pont Saint-Michel* dans son tonneau percé. Je veux que les meubles conviennent au logis, et que dans un palais on ne s'asseye point sur une escabelle.

Le chapitre de *Reims* est recommandable par

d'autres endroits. Ce corps a fourni des hommes pieux, éclairés, humains ; je ne vous citerai que les plus modernes ; l'*abbé Pluche*, que M. de *Voltaire* a trop déprisé pour quelques formules traînantes du *Spectacle de la Nature*; l'auteur de la *Mécanique des langues* ne doit pas être tourné en ridicule. L'*abbé De la Salle*, qui a fondé les *Frères des écoles chrétiennes*, si utiles et si estimables, quand ils se bornent à l'enseignement de la jeunesse pauvre ; mais qui sont descendus jusqu'à tenir des *maisons de force* comme ces vilains *Lazaristes*; enfin, ce *Jean Gaudinot* dont j'ai parlé tout à l'heure.

Saint Nicaise ne vous paraîtra qu'une miniature d'église en sortant de *Notre-Dame*; mais tout y est d'une perfection, d'un ensemble, d'un fini, d'une délicatesse!... C'est un bijou que ce temple ; et son pilier tremblant n'est point ce qui vous y arrêtera davantage.

C'est fort près de *Saint-Nicaise* qu'on trouve la riche *abbaye de Saint-Remi*, dont l'église, longue et étroite, est grossière à l'œil, mais renferme des beautés de détail. Je ne mets pas de ce nombre une *marqueterie* qu'on vous montrera dans le chœur.

Un travail plus neuf et plus digne d'attention, c'est la menuiserie des stalles ; il ne manque à nos ouvriers, en fer ou en bois, pour devenir les plus habiles de l'*Europe*, que d'être payés plus libéralement; il leur manque peut-être aussi d'être plus considérés. On trouve à chaque pas des chefs-d'œuvre de serrurerie ou de menuiserie; et ceux qui nous en ont enrichis sont demeurés inconnus, (*b*) tandis que nous faisons des réputations bruyantes aux talens les plus minces, les plus douteux ou les plus inutiles. *Oh! mon dieu! comme va le monde; et combien* Pope *aurait eu tort d'appliquer son optimisme au monde politique et au monde moral, quand il s'accordait déjà si peu avec le monde physique !*

Derrière le grand autel est le célèbre *tombeau de Saint-Remi*, dans lequel on conserve l'ampoule qu'on montre à tout le monde sans que personne l'ait jamais vue. La châsse est riche, et l'armoire dans laquelle on met la châsse est riche également; ce n'est qu'or, vermeil et pierreries; cela fit dire à un soldat qu'il aimerait mieux les boëtes que la relique. Un temps viendra, peut-être, où l'on croira pouvoir, sans sacrilége, demander aux saints des trésors dont ils ne se servent point: comme autrefois on laboura les *Landes* de la *Diane éphésienne* pour nourrir les dévots qui venaient l'adorer.

Autour du tombeau, dans des niches, sont représentés, en marbre, les *douze Pairs*, tant laïcs qu'ecclésiastiques, qui assistaient au sacre de nos rois. Ces figures sont fort estimées à *Reims*, et je crains pourtant que vous ne les jugiez mauvaises; leurs attitudes sont raides et contraintes; et quoique apparemment on n'ait voulu représenter que les dignités, non les personnes, le sculpteur a donné au *duc de Normandie* le ventre d'un hydropique : l'architecture de ce tombeau n'est guères plus heureuse dans les détails, mais l'ensemble n'est pas sans effet.

Entrons dans la sacristie, nous y trouverons de *Rubens* une *descente de Croix* qui mérite des éloges; elle est surtout remarquable par le coloris; il y a de la majesté sur le visage du Sauveur; mais cette touffe de cheveux qui tombe sur son front, appelle des idées trop humaines; l'artiste, en ce moment, ne s'est pas souvenu qu'il peignait le Fils de Dieu, qui lui-même était Dieu. *Le génie marque par de grands traits; mais le génie le plus heureux a ses instans d'oubliance, de distraction, et même d'incapacité.*

Demain, *Priscus*, si le temps qui est variable et pluvieux nous le permet, nous irons à la campagne.

mmmmmmmmmm

SAINT-THIERRY est à une grande lieue et demie de *Reims*, et, pour peu qu'il ait plu, le chemin est très mauvais; mais la curiosité surmonte ou dédaigne les fatigues : nous voici sur le monticule.

Le château de l'archevêque est placé à mi-côte; il domine la vaste plaine, ayant d'un côté la ville à ses pieds, et de l'autre, sur sa tête, des collines forestières; le penchant de ces collines est couvert des pampres de *Bacchus ;* et là se cueillent, dans la saison, des raisins dont on fait, à choix, ou le vin blanc qu'on prépare pour mousser, ou le gris dont l'œil est tendre, ou le rouge qui fait pétiller son carmin dans le cristal.

Une partie de ces riches vignobles qui environnent *Saint-Thierry* appartient à l'archevêque, plus sûr que le roi d'user d'un vin pur et bienfaisant.

Les jardins parfaitement tenus de *Saint-Thierry* sont ornés d'eaux plates; cette demeure est à la fois saine et charmante.

Nous arrivons tard de *Saint-Thierry*, mais nous n'en partirons pas moins demain de très bonne heure.

Bonsoir, *Priscus*.

NOTES ET ÉCAIRCISSEMENS.

NOTE (*a*) page 325.

Que répondre à cela ?

Il y a, en 1815, une réponse très satisfaisante à faire à cette question : c'est que la moitié de ces friches a disparu, et que la charrue se promène fertilement aujourd'hui où l'on ne voyait que stérilités en 1789.

NOTE (*b*) page 371.

Des ouvriers français aussi habiles qu'inconnus...... Nouvelles réclamations contre les gloires et les renommées d'aventures.

Les gloires! dira l'un de nos critiques; oui, *les gloires!* Ce substantif n'a pas de pluriel pour vous; il en a pour moi. Une expression n'est bonne ou mauvaise que par la main qui en fait usage. Les harpies gâtent et corrompent tout ce qu'elles touchent, mais l'abeille pompe, sur une feuille amère, les sucs les plus doux.

INDICATIONS

SUR LE VOYAGE N° 17.

Page 321. Idée du *pays de Caux* et des mœurs *cauchoises* (*voyez* les deux premières lettres de ce cahier.)

Page 331. Les grands chemins.

Page 335. Le chœur de *Beauvais*.

Page 338. L'allégorie.

Ibidem. *Jeanne-Lainé* et *Jeanne-d'Arc*, ou *de la vraie beauté*.

Page 345. *Salency* et ses habitans.

Page 354. *Saint-Quentin*. Ses habitans. Sa grande église.

Page 363. La montagne de *Laon*.

Page 368. La machine hydraulique de *Reims*, et M. *Gaudinot*.

1789.

PREMIER GRAND VOYAGE

AVEC

CAROLINE-TULLIE.

PARTIE DIXIÈME.

DE REIMS A PARIS PAR LE PARACLET.

98 LIEUES ET DEMIE.

Le vice me déplaît, même dans mon ami;
Je prise la vertu qui pare l'ennemi.
    Marie DE JAR, demoiselle DE GOURNAY.

N° 18.

ITINÉRAIRE.

				LIEUES.	
1789.	Sept.	DE REIMS	à Châlons	10	
			Arcis-sur-Aube	12	
			Nogent-sur-Seine	13	
	Oct.	LE PARACLET	et retour à Nogent	3½	
		DE NOGENT	à Sens	13	
			Villeneuve-le-Roi	3	54½
	Nov.	DE VILLENEUVE	à Sens	3	
			Nogent-sur-Seine	13	
			Provins	4	
			Paris	24	44
			TOTAL		98½

VOYAGE

DE REIMS A PARIS

PAR LE PARACLET.

Le vignoble champenois a plus de réputation que d'étendue. Les vignes sont sur les coteaux; il y en a peu dans la plaine; elle est presque toute en labours. C'est un grenier immense que ces campagnes de *Reims;* de là vient que cette ville a une porte appelée la *porte de Cérès :* mais ces terres sont *crayeuses, gypseuses,* et ont besoin de tous les secours de l'engrais pour produire un peu de froment. On y fait de préférence des seigles, des avoines, et il en est presque ainsi dans toute la province; c'est pourquoi quelques laboureurs appellent les menus grains, des *Champagnes.*

Les environs nus de *Reims* sont pendant huit mois de l'année fort dépourvus d'agrément; mais, quand les moissons s'élèvent, quand la tige des blés commence à obéir sous l'aile des vents, ces campagnes sont aimables et gracieuses. Il n'y a point d'allée aussi caressante qu'un sentier dans un blé ; il est délicieux d'y suivre une route oblique, non sous le soleil vertical du midi, mais au brillant lever de l'aurore, ou vers le coucher de l'astre, quand un tendre crépuscule commence à affaiblir l'éclat de ses rayons. Non, je n'ai pas trouvé de promenade plus douce ou plus *retenante* que ces petits sentiers dans les forêts de *Cérès*.

Nous sortons par *Fléchambeau ;* et ce que j'avais remarqué il y a deux jours, en parcourant ces environs à pied, se montre à moi sous une autre face. Ce sont les mêmes objets, mais la position du spectateur a changé. Le jugement du *fantassin* serait-il préférable ? Je crois que non. Un observateur, *tranquille dans sa voiture bien ouverte, VOIT, JUGE, DESSINE OU ÉCRIT TOUT ENSEMBLE. L'homme à pied vous rendra mieux un seul objet, mais l'autre les esquisse tous ; il vous les montre, comme il les a vus, avec rapidité, et cependant avec exactitude ; car sa description ne sera pas plus longue que son passage, et la vélocité des chevaux forcera la main d'être légère et prompte. Voyagez donc en cabriolet ou en calèche,* Priscus ; *la berline est sourde et aveugle, et le cheval occupe trop celui qui le monte.*

Nous traversons des campagnes plates, des terres maigres, et, après six milles, nous arrivons à *Sillery*. Le château de ce nom est sans vue dans un terrain plat et humide.

Après *Sillery*, sur votre droite, au pied d'un riche coteau, remarquez *Verzenay*, qui donne le premier vin rouge de la *Champagne*.

Beaumont est à trois quarts de lieue de *Sillery*, et *Beaumont-aux-Loges*, trois quarts de lieue en deçà. On tient la côte à droite, à une petite distance; elle est couverte de bois à son sommet, et le pied est en vignes. La plaine, nue presque autant qu'elle est aride, est semée principalement de blés noirs et de luzernes.

On relaye *aux Loges*, le plus pauvre des villages, et bientôt on perd la côte pour faire route dans une vaste plaine, sur le sol le plus ingrat, au milieu de campagnes nues et désertes. Vous devinez, à ces détails, que nous sommes dans la *Champagne pouilleuse*. Nous n'y voyons de beau que notre chemin; il est planté d'arbres, noyers, ormes, mais clairs et fort mal venans.

C'est près de *Beaumont-aux-Loges* que, m'étant assis sous un buisson, au bord du chemin, je fus rencontré par *Maisonneuve*. Il était à peu près de mon âge, et nous allions tous deux chercher la fortune, sans trop savoir où; mais, plus habile ou plus heureux, il la rencontra dans l'*Inde*; et, comblé de ses faveurs, il rentra en *France*, chargé d'or. Moi, je n'en avais point; il me méconnut. Je le plaignis de ce tort envers un camarade qui ne lui demandait que son amitié ; et, malgré cet oubli qui m'affligea sans m'offenser, le nom de *Maisonneuve* caresse encore mon souvenir. Puissent ces lignes, écrites après trente-deux ans de notre première entrevue, parvenir à mon émule de mer, et lui r'apprendre que *Milran* sait aimer !

Les *Grandes-Loges*, à deux lieues des petites, sont un aussi chétif village que le *Relais ;* mais, de cet endroit, on trouve la *Côte*, et, en avançant un peu, vous découvrez *Châlons*.

Nous passons *Veuve*, long village qui n'en est pas plus beau, pour être bâti comme *Reims* en pierres de craie ; nous voyons de loin la *Marne*, dans son lit inégal, promener des eaux bourbeuses. Nous voici dans le petit *faubourg Saint-Jacques*, dont la première maison est un *Bicêtre ;* et tout près de ce lieu de douleur et de contrainte est une jolie promenade formée de deux allées en tilleuls.

A peine descendus de voiture, nous allons, cher *Priscus*, faire nos stations dans les temples ; le Dieu, *très grand et très bon*, reçoit toujours notre premier hommage. Ne laissez donc croire à personne que je sois un impie, parce que j'ai fait la guerre à des *Lazaristes ;* mais si quelqu'un, devant vous, cherchant la cause de mon antipathie pour ces demi-moines, prétendait qu'elle doit venir de ce que j'aurai été, *malgré moi*, leur pensionnaire; répondez, *Priscus*, que jamais je n'ai passé le seuil d'aucune maison de force, quoiqu'on puisse, très pur de crime et même de fautes, y être jeté par l'erreur, par la précipitation, par la calomnie. Dites encore, *Priscus*, que ce n'est point les *Lazaristes* que je hais, mais leur régime avare; dites que je ne peux souffrir des geoliers prêtres, ni même aucun geolier, parce que cette domesticité, la plus vile après celle de bourreau ou d'*explorateur*, exige des hommes sans compassion, et qui se constituent, pour un peu d'argent, les ennemis de leurs semblables.

Revenons à *Saint-Étienne*. Cette métropole est petite, mais solidement bâtie; elle ne paraît point avoir été achevée. La nef est trop courte pour la hauteur de la voûte. Les stalles du chœur sont à remarquer pour le dessin et pour l'exécution; mais c'est un ciseau bien dur qui a travaillé aux figures du portail.

La *collégiale de Notre-Dame* n'est ni belle ni grande, sinon dans le *Dictionnaire de M. Hesseln*.

La façade de l'*Hôtel de Ville* est d'un bon effet, mais la distribution du local est sans intelligence. L'escalier, qui est en face de la porte d'entrée, au fond d'un vestibule, pouvait et devait être de décoration; il est bas, étranglé, incommode.

L'*académie* tient ses séances dans une salle de l'Hôtel. Cette société littéraire et savante est à distinguer entre toutes les compagnies de ce genre par le sujet de ses programmes, plus utiles que curieux. J'ai lu d'elle un *Mémoire sur l'extinction de la mendicité*, et je l'ai lu avec le regret de voir de sages et de profondes idées se perdre dans des recueils que personne n'ose ouvrir.

Cette ville de *Châlons* est pauvre, et n'a que des fabriques languissantes ou du plus médiocre produit; telle est la préparation du *blanc de Troyes*.

M. *Robert* a parlé des *remparts* de *Châlons*. Mon *Cicerone*, qui est de cette ville, m'a nié les remparts, ou n'a pas voulu m'y conduire.

Si la *promenade du Jard* avait pu être plus élevée et jouir d'une vue plus longue, elle serait magnifique.

On a construit nouvellement dans le faubourg de *Marne* un pont de pierre, à trois arches, sur un terrain sec; on doit y faire passer la rivière; ces dépenses seront considérables, je souhaite que le commerce de *Châlons* en puisse être accru.

Nous tenons la route d'*Arcis* et de *Troyes* ; elle est très belle et plantée d'ormes ou de noyers. Le pays est mauvais, le fond n'est qu'un menu caillou qui sert à ferrer très solidement la chaussée, mais qui compose des champs bien arides. Le pauvre *Champenois* s'épuise en travail pour obtenir une mince récolte que lui enlèvent presque entière la *dîme*, la *corvée*, la *taille* et le *taillon*, les *aides*, la *subvention*, les *sous pour livres*, et tout ce que le diable a inventé pour tourmenter les hommes et désoler les campagnes. Cette contrée est un désert ; je n'ai aperçu dans l'espace de quatre lieues qu'un très-petit village, c'est *Vatry*.

On distingue le grand et le petit *Mailly*; les deux ensemble ne sont pas considérables. Nous sommes ici à huit lieues de *Châlons* et à quatre d'*Arcis*. La route est extrêmement large et passablement entretenue. Nous voyons des cultures partout, de la fertilité nulle part ; les *sarrazins* n'ont pas dix pouces de haut, et ne réussissent jamais mieux dans ces campagnes ; les *sarrazins* pourtant tiennent lieu de forêts dans une partie de la province. On fait de la *soude* avec cette paille en *Basse-Normandie* ; ici l'on conserve les tiges du blé noir pour se chauffer pendant l'hiver. Nous ne voyons pas de prairies, et fort peu de luzernes, presque point de bétail, ou seulement quelques vaches au poil entièrement noir, qu'on rencontre çà et là, aussi chétives que languissantes. Ces paysans se plaignent qu'ils ont trop de terres, et cependant ils suffisent à tout, et n'en laissent pas un journal en friche. Il ne faut donc pas envoyer des hommes ici; mais, pour diminuer la misère des habitans actuels, il conviendrait plutôt de diminuer la quantité de terres labourables. On arrache les bois ailleurs, faites-en planter en *Champagne;* votre bétail, sous l'ombre des forêts, trouvant du pâturage, se multipliera; vos cultures, moins étendues, recevront une plus grande quantité d'engrais; des colons plus heureux vous donneront plus d'enfans. *Le bien produit le bien; toutes les prospérités naissent l'une de l'autre. Il n'y a point de maxime qu'on doive craindre moins de généraliser que celle-ci.*

Le voisinage d'une rivière a changé la face de ces campagnes. Plus nous approchons d'*Arcis-sur-Aube,* moins le pays est triste. Voilà autour d'*Arcis* des arbres, des prairies; mais ce bonheur durera peu, car, après le bourg d'*Arcis,* plus grand que beau, et qui est bâti de terre ou de craie, ces agrémens nous abandonnent. Nous arrivons à *Vilette* par un chemin planté de noyers. *Vilette* n'est qu'une bourgade de chaume; ensuite c'est *Nouan,* dont l'église blanche, ornée d'une petite flèche, vous reste à droite. Notre chemin n'est plus bordé; nous découvrons encore des arbres, mais clairement épars; puis *tout à coup nous retombons dans les solitudes et l'aridité dont nous sommes sortis, il n'y a pas une heure; c'est toujours quelques momens de jouissance. Remercions Dieu et les hommes des biens qu'ils nous présentent, et ne les mesurons pas; après le bonheur, reste encore le souvenir.*

Méry, dans la plaine, est vu d'assez loin. La flèche de son église perce à travers des arbres touffus. Cette petite ville n'est guères composée que d'une seule rue dont les maisons sont assez propres, et le pavé très mauvais.

C'est au village de *Mégrigny*, quand le temps le permet, qu'on se détourne pour prendre une traverse à droite; elle abrège au moins d'un mille. On rejoint la chaussée à *Châtres*, gros village qui vient se terminer sur la route. Le cours de la *Seine* nous est indiqué par des saules qui suivent ses contours. Nous côtoyons ce jeune fleuve, le laissant à notre droite à d'inégales distances; les cultures sont d'un fond blanchâtre et maigre, nous ne voyons plus de *sarrazins*, nos terres sont sablonneuses et désunies, deux moyens chevaux les labourent avec facilité.

Le village des *Granges* est le relais; la route est bordée de noyers jusqu'à *Romigny*, bourg au bord de la *Seine*. Nous voyons l'église de *Faverolles* sur un monticule; au bas, le chemin coupe un long marais dans lequel on fauche actuellement des joncs avec un peu d'herbe, ce sont les *regains* de l'automne. On sort de ce marais, et l'on trouve une belle suite de noyers qui garnissent la route; elle est bordée, vers *Grancey*, d'ormes hauts. Le terrain, sur notre droite, est bas et presque tout en herbe; à gauche, ce sont de petites collines dont les terres nous paraissent bonnes. *Vous pouvez croire, Priscus, que la rapidité de mon passage m'expose à des erreurs sur la qualité des sols; mais si je vous parle d'un paysage, d'une vue, d'une perspective, livrez-vous et ne craignez pas de me suivre; mes goûts ne tromperont pas mon jugement, et le rapport de mes yeux sera fidèle. Soyez donc attentif, j'ai quelques beautés à vous peindre.*

La *Seine* est à ma droite; un peu plus loin, *Pont* entre des arbres; le château du *prince Xavier* est devant nous sur une demi-hauteur. Traversons la route, et portons la vue à notre gauche, ce sont des collines coiffées de taillis épais ou d'arbres majestueux, dont la tige est encore vierge.

Cependant nous gravissons une côte, et à chaque pas notre horizon change. *Pont* reste à notre droite; le chemin est une magnifique avenue plantée de quatre rangs d'ormes Nous redescendons, et ne tardons pas à apercevoir *Nogent,* la route n'étant plus bordée que par deux lignes d'arbres, mais toujours pavée et parfaitement entretenue, même sur les banquettes. Le voisinage et le crédit du prince n'ont pas nui à la commodité et à l'agrément des voyageurs. Mais *du point où je me trouve en ce moment, un pays nouveau, des beautés nouvelles se développent devant moi. Le fleuve roule ses eaux argentées au milieu des grasses prairies ; ses bords frais sont tout couverts de verdure, et puis de vastes champs découpés par des arbres, et puis des collines festonnées, enrichies de ces superbes végétaux qui font l'honneur des campagnes, et des troupeaux nombreux, et des habitations multipliées !.... Ces lieux me paraîtraient charmans quand je ne les trouverais pas à la fin d'une journée de cinquante milles, dans laquelle je n'ai presque vu qu'un désert aride et continu.* Je touche à *Nogent,* où nous devons séjourner. Je veux voir ce *Paraclet,* que les noms d'*Abailard* et d'*Héloïse* ont rendu célèbre. Demain, je vais parcourir des lieux consacrés par l'amour; demain, le bonheur m'attend. Ne formez, *Priscus,* qu'un vœu pour moi: c'est qu'*Orion* retienne un moment son haleine humide, et cesse de verser ses orages sur la terre déjà trop abreuvée.

A peine les premiers rayons du soleil ont pénétré dans mon gîte demi-champêtre, que j'ai éveillé *Tullie*, en l'invitant à se réjouir de la belle journée que le ciel nous promettait. Nous partons sans guide; les oiseaux déjà faisaient retentir l'air de leurs chants amoureux; l'horizon, vers le levant, était bordé de nuages aurores; et au lieu d'un calme lourd qui présage des changemens, les Zéphirs légers se jouaient dans les feuilles des arbres mollement agitées. Nous jouissions de ce réveil de la Nature, lorsque bientôt l'air s'est obscurci; l'inégal *Nord-Ouest* a soufflé de sa bouche glacée, et des *grains* furieux sont venus nous assaillir. Les ormes qui bordent la route nous ont protégés quelques instans, mais, forcés d'abandonner cette retraite, nous nous sommes avancés vers *Saint-Aubin*, village à une lieue de *Nogent* et à plus d'une lieue encore du *Paraclet*. Nous n'étions pas à *Saint-Aubin*, qu'une éclaircie subite nous avait séchés et réchauffés; nous avancions fort peu et avec beaucoup de fatigue, dans une mauvaise traverse, quand nous avons cru entrevoir la flèche d'une église: c'était celle du *Paraclet*. Je ne peux vous dire ce que j'ai senti dans ce moment; mais plus nous approchions, plus j'étais agité; enfin, malgré les brouillards qui contrariaient mon impatient desir, j'ai pu embrasser dans ses développemens toute l'enceinte du monastère ; je me suis prosterné devant cette solitude qu'*Héloïse* avait habitée ; *Tullie* me regardait et restait muette d'étonnement ; elle ne concevait rien à mon trouble ; je lui ai dit : ma chère *Tullie*, dans cette retraite a vécu la plus aimante, la plus aimée et la plus fidèle des épouses ; mais ma fille, le soleil se montre, va, parcours, sans beaucoup t'éloigner, ce coteau où naissent mille fleurs sauvages, choisis les plus belles pour en former une guirlande et une couronne, je saurai bien à qui les consacrer.

Tullie va cueillir des fleurs ; et moi, seul à mon objet, j'ouvre les *Lettres d'Héloïse*, et bientôt je m'écrie : oh! tendre! oh! divine *Héloïse!* tu n'as pas cessé d'exister, tu respires sous mes yeux ; je te vois, je t'entends ; tes joues sont encore sillonnées de larmes brûlantes ; je suis témoin des soupirs qui retentissent dans ta solitude ; tes douleurs gonflent mon ame, et je me sens oppressé des gémissemens de ton cœur !......

Mon cher *Priscus*, j'ai le *Paraclet* sous ma vue ; je touche à ses murs, et je n'ose faire un pas pour m'avancer d'avantage vers cette retraite ; j'y entrerai pourtant, car il ne restera bientôt que le nom du *Paraclet;* on va bientôt chasser de leur domaine religieux, des vierges sacrées ; bientôt un fermier ignorant occupera des lieux illustrés par *Héloïse*; un sacrilège dispersera ses cendres...... Ah! du moins, qu'on entretienne dans cette vallée un simple oratoire, que le tombeau d'*Héloïse* et celui de son amant en soient l'autel, que j'en sois le prêtre, et chaque jour j'y lirai une lettre d'*Héloïse*; ceux qui visiteront ce sanctuaire seront mes amis et mes hôtes; vous y viendrez, vous dont l'admiration pour *Héloïse* est encore moins l'effet d'un esprit éclairé que le sentiment d'un cœur vertueux; et vous qui m'avez dit qu'*Héloïse* était la seule femme qui eût mérité le beau nom d'amante; et vous encore qui avez chanté cette amante en vers dignes de *Virgile*, vous y viendrez, et nous offrirons ensemble de purs sacrifices à l'amour triomphant de l'hymen.

Rien au *Paraclet* n'annonce le faste d'une *abbaye royale*; tout y est simple, et la clôture n'est pas très étendue; on a planté devant le monastère de longues avenues; une cour assez grande forme la première enceinte; à gauche est la *maison abbatiale,* attenant aux dortoirs qui dominent sur des jardins: vous entrez de cette cour dans une plus petite où sont les parloirs, et où se trouve la porte extérieure de l'église.

On a lieu de penser que c'est encore la chapelle qui fut bâtie par *Abailard;* elle est très simple et très nue. Le rétable du grand autel est d'une menuiserie moderne, assez bonne. Le *tombeau d'Héloïse et de son époux* est à gauche, en regardant de l'autel dans le chœur des dames; deux marbres noirs portent des inscriptions où l'on voit que la précédente abbesse madame *de La Rochefoucaud* a restauré ce monument; de plus on y lit un précis de la vie d'*Abailard* et d'*Héloïse*, dont le fils unique, nommé *Astrolabe*, mourut avant sa mère à l'âge de vingt-quatre ans; enfin, ces marbres nous apprennent ou nous rappellent qu'*Héloïse*, âgée de vingt ans moins que son époux, lui *survécut* un même nombre d'années.

Dois-je vous parler de cette *image du Paraclet* qui brouilla le théologien *Abailard* avec le pointilleux et dominant *abbé de Clairvaux?* elle est posée sur le monument sépulcral d'*Abailard* et d'*Héloïse*. Les trois personnes de la Trinité y sont représentées couvertes d'un seul manteau; elles ont les mêmes traits et sont de la même taille; mais le *Père* a une couronne fermée; le *Fils* une couronne d'épines, et le *Saint Esprit* une couronne de lierre. Il nous faudrait la subtilité de *Scott*, ou celle de mon compatriote *Bernard*, pour découvrir des hérésies dans cette triple image; il n'y eut d'hérétique en tout cela que le sculpteur; et c'est lui qu'il aurait fallu excommunier pour son mauvais travail.

Quittant le *Paraclet* et la maison du *jardinier-*

aubergiste, nous avons pris à gauche par des hauteurs plantées en vignobles; elles sont au *Sud-Ouest* du monastère, et c'est de là que je conseille d'en dessiner la vue; ce lieu ne se présente de nulle part avec autant de développement; un petit village nommé *Quincey*, dont l'église est ornée d'une flèche comme celle du *Paraclet*, domine le couvent et tient à son enceinte par une suite de cabanes couvertes en chaume, et qui descendent sur la croupe du coteau; quelques arbres font marquer ce tableau rustique; au-delà et autour de *Quincey* sont plusieurs têtes de collines basses : les unes tout à fait nues, les autres boisées; un ruisseau, qui fait tourner plusieurs moulins, coule au bas de ces collines, parmi des labours et des prairies; de l'œil, on profite de belles avenues qui toutes aboutissent à l'abbaye; devant vous, vers le Nord et presque à vos pieds, est le village de *Saint-Aubin*, qui peut encore entrer dans votre plan; n'y mettez rien de plus, un paysage perd son effet s'il est trop rempli. Demain, je vous parlerai de *Nogent*, ne mêlons point témérairement le sacré et le profane.

Le *Paraclet* remplira ma lettre et ma journée. Adieu.

La ville de *Nogent* est petite et n'est pas jolie ; les rues sont la plupart étroites et sans pavés ; de vieilles maisons de bois, un air de solitude, je ne sais rien ici qui doive arrêter un curieux.

La sortie pour *Brai* n'est point pavée, mais sablée, unie, bien bordée d'ormes ; c'est une magnifique avenue. Nous avons à notre droite, à une médiocre distance, la *Seine*, dont les rives nous sont indiquées par des peupliers.

Faites deux milles, et vous trouvez le château de *La Motte*, qui n'est remarquable que par sa situation : la route coupe en deux parties son parc très borné et son petit jardin chinois, sec en tout temps au bord de l'eau. C'est dans cette maison qu'est mort le trop fameux abbé *Terrai*.

Nous reprenons notre belle allée d'ormes pour nous avancer jusqu'auprès de *Viliers*, paroisse à six milles de *Nogent;* notre route est palissadée de peupliers vers le château de *Noyan*, qu'on aperçoit à gauche au fond d'une très longue avenue. Nous faisons deux milles, et nous trouvons *Touzac* : manoir dont le vaste potager s'avance sur la route.

Plus de bois ni de remises ; nous n'avons d'arbres que sur le chemin, et encore avec interruption ; mais, une demi-lieue avant *Brai*, après avoir passé un petit village marécageux, nous retrouvons les collines un peu au loin ; et l'œil, fatigué de la plaine, se porte sur ces hauteurs pour se délasser.

Brai est sur la *Seine*, et entouré de prairies immenses ; au surplus, cette espèce de ville, avec ses portes et ses fragmens de murs, et son pont de quinze arches, moitié neufs et moitié vieux, n'a que des rues étroites et d'assez chétives maisons.

Quittant ce lieu pour *Pont-sur-Yonne*, on suit une route sans courbure et bordée d'ormes ; tout cet espace est pierreux, mais la charrue a passé partout ; les approches de *Pont* sont assez variés ; ses coteaux sont plantés de vignes, et les bords de l'*Yonne* s'annoncent par des peupliers, des aulnes ou des saules.

Nous avons déjà fait la course de *Pont* à *Villeneuve* ; elle est de six lieues. Je veux seulement vous apprendre que *sur la route enfoncée de* Pont-sur-Yonne *à* Sens, *nous trouvons beaucoup d'arbres renversés ou rompus par un coup de vent de la nuit dernière. N'avez-vous pas observé qu'un arbre résiste aux ouragans sur la tête des montagnes, et leur cède dans la vallée ? Demandez à vos livres de physique comment cet effet s'opère ; ils disserteront en beaux termes, mais ils oublieront de vous dire que l'arbre des montagnes, nourri pour les orages, a jeté des racines propres à leur résister ; son bois, durci par les fatigues,* est plus fort que la tempête, tandis que l'élève délicat des vallons abrités et gras, accoutumé à la douce haleine des Zéphirs, cède au premier effort des brusques *Aquilons* (*a*); son tendre bois éclate sous la pesanteur de l'air, et le vent, tourbillonnant dans des branches touffues, étend sa tige sur la terre, et soulève ses racines humides, surprises de voir le ciel qu'elles ne connaissaient point. Ainsi, le montagnard Auvergnat, sur des neiges et des rochers, acquiert la vigueur et les forces; il est tout nerf, il ne connaît point la maladie; mais il n'a pas la beauté de ces Neustriens *charnus, blancs, potelés comme des femmes*, et en ayant la faiblesse, le déguisement et les autres défauts.

Comment étais-je disposé, *Kérisbien?* Ce que j'avais admiré dans mes précédens voyages vient de me paraître indigne des moindres éloges. Est-ce le goût qui s'est perfectionné? Seraient-ce mes connoissances, déjà très bornées, qui auraient encore décru? J'étais dans la *cathédrale de Sens;* j'y ai lu sur une tombe auprès de la grille du chœur : Huc usque luctus meus! Et le *suisse de l'église* a voulu m'expliquer ce que l'inscription m'allait dire : que le *maréchal du Muy*, autrefois *Menin du Dauphin*, ayant survécu à ce prince, avait demandé à être enterré à *ses pieds;* il est enterré à *sa tête;*

mais n'importe : on se sent obligé d'aimer cette affection dans un courtisan : elle loue le maître et le serviteur. Je me suis approché ensuite du tombeau du prince; ce monument est trop bas, trop chargé de figures, et dans le nombre il n'y en a qu'une bonne, celle de *l'Immortalité*.

Le *chœur de Sens* est, ainsi que l'église, très petit; la voûte est basse, le buffet d'orgues des plus mesquins, et la porte du chœur, massive, dorée, ouvragée sans économie comme sans art; c'est le plus mauvais goût qui a présidé à la construction de l'église, à ses ornemens et aux monumens qu'elle renferme.

Je salue *Priscus*.

~~~~~~

Oh ! que le choix d'une demeure est pénible! J'envie le sort d'un homme que le devoir ou l'habitude attache, fixe, enchaînant ses volages desirs, et le privant pour son repos d'une partie de sa liberté ! Ce n'est point encore à *Villeneuve* que j'établirai ma résidence; et si vous me demandiez ce qui me déplaît dans ce nouveau séjour, je vous dirais que rien ne m'y déplaît, mais que rien ne m'y retient. Il y a trois semaines que je suis ici, et je touche à mon départ; j'ai visité toutes nos campagnes jusqu'à

la distance de deux lieues ; j'ai gravi tous les pics de nos monticules ; et, avec ma douce *Tullie*, si propre à m'embellir les lieux où elle m'accompagne, j'ai parcouru nos bois, nos taillis : ces solitudes qui inspirent ou nourrissent la pensée. Un jour, un seul jour ne s'est pas écoulé pour moi sans quelques plaisirs champêtres, et je pars !......
Mais, *Kérisbien*, croyez en votre ami, son indécision n'est pas tout à fait volontaire ; il a plus d'un intérêt à consulter ; et le temps n'est pas venu encore où il pourra peut-être aplanir autour de lui les obstacles qui retardent de légitimes desseins.

Adieu, voulant revoir encore le *Paraclet*, nous retournons à *Paris* par *Nogent*.

~~~~~~

La sortie de *Nogent* pour *Provins* est plate ; les eaux s'y épanchent fréquemment en hiver. Ce sol gras, productif, humide et peu sain, est moins en prairies qu'en labours. La route est percée d'une infinité de petits ponts ; elle est pavée, mais nue ou sans bordure.

Faites deux milles, et vous trouvez *le Mério*, village au pied d'une côte. En deçà du *Mério*, c'est un labour immense entrecoupé de remises.

Vous traverserez, une lieue avant *Provins*, un très grand village : c'est *Sourdain* ou *Sérérin* ; et un peu après, vous verrez la ville. Cette partie du pays est riche en blé, mais presque privée d'arbres.

Provins a de petites murailles qui forment comme un rideau autour de ses remparts; il est assez bien pavé, assez propre et médiocrement bâti; mais ce lieu est si paisible, surtout dans la partie haute, qu'on le dirait inhabité. Ne manquez pas de monter à *Saint-Jacques*, *abbaye de Génovéfains :* elle vous satisfera par sa situation. L'église est propre, les dortoirs vastes, la maison grande, et les jardins très bien tenus.

Les fontaines sont abondantes à *Provins*.

Nous sortons de cette ville par une gorge entre deux coteaux vignobles. La route est plantée d'ormes, et la chaussée, en deçà de la côte, est pavée. Ici, la campagne est riche, mais nue; à peine y découvre-t-on quelques remises çà et là.

La grande et la petite *Bertauche* sont deux villages, dont le premier, qui a une église fort élevée, est dans les terres; l'autre est sur le chemin, et n'est peuplé que d'auberges. Voyez, sous une croix verte, une fontaine riche par la quantité d'eau qu'elle fournit.

Nangis est dans les prairies. C'est un fort gros bourg, ou une très petite ville; son entrée est marquée par un vieux château, par un bel étang d'eaux vives, et par des boulevards.

Vous aurez fait deux milles depuis *Nangis*, quand vous trouverez, sur votre droite, un château environné de fossés où coassent importunément les grenouilles. *Mormans* est à trois lieues de *Nangis*, et deux de *Guignes*. Sa mauvaise église a une grosse tour surmontée d'une petite flèche. Les maisons des paysans, depuis *Provins*, sont la plupart bâties en pierres et couvertes en tuiles; tandis qu'à *Provins* et à *Nogent*, qui sont des villes, les anciennes maisons sont toutes de bois symétriquement charpenté comme à *Beauvais*.

Le bourg de *Guignes* est grand et très sale.

Les petits bois jusqu'à *Chaulne* sont très rapprochés, et les terres très bonnes. Ce coin de la *Brie* ne manque pas d'agrément; mais *Chaulne* est un lieu peu habité, cependant sa situation est gracieuse; il s'étend sur le haut d'une côte dans un très bel aspect : un ruisseau coule au bas du ravin; un plateau immense de terres féraces se développe à l'œil, et l'enrichit.

Notre route, toujours bien bordée d'arbres, n'est plus pavée. Remarquez sur votre gauche, à moins d'un mille de *Chaulne*, *Levivier*; c'est une forteresse heureusement délabrée, qui prend son nom des étangs qui l'entourent; il y a de beaux bois et de bonnes terres dans cette dépendance.

Avant *Fontenay*, votre route vous fera civilement tourner le petit parc d'une vieille châtellenie; ce bourg, qui a des portes neuves et une vieille muraille, ne consiste guères que dans une seule rue.

De *Fontenay* à *Tournans*, deux lieues d'un pays plat, semé de grains et coupé par des bois; quelques champs sont plantés de pommiers.

Après *Tournans*, on trouve le beau *château d'Armanvilliers*. Un peu en deçà, c'est *Noisé*, d'où l'on entre dans de bas taillis, puis dans une vaste et stérile *commune*.

Notre chemin, toujours planté et pavé, nous mène à *Laqueue* par des terres basses, arrachées depuis peu aux marais. Les châteaux, les avenues, les parcs s'entremêlent avec de fréquens villages. Nous ne sommes pas loin de *Champigny*, quand, d'une hauteur d'où l'on commence à découvrir les sinuosités de la *Marne*, s'ouvre devant nous un horizon vaste; mais la campagne n'a plus des formes libres aux approches de *Paris*; on ne lui voit que des agrémens factices : l'Art y opprime la Nature en croyant l'embellir; c'est une jeune femme dont on charge la tête de fleurs désassorties qui lui font perdre des graces, au lieu qu'une simple rose aurait relevé tous ses charmes.

La Nature veut bien être aidée, elle ne veut pas

qu'on la conduise ; elle ne bannit point l'Art, pourvu qu'il obéisse. Suivez donc, et d'aussi près qu'il vous sera possible, cette directrice capricieuse, mais sublime, si vous voulez vous former une retraite où se plaisent les nymphes et les sylvains. N'allez pas, pour vos campagnes, consulter un architecte; il ne fait que disposer des pierres et élever des murailles. J'aimerais mieux interroger un romancier, un poète; mais s'ils s'égarent dans leur imagination, et s'ils peignent comme vrai ce qui ne peut exister, comment vous créeront-ils une solitude où la vérité se respire par tous les organes ?

Et c'est en vain que vous méditerez les campagnes, vous à qui le ciel refusa la sensibilité de l'ame et la douceur des passions; c'est le lot de la vertu de savoir jouir par elle-même; c'est le lot du génie d'être simple, et de ne goûter que les plaisirs sans dépense, les seuls qui soient purs et durables. Le sentiment de ces voluptés innocentes ne peut naître à *Paris;* la nature fuit cette ville, elle n'y a point d'autels. J'y ai vu chanter les parterres de *Flore,* les enclos de *Pomone,* nos jardins et nos bois par des cœurs secs, par des hommes ambitieux d'or et de bruit; j'ai voulu lire ces chefs-d'œuvre: ils m'ont laissé froid comme l'aurait fait une harangue de collége; mais le moment d'après, ayant entendu toutes les trompettes de la gloire sonner le triomphe de ces livres, qui m'étaient tombés des mains : O MILRAN ! me suis-je dit, chéris donc ton obscurité, elle te cache à un monde que tu n'estimes point, et te sauve de l'affront de subjuguer des suffrages, au lieu de les mériter !

Champigny est au pied d'une côte, au bord de la *Marne*; c'est un lieu sale comme tous les lieux qui avoisinent la grande cité.

La sortie pour *Saint-Maur* est fraîche; ce lieu communique par une grille au *parc de Vincennes*, où nous remarquons une belle aiguille, mais un peu trop ouvragée.

Cependant, *Kérisbien*, nous voici dans l'*avenue*. Nous découvrons le *trône*, ou ce qui le remplace, une barrière insolente de *Ledoux*. Nous sommes légèrement et poliment fouillés; il semble que nous fassions une grace de le permettre. Qu'est-ce donc que ceci ? Nous passons le corps de garde, et voici de nouvelles surprises. Presque tout *Paris* est en uniforme : des sentinelles à chaque pas, des cocardes à tous les chapeaux, le bruit du tambour dans toutes les rues, et de l'artillerie sur toutes les places. Qu'est devenu le vieux *Paris*? Je le cherche et ne le trouve point; j'approche de l'emplacement de la *Bastille*, elle n'y est plus; des barraques de six pieds suffisent pour m'en cacher les ruines; à peine on rencontre quelques voitures, et les cochers vont au pas; il semble qu'il ne soit plus permis d'écraser la *canaille*. Plus de luxe ruineux, même chez les femmes. On chante encore, mais on ne fait plus de *calembourgs*; on ne parle que d'union, de fraternité, de patrie. Je veux passer mon hiver ici, et suivre attentivement une régénération qui n'est peut-être qu'apparente.

Adieu.

NOTES ET ÉCLAIRCISSEMENS.

NOTE (*a*) page 222.

Cède au premier effort des brusques Aquilons.

Les critiques les moins intraitables, ceux qui se croiraient obligés de rendre quelque justice à ma diction, me feront au moins reproche de l'avoir remplie de *vers*. Je suis loin de penser que de bonne prose soit gâtée par un bon vers, et je n'ai pas le secret de faire mieux que bien.

J'ai voulu *prosaïser* ou *prosailler* cette ligne qui fait le sujet de ma note, et je n'y ai point réussi : je prie donc les *grammairiens* de me pardonner mon impuissance. Le *purisme* absolu est une belle théorie, sans doute, mais la pratique en est un peu froide. Rompez la mesure de ce vers qui vous offusque, vous serez tout étonné que les images pâlissent, et que le tableau diminue d'effet, si même il n'est entièrement effacé par votre prétendue correction.

INDICATIONS

SUR LE VOYAGE N° 18.

---

*P*AGE 381. La campagne de *Reims*. Les sentiers dans un blé.

Page 382. La meilleure position pour voir et peindre en voyage.

Page 384. Encore les *Lazaristes* ou *les geoliers*.

Page 386. L'académie de *Châlons-sur-Marne*.

Page 392. Le *Paraclet*.

Page 398. Les ouragans. L'arbre des vallées et celui des montagnes.

Page 404. Les campagnes aux approches de *Paris*.

Page 406. *Paris* à la fin de 1789.

FIN du premier Grand Voyage avec Tullie.

(*Ce Voyage est de 1507 lieues.*)

FIN DU TOME SECOND.

TABLE

DES VOYAGES

CONTENUS

DANS CE SECOND TOME.

ANNÉES.	N^{os}	DÉSIGNATIONS.	PAGES.
1789.	12.	De *Marseille* au *Port Vendres*.	1
Id.	13.	De *Perpignan* à *Bayonne* et en *Biscaye*..................	43.
Id.	14.	De *Bayonne* à *Clermont* (*Puy-de-Dôme*)...............	105.
Id.	15.	De *Clermont* à *Strasbourg*....	173.
Id.	16.	De *Strasbourg* à *Rouen* par le *Hainaut*..................	253.
Id.	17.	De *Rouen* à *Reims* par *Salency*.	315.
Id.	18.	De *Reims* à *Paris* en passant au *Paraclet*..................	377.

FIN DE LA TABLE DU TOME SECOND.

www.ingramcontent.com/pod-product-compliance
Lightning Source LLC
Chambersburg PA
CBHW071853230426
43671CB00010B/1328